14
12
TOKYO
JN175500

競馬にまつわる言葉を
イラストと豆知識でヒヒーンと読み解く

競馬語辞典

著 奈落一騎　監修 細江純子

誠文堂新光社

はじめに　この本を手に取っていただいたあなたに

競馬ほど「入り口」の多いジャンルはないかもしれません。

まず、言うまでもないことですが、競馬はスポーツです。それも、人間の騎手とサラブレッドという２種のアスリートが協力して行う他に類を見ないスポーツで、世界的に見れば約500年、日本だけでも150年以上という長い歴史をもち、そのなかで数々のドラマが生まれてきました。

また、当然ながらギャンブルでもあります。競馬が好きで馬券を買わないという人は、ほとんどいないでしょう。たいていのファンは、馬券の当たり外れに毎週一喜一憂しているものです。

さらに、洋の東西を問わず、競馬は数多くの作家たちを惹きつけ、小説、エッセイなどの恰好の題材になってきました。ちなみに、私にとって競馬の「入り口」になったのは、寺山修司やディック・フランシスなどの活字競馬でした。

そのほかにも、競馬人口を爆発的に増やしたと言われる『ダービースタリオン』などのゲーム。あるいは、競馬をテーマにした映画やマンガの傑作もあまたあり、オリコンチャートで最高４位という大ヒットを飛ばした『さらばハイセイコー』のよ

うな競馬と関係の深い音楽もあります。

このように「入り口」は多く、どこから入っても楽しめる競馬ですが、一歩足を踏み入れると、無数にある専門用語が初心者を戸惑わせることも少なくありません。そこで本書では、そんな競馬にまつわる「言葉」を多数収録し、解説しています。

競馬初心者の方には、よくわからないことだらけの競馬の世界を理解する手がかりに。中級者の方には、知っているつもりで意外と知らなかった用語の本当の意味を知る機会に。上級者の方には「〝降着〟といえば、やっぱり天皇賞のマックイーンだよね」、「いや、エリ女のヒシアマゾンでしょ」といった思い出話の種にしてもらえれば幸いです。

そして、本書が多くの競馬ファンにとって、一生続くであろう競馬ライフのおともになれば、筆者としてこれに勝る喜びはありません。

奈落一騎

まずはこれを読んで！

この本の読み方と楽しみ方

『言葉の見方』

50音順に「名馬」「レース」「人物」などの競馬にまつわる言葉を配列しています。

［例］

①　②

昭和のアイドルホース【しょうわのあいどるほーす】㊫

③ ハイセイコーは公営・大井競馬場でデビューし、6戦6勝の成績を挙げてから中央に転厩。無敗で1973年の皐月賞に勝ったことで人気が爆発しました。成績的にはその後は宝塚記念を勝ったぐらいですが、ハイセイコー人気は競馬ファンに留まらず、社会現象となって第一次競馬ブームを牽引。のちのオグリキャップ同様、地方から出てきて中央でがんばるという物語は、やはり多くの日本人の琴線に触れるようです。後年、同馬の功績を称えて、大井競馬場と中山競馬場にハイセイコー像が建てられました。

女傑【じょけつ】㊫

ヒシアマゾンの異名。外国産馬はクラシック競争に出られなかった時代のため、1994年の3歳春シーズンは裏街道を進み、重賞6連勝を達成。そして迎えたエリザベス女王杯で、これまでのうっ憤を晴らすかのように、桜花賞馬、オークス馬を打ち破って優勝を果たしました。さらに同年暮れには有馬記念にも出走し、当時無敵を誇ったナリタブライアンに鋭く迫り2着入線。女傑と呼ばれるにふさわしい強さを示しました。

女性騎手【じょせいきしゅ】

①見出し（名称）

競馬界及び一般社会で広く使われている表記を採用しています。

②見出しのかな

見出しをすべてひらがなで表記しています。

③解説

競馬界及び一般社会で使われている意味を記載しています。本文中の敬称は略しています。

記号の意味

㊫……馬名です。
㋹……レース名です。
㊇……人物名です。
㊂……名言、名台詞、格言です。
㊅……事件、できごと、イベントです。
㊊……競馬場名、名所です。

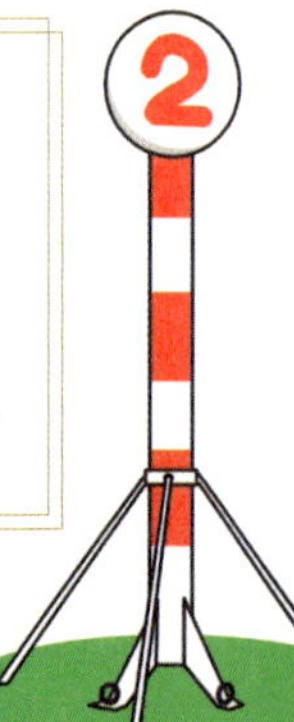

『読み解き方』

わからない言葉や、知りたい言葉があれば
その頭文字から該当のページを探してみてください。
実用的なものから豆知識まで幅広く揃っています。

1 競馬の知識を深める

あなたの好きな馬、レースを探し、競馬の知識を深めましょう。足りない部分は自分なりの意見をさらに追加すると、最終的にはあなたならではの辞典ができ上がります。

2 レース観戦以外の競馬の楽しみを味わう

この本では、レースや調教以外でも使われる“競馬”に関する言葉が多数収録されています。競馬をさまざまな角度から見ると、新たな発見があり、馬券購入の参考になるかもしれません。

3 自由に楽しむ

レース観戦前の“予習”、レース観戦後の“復習”だけでなく、競馬用語を日常会話に取り入れる、お酒を飲みながらあの名馬について語り合う、次の休みに訪れる競馬場を調べる……など。

『パラパラ漫画』

偶数ページの下部に「障害レース」のパラパラ漫画がついています。走っているのは、オジュウチョウサンです。

奇数ページの下部に「平地レース」のパラパラ漫画がついています。走っているのは、ゴールドシップです。

競馬語辞典 もくじ

競馬のあれこれ基礎知識

あ行

か行

さ行

た行

な行

［とじ込み付録］
ホソジュンのウマのウラ話

は行

ま 行

や・ら・わ 行

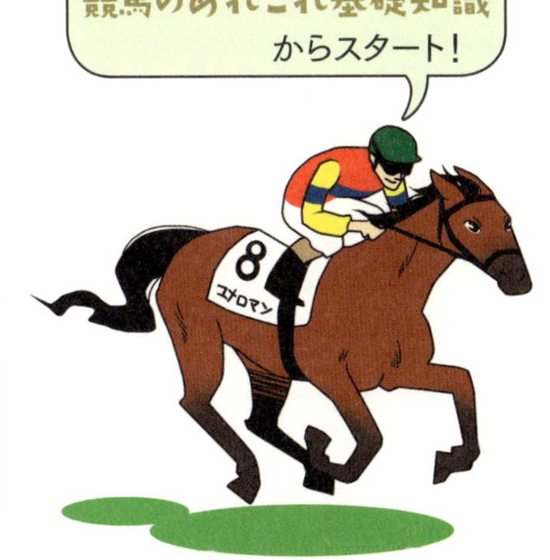
まずは
競馬のあれこれ基礎知識
からスタート！
8
ユメロマン

競馬の歴史

スポーツ＆ギャンブルとして、多くの人に親しまれている競馬。そのルーツは、一体どこにあるのでしょう？
時代をさかのぼり、競馬の歴史をたどってみましょう。

有史以来、世界各地の馬のいる地域で、馬による競争が楽しまれてきました。紀元前の古代ギリシアのオリンピックでは、普通の競馬のほか、馬に戦車を曳(ひ)かせた戦車競走なども行われていました。また、古代ギリシア人は鞍も鐙(あぶみ)も使っておらず、裸馬に乗っていたそうです。

ちなみに日本では……

日本にも古代から宮中行事として競馬（古式競馬）がありました。『日本書紀』には、天武天皇が馬の走り比べを行ったと書かれています。これは、競馬（くらべうま・きおいうま・きそいうま）、駒競（こまくらべ）などと呼ばれたそうです。

当時の　チェスター競技場

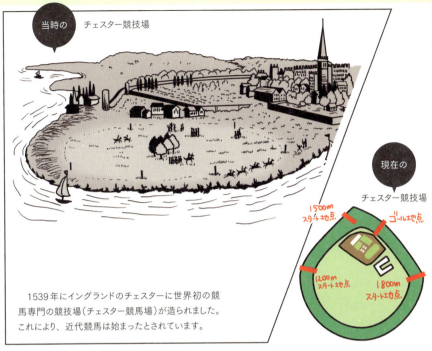

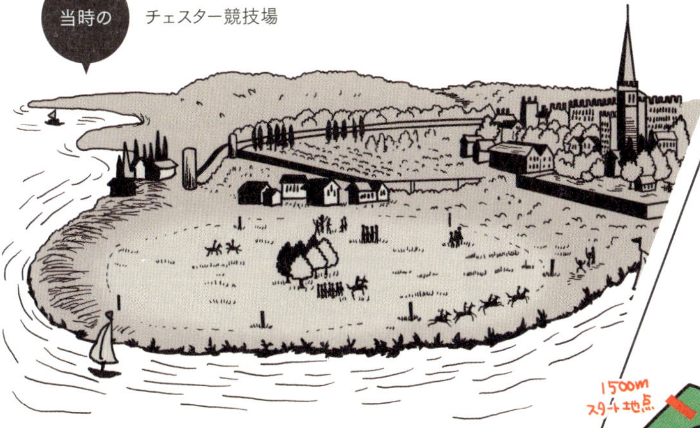

現在の　チェスター競技場

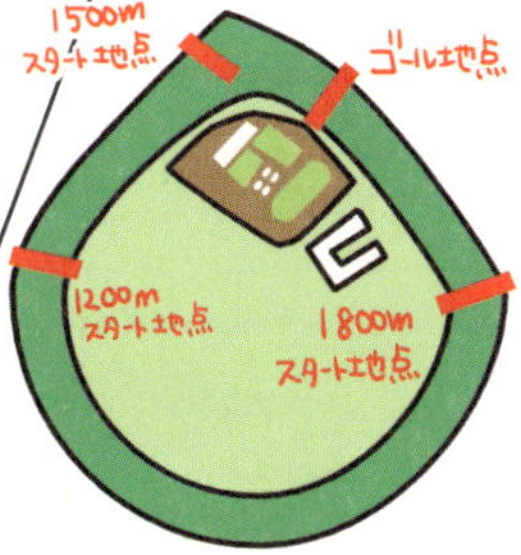

1539年にイングランドのチェスターに世界初の競馬専門の競技場（チェスター競馬場）が造られました。これにより、近代競馬は始まったとされています。

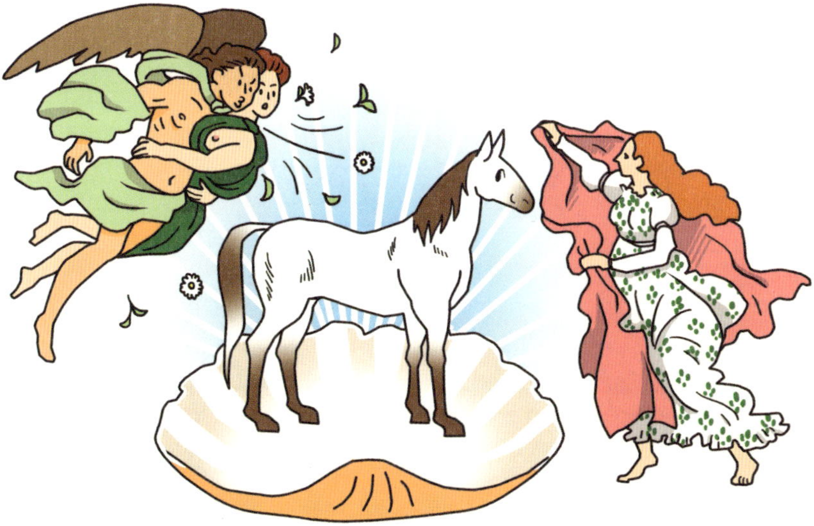

17世紀中盤以降、イギリスでアラブ種を基に競走馬の品種改良が進み、サラブレッドと呼ばれる品種が誕生します。

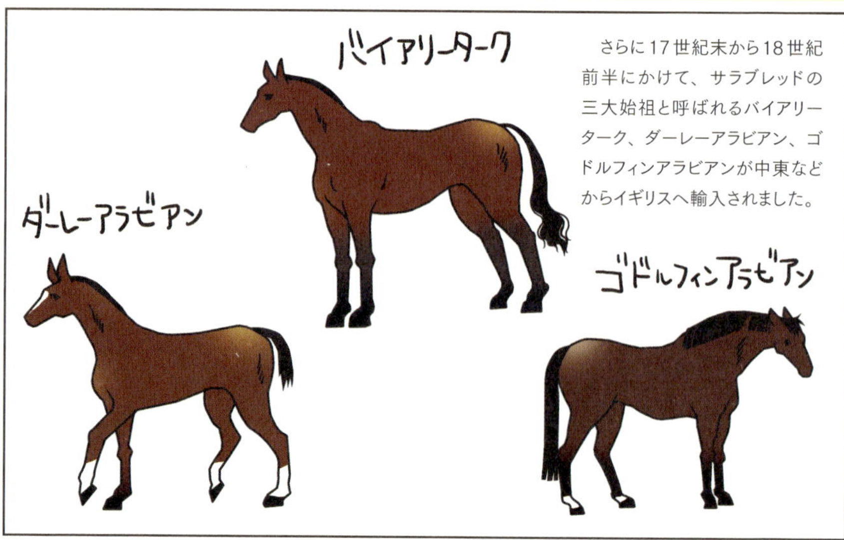

さらに17世紀末から18世紀前半にかけて、サラブレッドの三大始祖と呼ばれるバイアリーターク、ダーレーアラビアン、ゴドルフィンアラビアンが中東などからイギリスへ輸入されました。

1779年にイギリスで第1回オークスが開催されました。ちなみに、第1回ダービーは、その翌年。

2010年、2011年のエリザベス女王杯勝ち馬・スノーフェアリーも英オークス馬。

18世紀から19世紀にかけて、イギリスで誕生した近代競馬がヨーロッパ各国やアメリカなどにも広まり、盛んになっていきます。

さて、日本では

日本で初めて近代競馬（洋式競馬）が行われたのは、幕末の1860（万延元）年のこと。横浜の外国人居留地において、外国人の手で開催されました。

1870（明治3）年に東京・九段の東京招魂社（現在の靖国神社）で、日本人の運営による国内初の競馬が開催されました。主催したのは、兵部省（いまでいう防衛省）というお役所です。

その後、日清・日露戦争で日本の軍馬が西洋に劣っていることを痛感した政府は、馬の品種改良のために競馬を振興させようと考えました。こうして、日本各地に有志によって結成された競馬倶楽部による競馬が開催されることになります。

ただし、明治～大正時代は基本的に馬券の発売は禁じられていました。1923（大正12）年に旧競馬法が成立し、馬券の発売が正式に認められました。

1936（昭和11）年に各地の競馬倶楽部が解散し、日本競馬会に統合されます。競馬場などの財産も所有が競馬倶楽部から日本競馬会に移りました。

第二次世界大戦の戦況が悪化した1944（昭和19）年以降、競馬の開催は中止されますが、種牡馬や繁殖牝馬の選定のために、関係者だけが見守るなか能力検定競走が行われました。

戦後の1948（昭和23）年からは、農林省の管理のもとに国営競馬が行われるようになりました。翌年、特殊法人日本中央競馬会（JRA）が設立され、以後、中央競馬の開催は日本中央競馬会が行うことになります。

安田伊佐衛門（やすだ・いさえもん）
1872～1958

元軍人・政治家。日本中央競馬会の初代理事長を務めた。「日本競馬の父」と呼ばれる。ＧⅠ安田記念は伊佐衛門の業績を称えるために創設された「安田賞」に由来する。

1973（昭和48）年にハイセイコーの活躍が社会現象となり（第一次競馬ブーム）、競馬は国民的な娯楽として認知されるようになりました。

1980年代後半には、オグリキャップの人気が爆発し（第二次競馬ブーム）、競馬場には女性や若者の姿も増えるようになります。

21世紀に入ると、日本競馬の最高傑作とも呼ばれるディープインパクトが登場し、ふたたび競馬が世間から注目されました。また、海外ＧⅠに勝利する日本馬も現れ、日本の競馬関係者の悲願である凱旋門賞の勝利も、あと一歩のところまで来ています。

日本の競馬も、近代競馬の母国イギリスと同じように、これからも何百年と続いていくでしょう。

競馬カレンダー

※レース名・開催月・競馬場等は、年によって変わることがあります。

1月	2月	3月
中山金杯（GⅢ）／中山競馬場 京都金杯（GⅢ）／京都競馬場 ※年明け最初の重賞競走です。 JRA賞発表	**フェブラリーステークス（GⅠ）**／東京競馬場 ※年明け最初のGⅠ競走です。	**高松宮記念（GⅠ）**／中京競馬場 ドバイミーティング（海外GⅠ） ※1日に6戦のGⅠ競走が行われます。

4月	5月	6月
大阪杯（GⅠ）／阪神競馬場 ※2017年からGⅠ競走になりました。 **桜花賞（GⅠ）**／阪神競馬場 ※牝馬クラシック初戦です。 **中山グランドジャンプ（J・GⅠ）**／中山競馬場 **皐月賞（GⅠ）**／中山競馬場 ※牡馬クラシック初戦です。 **天皇賞・春（GⅠ）**／京都競馬場	**NHKマイルカップ（GⅠ）**／東京競馬場 **ヴィクトリアマイル（GⅠ）**／東京競馬場 **オークス（GⅠ）**／東京競馬場 **日本ダービー（GⅠ）**／東京競馬場 ※3歳馬の頂点を決めるレースです。	**安田記念（GⅠ）**／東京競馬場 **宝塚記念（GⅠ）**／阪神競馬場 ※春のグランプリと呼ばれます。 サマーシリーズ（～9月まで）

ＧⅠ競走を中心に、主要レースと開催競馬場を紹介します。
どのレースを観戦するか？　計画を立てましょう。

7月	8月	10月
セレクトセール ※日本最大のセリ市です。 アイビスサマーダッシュ（GⅢ）／新潟競馬場 ※日本一短い距離の重賞競走です。	ワールドオールスタージョッキーズ ※世界中から腕自慢の騎手が集まります。 **9月** **スプリンターズステークス（GⅠ）**／中山競馬場 ※秋のGⅠ開幕戦です。	凱旋門賞／（海外GⅠ） ※日本の競馬関係者の悲願とも言えるレースです。 **秋華賞（GⅠ）**／京都競馬場 **菊花賞（GⅠ）**／京都競馬場 **天皇賞・秋（GⅠ）**／東京競馬場

11月	12月	
エリザベス女王杯（GⅠ）／京都競馬場 **マイルチャンピオンシップ（GⅠ）**／京都競馬場 **ジャパンカップ（GⅠ）**／東京競馬場	ステイヤーズステークス（GⅡ）／中山競馬場 ※日本一長い距離の平地重賞競走です。 **チャンピオンズカップ（GⅠ）**／中京競馬場 **阪神ジュベナイルフィリーズ（GⅠ）**／阪神競馬場 **朝日杯フューチュリティステークス（GⅠ）**／阪神競馬場	**中山大障害（J・GⅠ）**／中山競馬場 **有馬記念（GⅠ）**／中山競馬場 ※グランプリと呼ばれます。 **ホープフルステークス（GⅠ）**／中山競馬場 ※年末最後のGⅠ競走です。

一度は行きたい

全国競馬場〈東日本編〉

JRAの競馬が開催される競馬場とそのコースの特徴、行われる主な重賞を紹介します。あわせてトレーニングセンターも紹介します。

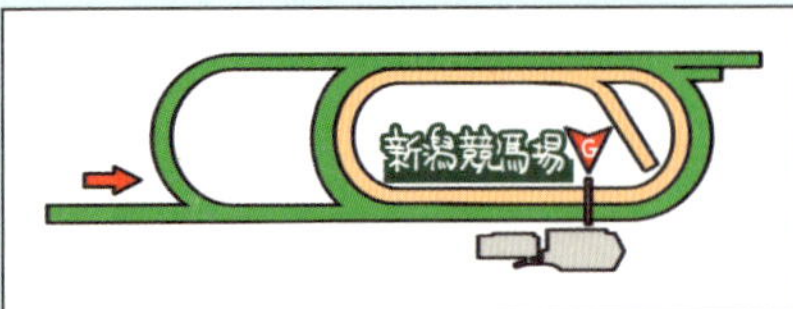

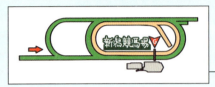

新潟競馬場

左回りの平坦なコースで、直線は日本一長い658.7メートルです。

所在地／新潟県新潟市北区笹山3490

開催される主な重賞

関屋記念（GⅢ、芝1600メートル）、アイビスサマーダッシュ（GⅢ、芝1000メートル）、レパードステークス（GⅢ、ダート1800メートル）

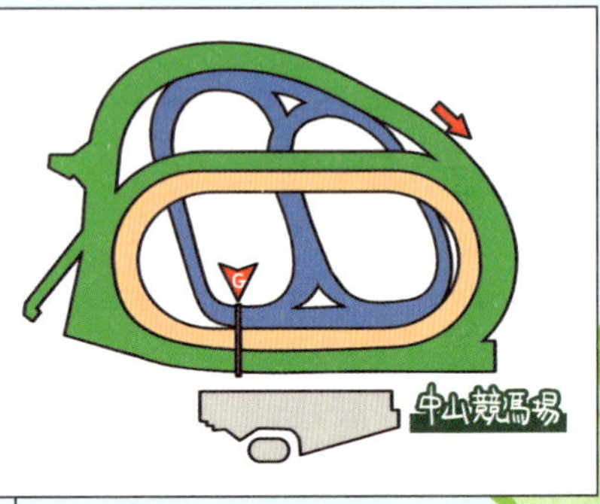

中山競馬場

右回りの日本一高低差があるコースで、ゴール前に「急坂」があります。

所在地／千葉県船橋市古作1-1-1

開催される主な重賞

皐月賞（GⅠ、芝2000メートル）、有馬記念（GⅠ、芝2500メートル）、中山大障害（J・GⅠ、障害4100メートル）

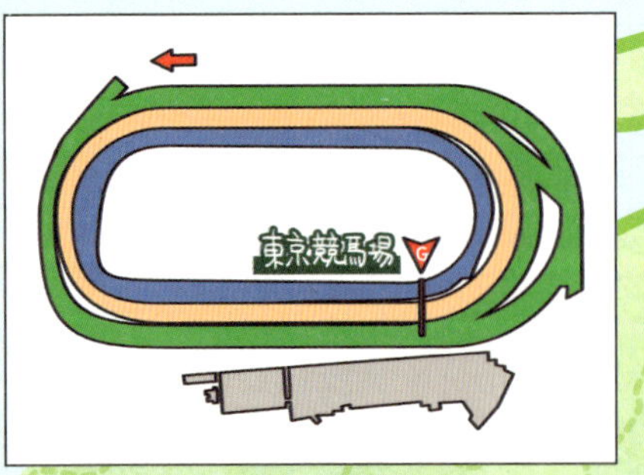

東京競馬場

左回りの広いコースで、直線に長い「だらだら坂」があります。

所在地／東京都府中市日吉町1-1

開催される主な重賞

日本ダービー（GⅠ、芝2400メートル）、ジャパンカップ（GⅠ、芝2400メートル）、天皇賞（秋）（GⅠ、芝2000メートル）

美浦トレーニングセンター

東京ドーム約48個分の敷地面積を誇ります。

所在地／茨城県稲敷郡美浦村大字美駒2500-2

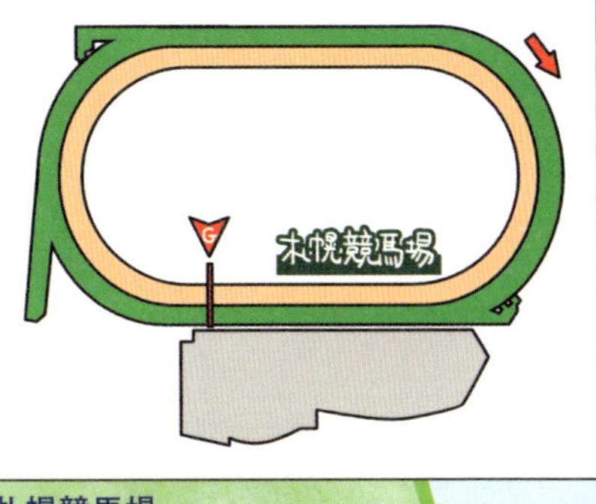

札幌競馬場

右回りの平坦なコースで、直線が短めです。洋芝。

所在地／北海道札幌市中央区北16条西16-1-1

開催される主な重賞

札幌記念（GⅡ、芝2000メートル）、札幌2歳ステークス（GⅢ、芝1800メートル）、エルムステークス（GⅢ、ダート1700メートル）

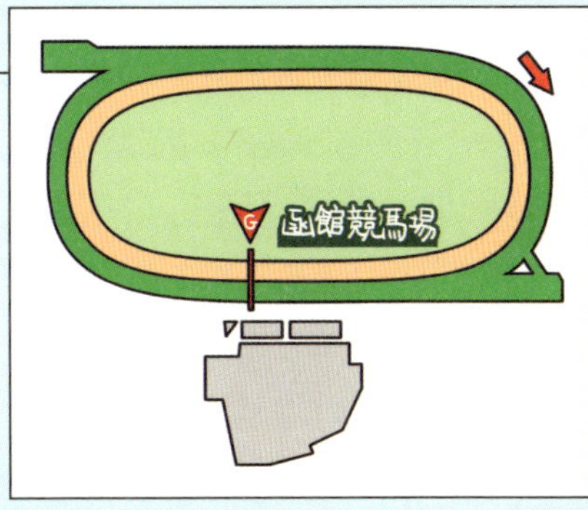

函館競馬場

右回りの高低差のあるコースで、直線は日本一短い262.1メートルです。洋芝。

所在地／北海道函館市駒場町12-2

開催される主な重賞

函館記念（GⅢ、芝2000メートル）、函館スプリントステークス（GⅢ、芝1200メートル）、函館2歳ステークス（GⅢ、芝1200メートル）

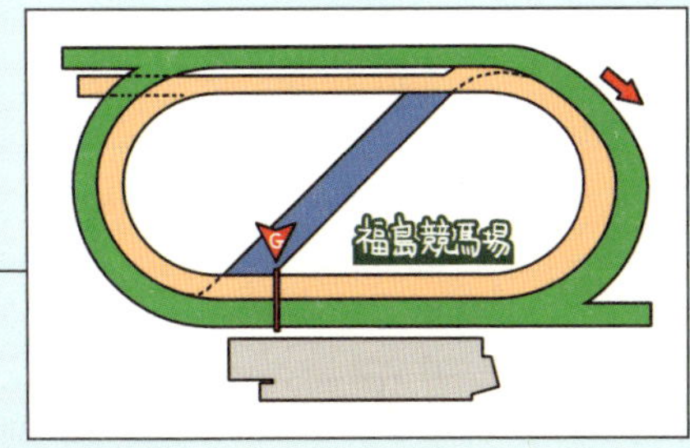

福島競馬場

右回りの小回りコースで、ゆるやかな起伏があります。

所在地／福島県福島市松浪町9-23

開催される主な重賞

七夕賞（GⅢ、芝2000メートル）、ラジオNIKKEI賞（GⅢ、芝1800メートル）、福島牝馬ステークス（GⅢ、芝1800メートル）

一度は行きたい

全国競馬場〈西日本編〉

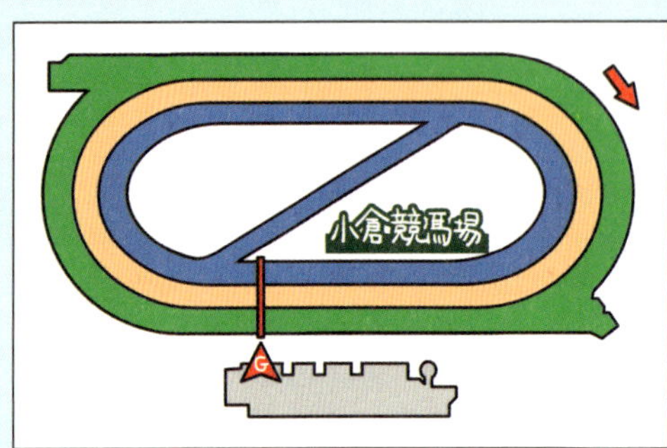

小倉競馬場

右回りの小さなコースで、2コーナーに丘があり、直線は平坦です。

所在地／福岡県北九州市小倉南区北方4-5-1

開催される主な重賞

小倉大賞典（GⅢ、芝1800メートル）、北九州記念（GⅢ、芝1200メートル）、小倉2歳ステークス（GⅢ、芝1200メートル）

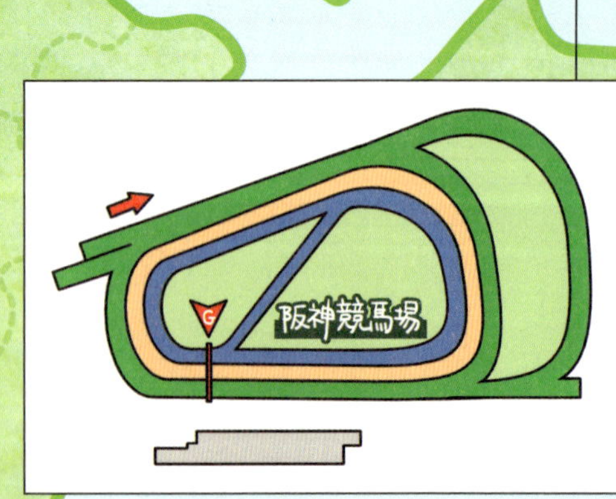

阪神競馬場

右回りの広いコースで、直線半ばまでが下り坂、ゴール前に上り坂があります。

所在地／兵庫県宝塚市駒の町1-1

開催される主な重賞

桜花賞（GⅠ、芝1600メートル）、宝塚記念（GⅠ、芝2200メートル）、大阪杯（GⅠ、芝2000メートル）

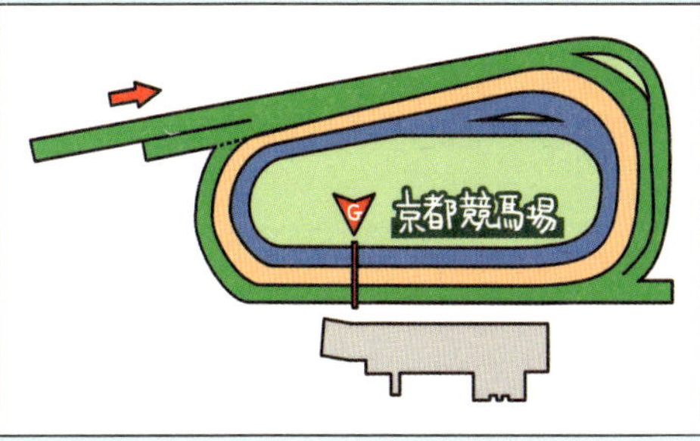

京都競馬場

右回りの広いコースで、3コーナーに坂があるほかは平坦なコースです。

所在地／京都府京都市伏見区葭島渡場島町32

開催される主な重賞

天皇賞（春）（GⅠ、芝3200メートル）、菊花賞（GⅠ、芝3000メートル）、エリザベス女王杯（GⅠ、芝2200メートル）

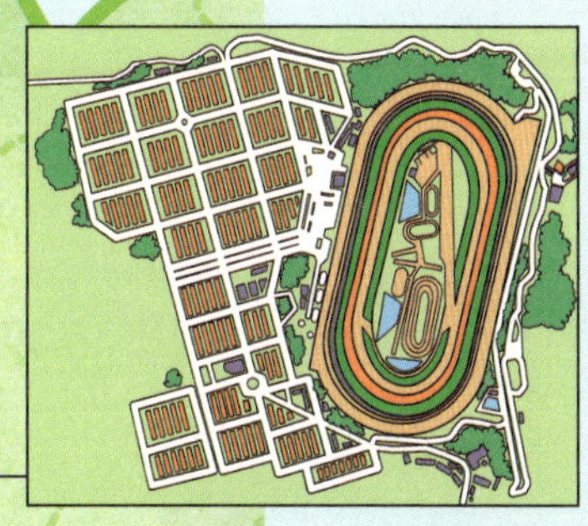

栗東トレーニングセンター

甲子園球場約40個分の敷地面積を誇ります。

所在地／滋賀県栗東市御園1028

中京競馬場

左回りの高低差があるコースで、直線に向いてすぐに「急坂」があります。

所在地／愛知県豊明市間米町敷田1225

開催される主な重賞

高松宮記念（GⅠ、芝1200メートル）、チャンピオンズカップ（GⅠ、ダート1800メートル）、金鯱賞（GⅡ、芝2000メートル）

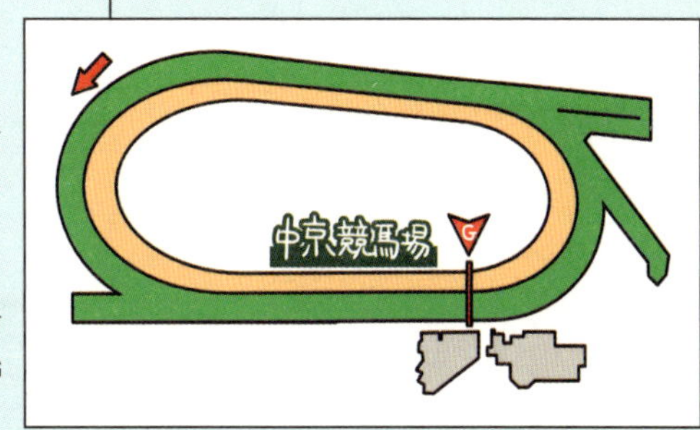

近代競馬の血統図

競馬は血統のスポーツとも言われます。2017年の日本のリーディングサイアー（獲得賞金が1位の種牡馬）は、ディープインパクト。その父である大種牡馬サンデーサイレンスまでに連なる血統を図にしました。

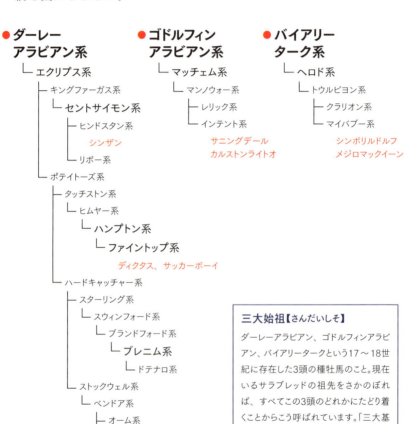

● **ダーレーアラビアン系**
└ エクリプス系
├ キングファーガス系
└ **セントサイモン系**
├ ヒンドスタン系
シンザン
└ リボー系
└ ポテイトーズ系
├ タッチストン系
└ ヒムヤー系
└ **ハンプトン系**
└ **ファイントップ系**
ディクタス、サッカーボーイ
└ ハードキャッチャー系
├ スターリング系
└ スウィンフォード系
└ ブランドフォード系
└ **ブレニム系**
└ ドテナロ系
└ ストックウェル系
└ ベンドア系
├ オーム系
└ **テディ系**
└ ダマスカス系
└ ファラリス系

※次のページへ続く

● **ゴドルフィンアラビアン系**
└ マッチェム系
└ マンノウォー系
├ レリック系
└ インテント系
サニングデール
カルストンライトオ

● **バイアリーターク系**
└ ヘロド系
└ トウルビヨン系
├ クラリオン系
└ マイバブー系
シンボリルドルフ
メジロマックイーン

三大始祖【さんだいしそ】

ダーレーアラビアン、ゴドルフィンアラビアン、バイアリータークという17～18世紀に存在した3頭の種牡馬のこと。現在いるサラブレッドの祖先をさかのぼれば、すべてこの3頭のどれかにたどり着くことからこう呼ばれています。「三大基礎種牡馬」という言い方もされますが、その場合それぞれの父系を発展させた、エクリプス、マッチェム、ヘロドを指すこともあります。

- ファラリス系
  - ネイティブダンサー系
    - レイズアネスティヴ系
      - **ミスタープロスペクター系**
        - ファピアノ系
          - アンブライドルド系
        - ミスワキ系
        - コンキスタドールシエロ系
        - ウッドマン系
        - アフリート系
        - ゴーンウエスト系
        - ガルチ系
        - シーキングザゴールド系
        - フォーティナイナー系
        - マキャヴェリアン系
        - キングマンボ系
          - キングカメハメハ
  - フェアウェイ系
    - フェアトライアル系
  - ファロス系
    - ファリス系
    - **ネアルコ系**
      - **ナスルーラ系**
        - **グレイソヴリン系**
          - トニービン、コジーン
        - レッドゴッド系
        - **プリンスリーギフト系**
          - サクラバクシンオー
        - ネヴァーベンド系
        - **ボールドルーラー系**
          - エーピーインディ系
            - パイロ、シニスターミニスター
      - ニアークティック系

ネイティヴダンサー

※次のページへ続く

- ニアークティック系
  - アイスカベイド系
    - **ノーザンダンサー系**
      - ニジンスキー系
        カーリアン、マルゼンスキー
      - ヴァイスリージェント系
        フレンチデュピティ、クロフネ
      - リファール系
        ダンシングブレーヴ、アルザオ
      - ノーザンテイスト系
      - ダンチヒ系
        - デインヒル系
          ハービンジャー
      - ヌレイエフ系
      - ストームバード系
        - ストームキャット系
      - サドラーズウェルズ系
        モンジュー、ガリレオ
- ロイヤルチャージャー系
  - ターントゥ系
    - サーゲイロード系
      - ハビタット系
        ニホンピロウィナー
    - ヘイルトゥリーズン系
      - **ロベルト系**
        ブライアンズタイム、シンボリクリスエス、グラスワンダー
      - ヘイロー系
        - **サンデーサイレンス系**
          ディープインパクト、ステイゴールド、ダイワメジャー、マンハッタンカフェ

まだまだある
地方競馬マップ

地域ごとに特色ある風情の地方競馬場を、旅行がてら巡るのも楽しいものです。地元のおいしい物でも食べれば、さらに天国。……馬券が当たればの話ですが。

※競馬場名の下にあるのは、その競馬場で開催される主要なＧＩ（JpnＩ）などのレースです。

馬券の種類

競馬場やウインズで購入する馬券の種類を紹介します。
「どの馬券をどう買うか」が、競馬ではもっとも重要です。

●単勝（単勝式）

選んだ2番の馬が1着になれば当たりです。馬名が印字されます。

●複勝（複勝式）

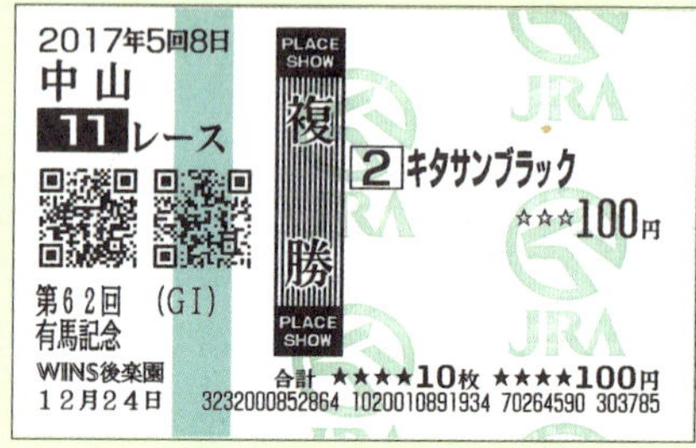

選んだ2番の馬が1着〜3着に入れば当たりです。馬名が印字されます。ただし、出走頭数が7頭以下の場合は2着までに入れば当たりとなります。

●枠連（枠番号二連勝複式）

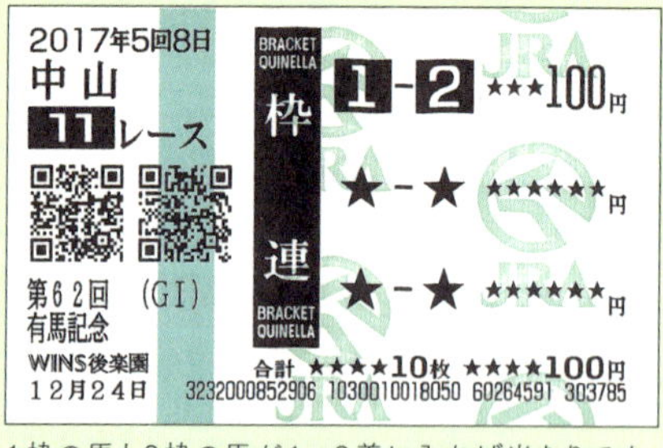

1枠の馬と2枠の馬が1、2着に入れば当たりです。どちらが先着してもかまいません。上の馬券の場合、1枠同士や2枠同士で1、2着になるとハズレです。

●馬連（馬番号二連勝複式）

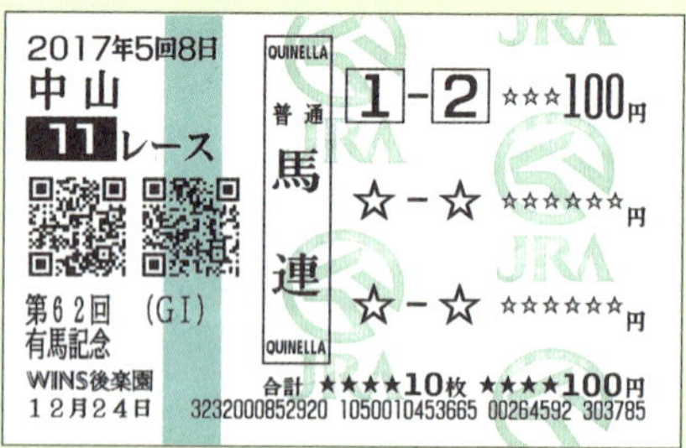

選んだ1番の馬と2番の馬が1、2着に入れば当たりです。どちらが先着してもかまいません。

単勝、複勝、枠連しかなかった時代を思うと、こんなに馬券種が増えてビックリ。得意な馬券種を極めるか、レースごとに変えるか、それが問題です。

●馬単（馬番号二連勝単式）

2番の馬が1着、1番の馬が2着に入ると当たりです。1着が1番、2着が2番だとハズレです。

●ワイド（拡大馬番号二連勝複式）

選んだ1番と2番の馬が、2頭とも3着以内に入れば当たりです。

●3連複（馬番号三連勝複式）

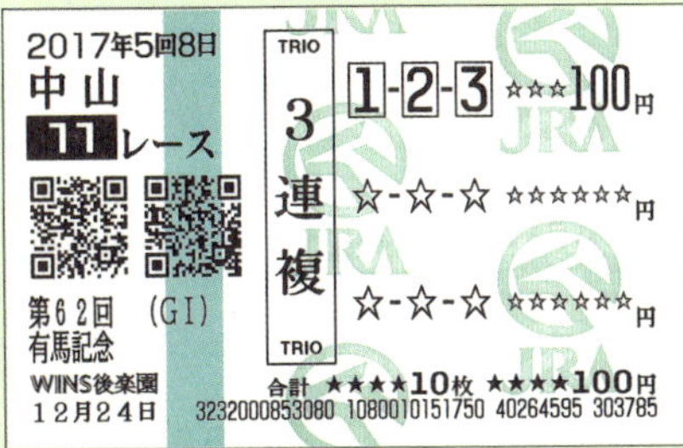

1番、2番、3番の馬が3頭とも3着以内に入れば当たりです。着順は関係ありません。

●3連単（馬番号三連勝単式）

2番が1着、1番が2着、3番が3着になれば当たりです。この着順以外はハズレです。

連勝単式馬券でウラも押さえるか、それとも連複にするかは、いつも難しい判断。オッズを見比べながら直前まで迷います。

競走馬の一生

走るために生まれてきた競走馬。その生涯は、短いようで長く、長いようで短いのです。ここでは、競走馬の一生をダイジェストで紹介します。

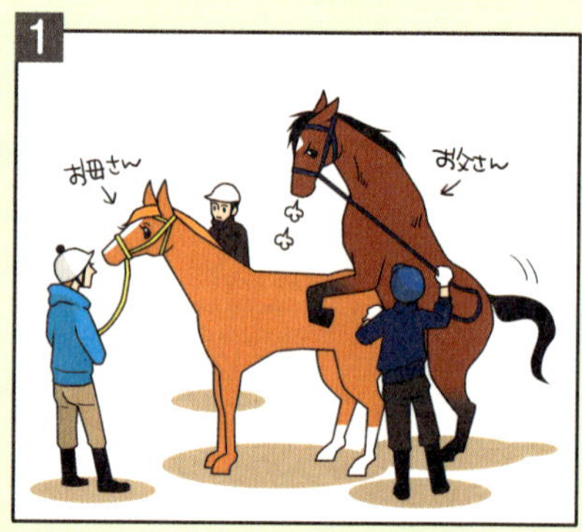

馬の種付けシーズンは、2月〜7月です。

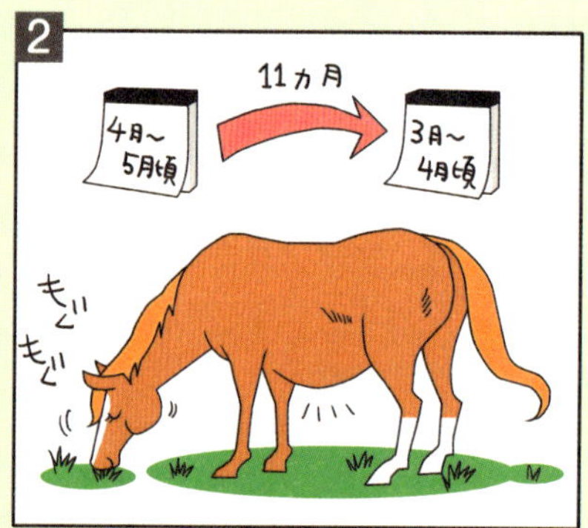

馬の妊娠期間は約11カ月。

誕生は1月から5月までの期間です。

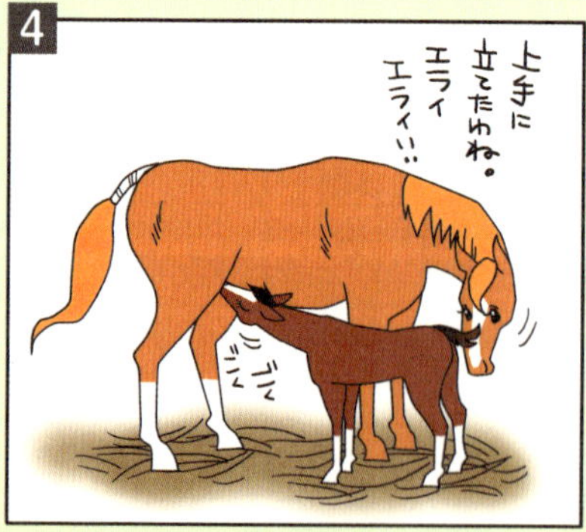

馬は生まれてすぐに立ち上がります。

生後6カ月で母馬から離乳。

牧場で集団生活を送りながら自発的な運動により、基礎体力をつけていきます。

馬は夜間も昼間と同じくらい動き回ります。

競走馬は当歳（0歳）から2歳までのあいだに、セリや庭先取引などで買い手が決まります。

1歳の秋ごろから、騎乗馴致（乗り慣らし）が始まります。

最初はハミなどの馬具に慣れさせる訓練からスタートします。

人を乗せる準備が始まります（最初は馬房内で鞍の上に体重を掛けたり横乗りすることから始め、徐々に人を背に乗せることを覚えさせる）。

次のページへ続く

常歩・速歩・駈歩などの騎乗運動へと移行していきます。人を乗せることに慣れていない馬にとって、この訓練が最も難しく、最も重要です。

２歳になると、栗東トレーニングセンターか美浦トレーニングセンターに移動します。

所属厩舎の調教師や厩務員との調教がスタートします。

デビューまでの数週間、本格的な調教で徹底的に鍛えられます。

馬の脚質や距離適性を考慮して、それぞれの馬にあった新馬戦に出走します。

血統や馬の特性により、どの路線を歩むかを決めます。

18

牡馬、牝馬とも、まずは3歳クラシック路線を目指します。

19

重賞、とくにG1などで結果を残して名前が知られるようになると、馬によってはグッズが作られることも。海外遠征をすることもあります。

20

だいたいの馬は6～8歳ぐらいまでには引退しますが、JRAでは14歳まで走った馬もいます。

21

現役時代に好成績を残した牡馬は、種牡馬になります。同様に、現役時代に成績が良かったり、血統が良い牝馬は繁殖牝馬になります。いずれも、狭き門です。

22

種牡馬、繁殖牝馬ではなく、「乗馬になる」「誘導馬」として第二の人生（馬生）を送る馬もいます。

23

種牡馬や繁殖牝馬としての生活が終わったあと、功労馬として牧場でのんびりとした余生を送る馬もいます。

アウトブリード【あうとぶりーど】

血統の5代前までに同一の祖先を持たない配合のこと。近親交配にならないため、一般的には健康な馬が生まれやすいとされています。ディープインパクトはアウトブリードの名馬の代表格です。

あおる【あおる】

レースでゲートが開いた瞬間に馬が前脚を上げて立ち上がってしまうこと、あるいは立ち上がったタイミングでゲートが開いてしまうこと。どちらにせよ出遅れ必至ですので、挽回するのは大変です。

赤旗【あかはた】

レースで発走態勢に入ることを知らせるために発走委員が発走台の上で振る旗のこと。「レースが始まりますよ、準備はいいですか」という意味です。競馬では赤が「GO」なのは、信号機と逆なのがおもしろいところ。

上がり【あがり】

レースや調教の終盤のこと。「しまい」とも言います。ちなみに、序盤を「テン」、中盤を「なか」と言います。「テン良し、なか良し、しまい良し」なら完璧です。

上がり馬【あがりうま】

デビュー後しばらく勝ちきれないレースを続けていながら、あるとき急激に成長し、いっきにオープンまで駆け上がる馬のこと。メジロマックイーンやマヤノトップガン、ヒシミラクルなど、菊花賞は3歳春は無名ながら、夏場に急速に力をつけた「夏の上がり馬」の活躍が多いレースです。

上がり3ハロン【あがりさんはろん】

レースの最後の600メートルのこと。このタイムが競走馬の瞬発力を計る物差しとして重要視されています。一昔前までは上がり3ハロン34秒台なら十分速いとされていましたが、近年は新馬でも平気で32秒台を出す馬がいるので隔世の感は否めません。

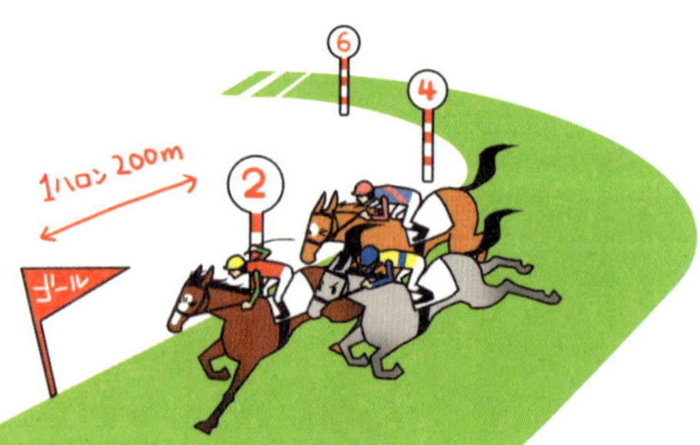

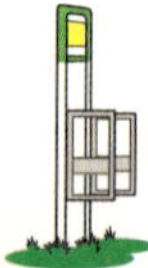

朝日杯フューチュリティステークス

【あさひはいふゅーちゅりてぃすてーくす】

12月に阪神競馬場の芝1600メートルで行われる2歳GⅠ。1984年にGⅠとなり、長らく朝日杯3歳ステークスの名称で親しまれてきましたが、2001年から現名称に。阪神ジュベナイルフィリーズと並んで、年配の競馬ファンは、意味がわからないし、読みづらいとぼやいています。また創設以来、中山競馬場で実施されてきましたが、中山の芝1600メートルは大外枠が不利という意見が多く、公平を期すために2014年から阪神に移りました。

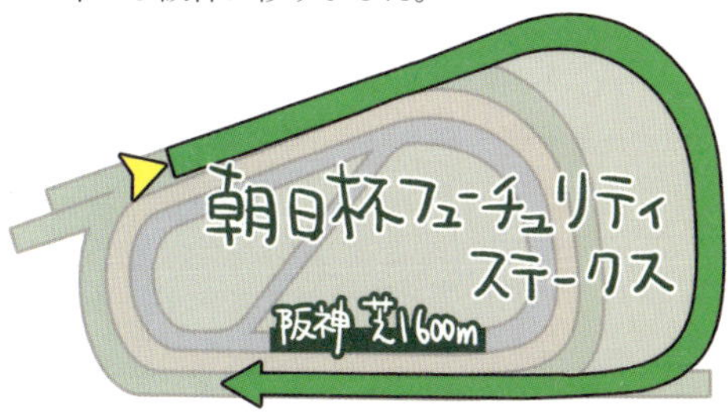

脚色【あしいろ】

馬の走りっぷりのこと。余力十分なら「脚色が良い」、スタミナが切れると「脚色が鈍る」などと使われます。レースはたいてい、最後の直線でのこの脚色の良し悪しで勝ち負けが決まります。

芦毛伝説第三章

【あしげでんせつだいさんしょう】

メジロマックイーンが出走するレースで、パドックの応援垂幕に書かれていたフレーズ。祖父メジロアサマ、父メジロティターンと続く芦毛一族の3代目とも、タマモクロス、オグリキャップに続く芦毛スターホースの3代目とも取れる、秀逸なコピーでした。

芦毛の怪物【あしげのかいぶつ】

オグリキャップの異名。1987年に公営・笠松競馬場でデビューし、連勝を重ねると3歳で中央に移籍。いきなり重賞で6連勝を果たしたことで、こう呼ばれるようになりました。その後も、3歳で有馬記念を制覇し、4歳時にはマイルCS制覇からの連闘で挑んだジャパンカップで当時の世界レコードタイムでの2着と、まるでマンガのような活躍。日本中にオグリブームが巻き起こり、第二次競馬ブームの立役者となりました。そして、連敗を喫し、しかも前走11着という惨敗から誰もが「オグリは終わった」と思ったなか出走した引退レースの有馬記念での奇跡の勝利。フィクションなら出来すぎと批判されるだろう4年にわたるオグリの物語は、こうして完結しました。

「あたかもテンポイントの門出を祝うかのように、粉雪が舞っている京都競馬場です」

【「あたかもてんぽいんとのかどでをいわうかのように、こなゆきがまっているきょうとけいばじょうです」】 言

1978年に海外遠征前の壮行レースとして日本経済新春杯に出走したテンポイント。レース直前に実況の杉本清アナウンサーが語ったフレーズです。その数分後に起きたレース中の悲劇的な事故を思うと、粉雪という言葉の印象が変わります。

当て馬【あてうま】

繁殖のさい、牝馬の発情を促すために使われる牡馬のこと。いざ本番となると、種牡馬にバトンタッチします。男ならこれにだけはなりたくないものですが、上手に発情を促す職人のような当て馬もいるそうです。1988年のオークス馬コスモドリームの母スイートドリームは後ろの馬を蹴る危険な癖があり、高価な種牡馬をつけるのはリスクが高かったので、しかたなく当て馬だったブゼンダイオーを種付けしたらＧⅠ馬が生まれたという嘘のような本当の話もあります。これぞ、当て馬ドリーム。

「あなたの、そして私の夢が走っています」

【「あなたの、そしてわたしのゆめがはしっています」】 言

ファン投票で優先的に出走馬が決まる宝塚記念で、実況の杉本清アナウンサーが毎回口にしていた言葉。宝塚記念と聞くと、このフレーズがすぐに思い浮かぶほど定着しましたが、実はTTGの3強が揃い踏みだった1977年の有馬記念でも使われています。

穴をあける【あなをあける】

人気のない馬が馬券にからむこと。そのような馬を「穴馬」とも言います。何故､「穴」なのかは不明。英語では穴馬のことをSleeperとも言います。レースが始まるまで素知らぬ顔で「眠っている馬」という意味です。

阿部牧郎【あべ まきお】 人

小説家。1987年に『それぞれの終楽章』で直木賞を受賞。無名時代、馬券を副業としながら作家修行をしていたほどの競馬ファンで、そのころのことは自伝的小説『大阪迷走記』に書かれています。また、『天皇賞への走路』など競馬を題材にした作品も多数執筆しました。

アブミ(鐙)【あぶみ】

鞍の両脇から馬の脇腹にたらしてつま先で踏む馬具のこと。これにより、騎手は自分の体を安定させています。レース中に、このアブミから足が外れると非常に危険です。

アラアラ【あらあら】

ゴール前で余力がなくなってしまうこと。ただ、まったく違う使われ方をすることがあり、出走馬が勝負になりそうなときに厩舎関係者が「今回はアラアラの勝負」という言い方をすることも。その場合は「ソコソコ」と同義語。

アラブの魔女【あらぶのまじょ】馬

イナリトウザイの異名。アングロアラブの牝馬でありながら、サラブレッド相手に何度も勝ったことから、この名で呼ばれました。とくに1974年に大井競馬場ダート1200メートルの重賞・東京盃で出した1分10秒5というタイムは、当時の中央競馬の芝1200メートルのレコードを0.2秒も上回るもので周囲の度肝を抜きました。

有馬記念【ありまきねん】レ

12月に中山競馬場の芝2500メートルで行われるＧⅠ。宝塚記念と同様、ファン投票で優先的に出走馬が決まります。1956年に創設されたときは中山グランプリという名称でしたが、提唱者だったJRA理事長の有馬頼寧が翌年亡くなったことで第2回から現在の名称となりました。世界的に見ると少々特殊な距離で、6回コーナーを回るというコース形態も独特ですが、暮れの風物詩として競馬ファンのみならず、日本全体で楽しまれています。

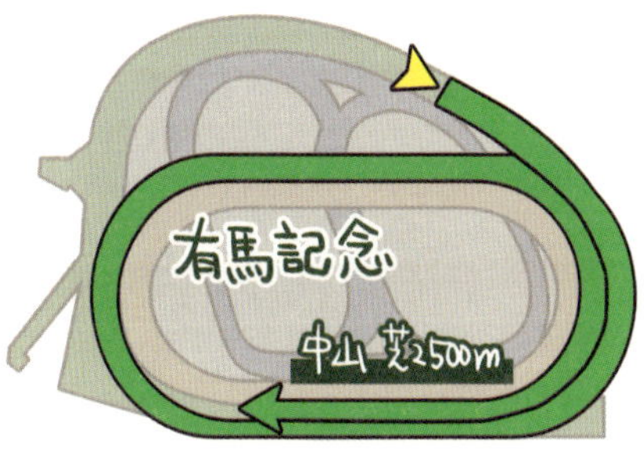

有馬特例法【ありまとくれいほう】

1955年にJRA理事長・有馬頼寧の尽力によって公布された法律。「1960年12月31日までの間、臨時の競馬開催で得た収益を、政府指定の建造物に限りその改築に充てること。また収益の一部を国庫に納付する義務を負わない」といった内容で、これにより得た資金で老朽化していた各地の競馬場の再建が進められ、戦後の日本競馬は復興を果たしました。

アレックス・ファーガソン
【あれっくす・ふぁーがそん】人

長年、プレミアリーグの名門マンチェスター・ユナイテッドを率いていたサッカーの名監督。共同馬主として、2002年に当時の世界記録であるＧⅠ7連勝を達成したロックオブジブラルタルを所有。ですが、同馬の引退後に所有権トラブルに巻き込まれ、マンUの監督解任寸前にまで追い込まれる災難にあいました。

併せ馬【あわせうま】

調教のとき、2頭以上の馬が並んで走ること。2〜3頭で行われるのが一般的です。この併せ馬調教では、馬の闘争心が鍛えられ、また強い馬の胸を借りることで弱い馬の地力が上がることも期待されます。1頭だけで走らせて調教することは「単走」と言います。

アンカツ【あんかつ】人

安藤勝己・元騎手の愛称。もともと公営・笠松競馬場のトップジョッキーで、すでにベテランとなっていた2003年に中央に移籍すると、わずか1カ月後にGⅠ高松宮記念を制覇しました。以後、ダービーを始めとする大レースを次々と勝ちまくり、2009年には競馬史上初となる中央・地方それぞれでの1000勝を達成。2011年には桜花賞に勝利し、51歳0カ月14日というクラシック競走最年長勝利記録も作っています。主なお手馬はキングカメハメハ、ダイワスカーレットなど。

アンカツも脱帽
【あんかつもだつぼう】人

公営・名古屋競馬場に所属していた坂本敏美・元騎手は1968年にデビューすると瞬く間にトップジョッキーに上り詰め、以後、名古屋競馬のリーディングジョッキーの座を独占。その騎乗技術は競馬の基本からかけ離れたものとされ、誰も理解できず、同時期に公営・笠松競馬場で騎手を務めていたあの安藤勝己をして「天才すぎて、真似をする気になれなかった」と言わしめたほど。しかし、1985年の落馬事故で騎手生命を断たれ、異能の騎手はターフから突然去ることとなりました。ちなみに、事故が起きる日までのこの年の連対率は、6割9分という驚異的な記録を残しています。

アングロアラブ【あんぐろあらぶ】

アラブ種とサラブレッド種の血が混じった馬のこと。アラブの血量が25%以上の馬が、これに該当します。競馬新聞などでは「アア」と表記。かつてはアングロアラブ限定のレースが盛んに行われていましたが、中央競馬では1995年に廃止され、地方でも2008年にはすべて廃止されました。

あんこ【あんこ】

デビュー間もない新人騎手（見習騎手）を意味する厩舎用語。

あんこ馬【あんこうま】

厩務員用語で、担当者がコロコロと変わる馬のこと。とくに下級条件の馬は担当者がよく変わります。

アーニングインデックス
【あーにんぐいんでっくす】

種牡馬の優劣を示す指標。種牡馬の産駒の平均収得賞金の割合を数値で表わしたもので、この数値が1以上なら平均より優秀な種牡馬ということになります。ただ、産駒が1～2頭しかおらず、その産駒がGⅠを勝ったりすると数値が跳ね上がるので、一概にはあてにならない面も。ディープインパクトは産駒の総出走頭数が400を超えながら数値が2以上で、文句のつけようのない好成績と言えます。

イエスタカス騒動

【いえすたかすそうどう】事

2014年に高須クリニックの高須克弥院長が共同所有していたデビュー前の馬にイエスタカスと命名しようとしたところ、JRAに拒否されたとして激高した騒動。ところがのちに、そもそも共同馬主のパートナーが、イエスタカスで馬名申請をしていなかったことが判明。この事実は高須院長の怒りに油を注ぎましたが、結局当該馬はダッシングブレイズの名前でデビューし、2017年のエプソムCを勝っています。

イギリスダービー

【いぎりすだーびー】レ

6月にイギリスのエプソム競馬場の芝2420メートルで行われるGⅠ。正式名称はダービーステークスですが、エプソムダービーやイギリスダービーとも呼ばれています。1780年の創設で、世界中のダービーのモデルとなりました。当レースの創設にはダービー伯爵とバンベリー準男爵という2人の貴族がかかわっており、レースの名称を決めるさい、どちらの名前を冠するかコインを投げて決めたとされています。もし、バンベリーが勝っていたら日本ダービーも日本バンベリーになっていたかと思うと不思議な気持ちになります。

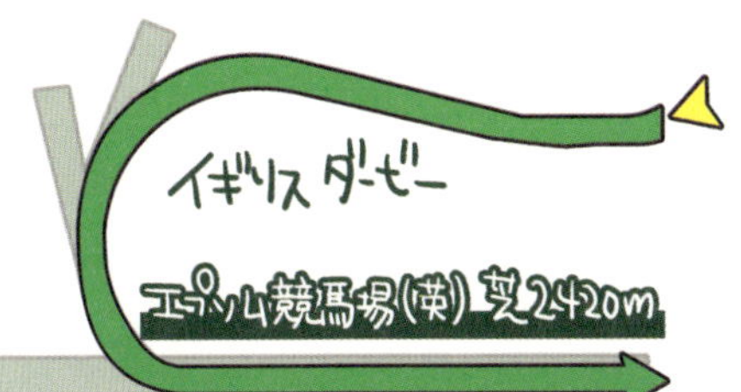

息を入れる

【いきをいれる】

レース中にペースを落として、直線でのラストスパートのためにスタミナを温存すること。とくに逃げ馬にとっては重要です。いかに馬に息を入れさせるかが、騎手の腕の見せ所となります。

育成牧場

【いくせいぼくじょう】所

デビューする前の馬を訓練するための専門牧場。競走馬にとってここで過ごす期間は、基礎体力を養ったり、騎手や調教師に従うことを覚えるため、非常に重要なものとなっています。

井崎脩五郎

【いさきしゅうごろう】人

競馬評論家。1983年からフジテレビの競馬中継で解説を務め、独自のデータを駆使した予想を展開しています。競馬エッセイも多数執筆しており、競馬に留まらない多岐におよぶ知識量は圧巻。いつも飄々とした雰囲気で、競馬ファンにとって理想の老後の姿です。

異次元の逃亡者
【いじげんのとうぼうしゃ】馬

サイレンススズカの異名。デビュー前から素質を高く評価されながらも、3歳時はちぐはぐな競馬が続いて低迷。ですが、古馬になってレース中に息を入れることを覚えると、1000メートル通過が57秒台という超ハイペースで大逃げを打ちながら直線でもう一段ギアを上げる「逃げて差す」と言われた唯一無二の走法を習得し、中距離では無敵の存在となりました。1998年の春から秋初戦にかけて宝塚記念勝ちを含む、重賞6連勝を達成。そして迎えた秋の天皇賞では圧倒的1番人気に支持されます。しかし、レース中に故障を発生し、予後不良に。騎乗していた武豊は、悲しみもあったのでしょう。その晩、泥酔したと言う話も。

井田是政の墓
【いだこれまさのはか】所

東京競馬場の第3コーナー付近には「大欅」と呼ばれる大木が植えられていて、その下に井田是政の墓が建っています。是政は戦国武将・北条氏照の家臣で、1929年に東京競馬場造成のために田んぼを掘り返したところ、墓が土の中から出てきました。そんな3コーナーから4コーナーにかけては昔から馬の事故の多いところで、1973年の天皇賞のハクホオショウや1998年の天皇賞のサイレンススズカが、ここで故障を発生させています。

韋駄天
【いだてん】馬

毎回、後続を大きく引き離す大逃げ戦法で、勝つときは圧勝、負ける時は逃げ潰れての目も当てられない惨敗という極端なレースを繰り返したツインターボの愛称。「最後の個性派」とも呼ばれ、高い人気を誇りました。1993年にGⅢ七夕賞で2年ぶりの勝利を挙げたときは、競馬ファンの多くが喝采を送ったものです。

イタリアの種馬
【いたりあのたねうま】

映画『ロッキー』シリーズの主人公、ロッキー・バルボアのニックネーム。精力絶倫な色男といった意味ですが、チャンピオンのアポロが、この名前の面白さに目をつけたことから、冴えないボクサーだったロッキーのサクセス・ストーリーは始まります。ちなみに、主演・脚本のシルヴェスター・スタローンもロッキーの設定と同じくイタリア移民の子孫で、スタローン（Stallone）という名はイタリア語の「種馬（Stallone）」から来ています。

「1格、2調子、3展開」
【「いちかく、にちょうし、さんてんかい」】言

GIレースを予想するさい、実績などの「格」をまず重視し、次に「調子」を確認。「展開」を考えるのは最後でいいという意味の格言。大レースほど展開のまぎれが少なく、馬の地力が問われるためです。

一年の計【いちねんのけい】

中央競馬で年の一番はじめにある重賞は東西の金杯。そのため競馬ファンのあいだでは「一年の計は金杯にあり」が合言葉になっており、その年の馬券運を占う重要な一戦になっています。

「1番人気はいらないから1着だけ欲しい」
【「いちばんにんきはいらないからいっちゃくだけほしい」】言

1997年の皐月賞に勝ちながらも、11番人気での勝利ということからフロック視されたサニーブライアン。迎えたダービーでも6番人気と、伏兵扱いのままでした。しかし、見事逃げ切り勝ちを収め、2冠馬に。そのレース直後のインタビューで、主戦騎手の大西直宏が言った痺れる一言です。

一完歩【いっかんぽ】

馬の歩幅のことで、1本目の脚が地面を離れた地点から4本目の脚が着地した地点までの距離で計ります。スピードに乗ったレース時の平均的な一完歩は7メートルほど。2005年の菊花賞でのディープインパクトの一完歩は、他の馬が平均7.03メートルのところ、1頭だけ7.54メートルでした。1歩で約50センチずつ差が開くわけですから、強いはずです。まさに「飛んでる」。ちなみに、20世紀初頭のアメリカの伝説的名馬マンノウォーの一完歩は8.5メートルもあったと言われています。

一瞬の速い脚【いっしゅんのはやいあし】

瞬時の加速度がとにかく速い脚のこと。「一瞬の脚」とも言われます。馬込みから抜け出すときなどは有利ですが、これを持つ馬は長くは使えないことが多く、結局後ろから来た馬に差し切られてしまうことも。騎手にとっては使うタイミングが非常に難しいとされています。

逸走【いっそう】

レース中、馬が走路から大きくはずれてしまうこと。違うコースに入ってしまった場合は、逸走した地点に戻って競走を再開しなければならない決まりとなっています。ただ、コーナーを曲がりきれず、外ラチまで大きく膨れてしまったような場合も逸走と呼ばれることがあり、このときはそのまま競走を続行できます。

行った行った【いったいった】

逃げ馬と2番手の馬が、そのままの形でゴールしてしまうこと。2007年の皐月賞で、逃げたヴィクトリーと2番手のサンツェッペリンで決まったレースなどが代表例です。

一頭入魂【いっとうにゅうこん】

トップジョッキーがメインのＧⅠレースなどに集中するために1日12レースある中、あえて1レースに絞って乗ること。背水の陣の博打ですが、好結果を生むことも。藤田伸二・元騎手の2011年の天皇賞におけるヒルノダムールなどが好例。

一杯【いっぱい】

競走馬がバテて失速すること。「最後の直線で一杯になって、馬群に飲みこまれた」といった使われ方をします。または、調教でかなり強く追うこと。

一般競走【いっぱんきょうそう】

特別競走以外のレースのこと。○○万円以下戦（条件戦）、新馬戦、未勝利戦などがこれに当たり、レースに特定の名前がつけられていないのが特徴です。平場戦とも言われます。

一本かぶり【いっぽんかぶり】

ある馬の単勝ないしは、ある馬とある馬の組み合わせの馬券が断トツの人気になること。その馬券以外は配当が高くなるので、穴党にとっては狙い目のレースとなりますが、もちろん人気通りに決着することのほうが多いです。

井森美幸【いもりみゆき】人

タレント。2008年からテレビ東京の『ウイニング競馬』のMCを務めていましたが、それ以前から競馬ファンを公言。同番組卒業後はフジテレビの『みんなのKEIBA』や深夜の競馬バラエティにも、たびたびゲスト出演しており、局をまたいで競馬番組で活躍しています。いまや、競馬界の良き姐さんという感じです。

イレ込む【いれこむ】

レース前に馬が興奮してしまい、落ち着きを失うこと。心拍数の上昇や発汗、無駄な動作などによって体力を消耗してしまうため、レースでいい結果が出ないことが多くなります。

インシュリン【いんしゅりん】

糖尿病の治療において、血糖値を低下させるために使用される薬。患者が自分で注射することもあります。競馬場やWINSのトイレのゴミ箱には「危険ですのでインシュリンの注射針を捨てないでください」という注意書きが貼られており、清掃員の人がケガする危険性があるため絶対にしてはいけませんが、病を押して馬券勝負するそのガッツには頭が下がります。

引退式【いんたいしき】

現役時代に活躍し、競馬界に大きな功績を残した競走馬には競馬場で引退式を行う栄誉が与えられます。ただ、その条件は、GⅠを勝利した馬、ないしは牡馬、騸馬なら重賞5勝以上、牝馬、障害馬なら重賞4勝以上と狭き門です。また、引退式の費用は馬主持ちとなっています。

インブリード【いんぶりーど】

血統の5代前までに同一の祖先を持っている配合のこと。優秀な種牡馬の能力を、血を重ねることで強化するためにサラブレッドの生産では意図的に行われています。一般的には数字で表され、たとえばノーザンダンサーの3×4とあれば、3代前と4代前の先祖が同じノーザンダンサーということです。何重にもインブリードがかかっていることもよくあり、一例を挙げればGⅠ6勝の名牝ブエナビスタはニジンスキーの3×4、ヘイルトゥリーズンの4×5、ターントゥの5×5のインブリードを持っていました。ただ、あまりに近い世代の近親配合をすると、気性に問題があったり、体質の弱い仔が生まれやすくなるとされています。

ヴィクトリアマイル
【ゔぃくとりあまいる】レ

5月に東京競馬場の芝1600メートルで行われる古馬牝馬GⅠ。2006年に創設された、マイル女王決定戦です。

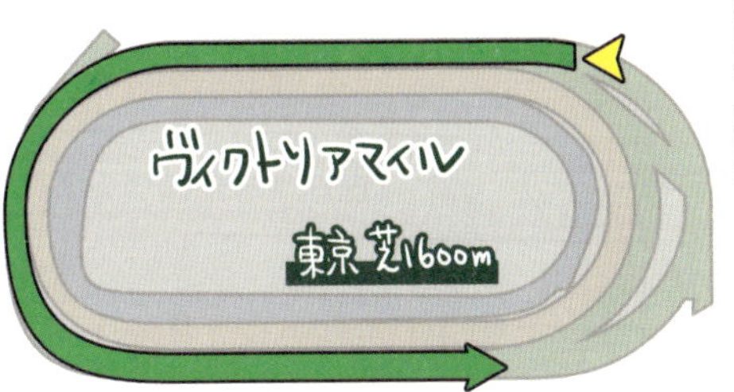

ウイナーズ・サークル
【ういなーず・さーくる】所

レースに勝った馬を表彰するエリアのこと。観客が優勝馬を間近で見られるように、スタンド前のコースに面した場所に設けられています。

ウイニング競馬
【ういにんぐけいば】

テレビ東京などで毎週土曜の15時（BSジャパンは14時半）～16時に放送されている競馬番組。前身は1970年放送開始の『土曜競馬中継』。3日連続開催で月曜に競馬があるときなども、放送があります。

文人たちの心を捉えた競馬の魅力

書籍倶楽部

『競馬への望郷』

寺山修司の競馬エッセイ集の代表作のひとつ。「逃亡一代キーストン」や「旅路の果てチャリングスタン」など、いま読んでも少しも古びていない名エッセイの数々が収められています。また、若き日の柴田政人や福永洋一を扱った「騎手伝記」も収録。

ときに現実の競馬以上に劇的なのが寺山活字競馬です

著・寺山修司／ KADOKAWA

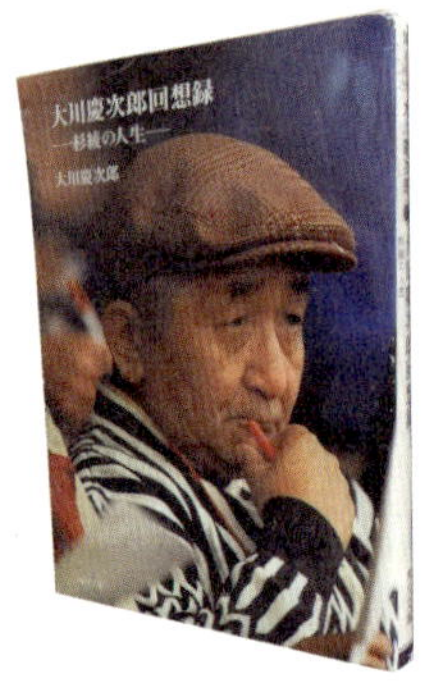

『大川慶次郎回想録―杉綾の人生―』

32歳でパーフェクト予想を達成し、〝競馬の神様〟と呼ばれた大川慶次郎が、自身の生い立ちと昭和初期から平成までの競馬界をふり返る自叙伝。約200人しか立ち会っていない戦時中の能力検定競走も自分の目で見ているという経験には、誰もかないません。

大川は明治の大実業家・渋沢栄一の曽孫という超良血！

著・大川慶次郎／ KADOKAWA

『競馬狂想曲』

『麻雀放浪記』で有名な作家の阿佐田哲也が編者を務めた競馬エッセイのアンソロジー。収録されているのは、山口瞳や寺山修司といった大御所から赤塚不二夫、北杜夫、黒金ヒロシと多士済々。編者による巻頭言「狼諸氏に」も、グッと来る名文です。

麻雀、競輪の印象が強い編者ですが、競馬も古株

編・阿佐田哲也／廣済堂文庫

紙の競馬場を走る活字のサラブレッドたちの競演は、間違いなく、もうひとつの競馬です。そんな競馬にまつわるエッセイや小説を読めば、週末きっと競馬場に行きたくなるはず。

著者はいまも競馬雑誌に馬券エッセイを長期連載中

『戒厳令下のチンチロリン』

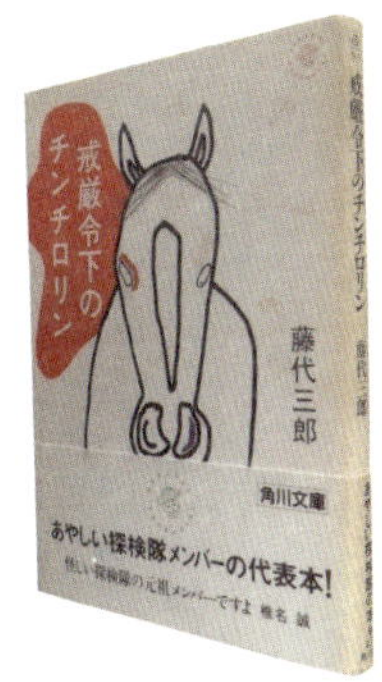

トウショウボーイ、テンポイント、グリーングラスが活躍した1970年代のTTG時代を背景に、しがない雑誌社の社員たちによる、おかしくも、せつないギャンブル漬けの日常を描いた長編小説。タイトルにはチンチロリンとありますが、ほとんどが競馬の話です。

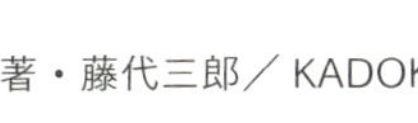

著・藤代三郎／KADOKAWA

博打の基本は、やはり自己管理とバランス感覚です

『競馬どんぶり』

直木賞作家である著者が、30年間以上にわたって毎週競馬場に通い続けてきたなかで身につけた、博打の〝しのぎ〟を伝授する一冊。〝勝つ〟のではなく、〝大きく負けない〟という姿勢には非常に共感します。プロは持続を旨とすべし。

著・浅田次郎／幻冬舎アウトロー文庫

オラシオンはスペイン語で「祈り」という意味です

『優駿』

『螢川』で芥川賞作家になった著者が手がけた、競走馬オラシオンの誕生から日本ダービー挑戦までの成長と、同馬を巡る人々の人間模様を描いた長編小説。ベストセラーになり、1988年には斉藤由貴・主演で映画化もされて大ヒットしました。

著・宮本輝／新潮社
※現在は新潮文庫として刊行されています。

44

WINS【ういんず】所

場外馬券売り場の愛称。本来の正式名称は「場外勝馬投票券発売所」です。1948年に銀座に日本で初めて場外馬券売り場が誕生。1987年にWINSの愛称が決まりました。Wining SpotとWeekend In Spotのふたつの意味があり、その略というのはあまり知られていません。

北海道
ウインズ札幌
ウインズ釧路

青森県
ウインズ津軽

秋田県
ウインズ横手

岩手県
ウインズ種市

山梨県
ウインズ石和

福島県
ウインズ新白河

茨城県
ライトウインズ阿見

東京都
ウインズ銀座
ウインズ後楽園
ウインズ錦糸町
ウインズ浅草
ウインズ汐留
ウインズ新宿
ウインズ渋谷
ウインズ立川
エクセル田無

神奈川県
ウインズ横浜
ウインズ新横浜
エクセル伊勢佐木

静岡県
エクセル浜松

愛知県
ウインズ名古屋

京都府
ウインズ京都

大阪府
ウインズ難波
ウインズ道頓堀
ウインズ梅田

兵庫県
ウインズ神戸
ウインズ姫路

鳥取県
ウインズ米子

広島県
ウインズ広島

山口県
ウインズ小郡

香川県
ウインズ高松

福岡県
エクセル博多

長崎県
ウインズ佐世保

熊本県
ウインズ八代

宮崎県
ウインズ宮崎

失われた競馬場【うしなわれたけいばじょう】所

かつて目黒、横浜、鳴尾（西宮市）、宮崎にも中央競馬の競馬場がありました。第1回ダービーも実施された目黒競馬場は、1933年に府中に移転して東京競馬場に。鳴尾競馬場は1943年に廃止され、1949年に宝塚市に阪神競馬場が新設されました。東京競馬場のGⅡ目黒記念と阪神競馬場のGⅢ鳴尾記念は、それぞれ前の競馬場を記念したレースです。横浜競馬場は起源を幕末にまでさかのぼることのできる歴史ある競馬場でしたが、戦争の激しくなった1942年に休止。宮崎競馬場も翌年休止されました。戦後長らく横浜、宮崎は休止扱いのままでしたが、1991年に競馬法が改正され、正式に廃止となりました。

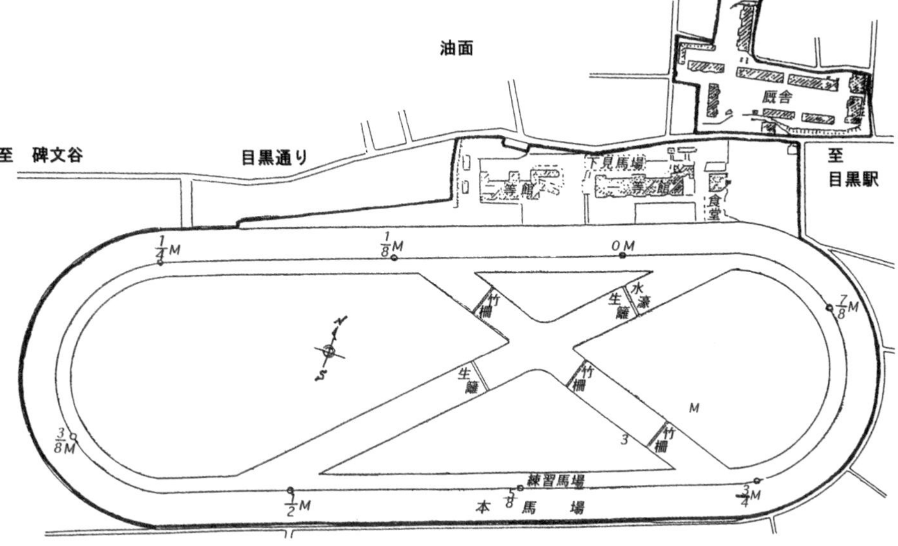

「後ろからはな〜んにも来ない、後ろからはな〜んにも来ない、後ろからはな〜んにも来ない」

【「うしろからはな〜んにもこない、うしろからはな〜んにもこない、うしろからはな〜んにもこない」】言

1975年の桜花賞で2着に大差をつけて逃げ切ったテスコガビーのレース実況で、アナウンサーの杉本清が口にしたフレーズ。桜花賞史上最大の着差をつけて勝ったテスコガビーの強さを余すところなく伝える名実況として、いまも語り草となっています。

ウッドチップコース

【うっどちっぷこーす】所

細かく砕いた木片を敷きつめた調教コースのこと。ダートの調教コースよりもクッション性が高いため、脚元に不安のある馬の調教などに好んで使われています。競馬新聞ではWと表記されます。栗東トレセンのCコース、美浦トレセンの南馬場Bコースはウッドチップコースで、それぞれ「CW」「南W」と表記されます。

馬インフルエンザ
【うまいんふるえんざ】

馬の病気のひとつ。ウイルスによって発熱と呼吸器障害をきたす急性伝染病です。日本でも過去に何度か大流行したことがあり、ロングエースが勝った1972年のダービーは、馬インフルエンザの影響で開催がずれ込んで7月9日に実施されたため「七夕ダービー」と呼ばれました。

馬っ気【うまっけ】

牡馬の性器が勃起した状態を指す俗語。当然、そのままでは走りづらいので、馬っ気を出している馬は人気を落としやすいですが、1997年のジャパンカップのピルサドスキーのように、パドックでブラブラさせていながら平気で勝ってしまうような馬もいます。

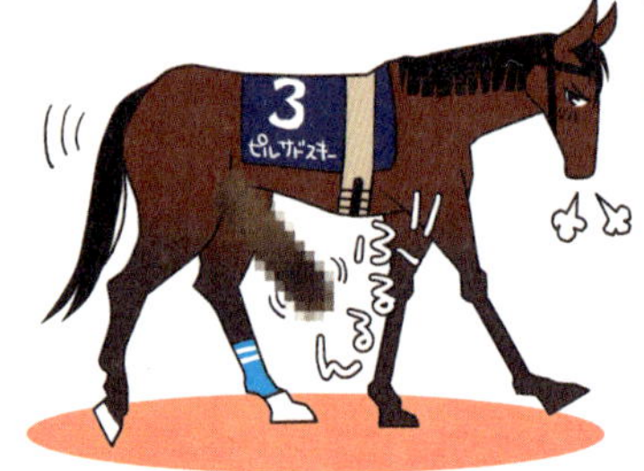

「馬7騎手3」【「うまななきしゅさん」】言

レースの勝利は馬の能力7割、騎手の腕3割で決まるという意味の格言。古くからある言葉ですが、もっと騎手の割合が高いという人もいれば、馬10騎手0という人もいるなど、意見は割れています。

馬なり【うまなり】

レースや調教で、騎手が手綱をしごいたり鞭を使ったりして馬を追うのではなく、何もせず馬の走る気にまかせること。レースのゴール手前で馬なりなら、楽勝ということです。「持ったまま」とも言います。

馬の温泉【うまのおんせん】所

屈腱炎や骨折などの馬の故障を治療するための温泉施設。JRAが管理するものとしては、福島県いわき市の競走馬リハビリテーションセンターと函館競馬場にあります。湯温は40〜42度ぐらいで、たいていの馬は人間と同じように、お湯につかると気持ちよさそうな顔をしています。過去にはオグリキャップやトウカイテイオーも、馬の温泉のお世話になりました。

馬のプール【うまのぷーる】所

美浦と栗東のトレーニングセンターに設置された調教施設。脚元に負担をかけない調教やゲート練習の一環としても利用されています。また、福島県いわき市の競走馬リハビリテーションセンターにもあり、こちらでは故障して調教が十分にできない馬の体力維持・回復のために使われています。基本的には泳げない馬はいません。

『馬は土曜に蒼ざめる』

【「うまはどようにあおざめる」】

筒井康隆が1970年に発表した短編小説。交通事故で大ケガを負った男の脳が競走馬に移植され、ダービーで大穴を開けようとするドタバタを描いています。ちなみに、筒井には『馬の首風雲録』という小説もありますが、こちらは競馬とは関係がありません。

馬優先主義【うまゆうせんしゅぎ】

名手・岡部幸雄が提唱した理念。かつての日本競馬は人間の都合が優先される傾向がありましたが、若手騎手時代から積極的に欧米に遠征していた岡部は海外の競馬関係者がつねに馬本位で動いていることに感銘を受け、日本でもそれを根付かせようと懸命に働きかけました。当初は周囲にもあまり受けいれられず、経験の浅い新馬に無理をさせないことからファンにも「岡部の新馬戦は買いづらい」とボヤかれることも。ですが、次第にその理念は浸透し、いまでは競馬界の常識となっています。

永遠に忘れじ君の面影

【えいえんにわすれじきみのおもかげ】

岡潤一郎騎手は1988年にデビューすると順調に勝ち星を重ね、翌年には札幌で5レース連続勝利という記録も達成。4年目にはリンデンリリーでエリザベス女王杯を制覇しました。1年先輩にあたる武豊騎手のライバルになると目されていましたが、1993年1月30日京都競馬第7競走の事故で帰らぬ人となってしまいました。北海道様似町の生家にある石碑には、「冬枯れの淀のターフに散りし夢　永遠に忘れじ君の面影」と刻まれています。

江戸川乱歩賞【えどがわらんぽしょう】

推理小説の文学賞。1982年の第28回受賞作品は岡嶋二人の『焦茶色のパステル』で、競馬を題材にしたものでした。岡嶋が前年の乱歩賞に応募して最終候補にまで残った『あした天気にしておくれ』も競馬ミステリーです。

NHKマイルカップ

【えぬえいちけーまいるかっぷ】レ

5月に東京競馬場の芝1600メートルで行われる3歳ＧＩ。1996年の創立当初は、当時ダービーに出られなかった外国産馬向けのレースという性格が強かったですが、現在は距離適性を考慮してダービーよりもこちらを選択する馬が増え、3歳マイル王決定戦という位置づけになりました。意外と牝馬が強いレースとしても知られています。

エリザベス女王杯

【えりざべすじょおうはい】レ

11月に京都競馬場の芝2200メートルで行われる牝馬GⅠ。もともと牝馬3冠の最終戦にはビクトリアカップというレースがありましたが、エリザベスⅡ世の来日を記念し、1976年にこのレースが創設。3冠の最終戦となりました。ですが、1996年にその座を秋華賞に譲り、全年齢を通しての牝馬頂上決戦という位置づけに変わりました。

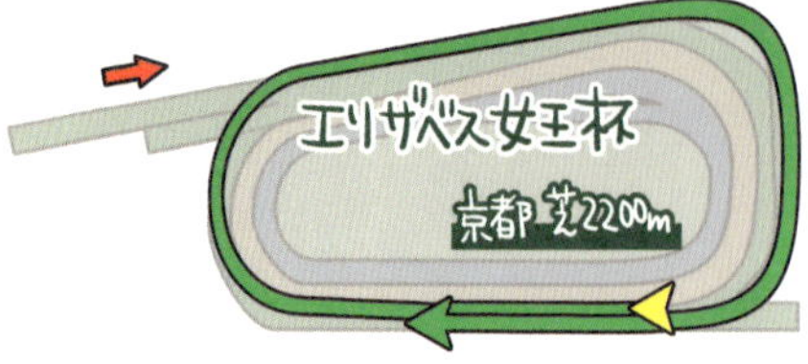

オイオイ【おいおい】

近年のGⅠ、とくに東京や中山でのGⅠでは、レース前のファンファーレに合わせて観客の「オイオイ」という合いの手が競馬場に鳴り響きます。関東圏のGⅠでよく聞かれるのは、メロディが合いの手を入れやすいためでしょう。しかし、よく聞くと全員が「オイオイ」と叫んでいるわけではなく、なかには「ハイハイ」とか「ホイホイ」と叫んでいる人もチラホラ。ライブ会場のようなノリのため、この合いの手を嫌う人もいますし、レース前で気が高ぶっている馬への影響は気になりますが、競馬場に若いファンが増えている証でもあります。

追い切り【おいきり】

レース直前の調教のこと。レースで馬の状態を最高潮に持っていくため、本番の3、4日前に思いきり調教をすることから、こう呼ばれます。

おいでおいで【おいでおいで】

2着馬をはるか後方に置き去りにして、ブッチギリで勝つこと。余裕の大勝。

桜花賞【おうかしょう】レ

4月に阪神競馬場の芝1600メートルで行われる3歳牝馬G1で、牝馬クラシックの1冠目。1939年にイギリスの1000ギニーを手本として設立された中山四歳牝馬特別が前身で、桜花賞の呼称になったのは1947年から。かつては「魔の桜花賞ペース」と言われるほどハイペースになりやすく、荒れるレースというイメージが強かったですが、コース改修後は順当な結果に落ち着くことが多くなりました。ちなみに、名手・岡部幸雄が旧八大競争で唯一勝てなかったレースです。

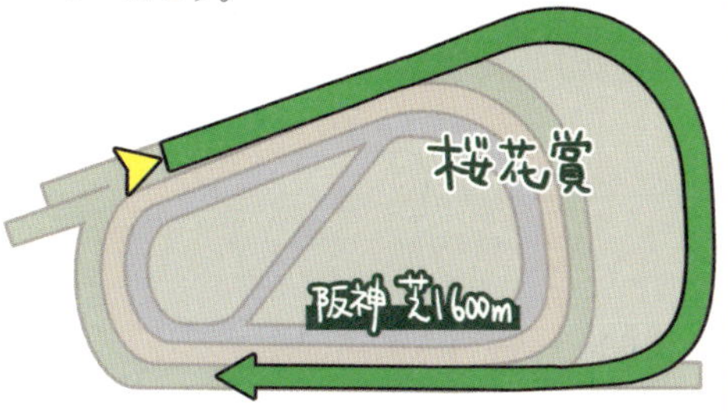

大井の帝王【おおいのていおう】人

公営・大井競馬場に所属する的場文男騎手の通称。1973年にデビューすると次第に頭角を現し、1985年から2004年まで大井競馬リーディングの座を守り続けたことで、こう呼ばれるようになりました。還暦を過ぎた2017年には、地方競馬通算7000勝も達成。ほとんど中央では乗りませんが、これは大井を愛しているからゆえと言われています。

大阪杯【おおさかはい】レ

4月に阪神競馬場の芝2000メートルで行われるＧＩ。2017年新設のＧＩですが、以前から大阪杯はＧＩ以上に有力馬が集まる「スーパーＧⅡ」のひとつでしたので、ＧＩ昇格も自然な流れだったような気がします。

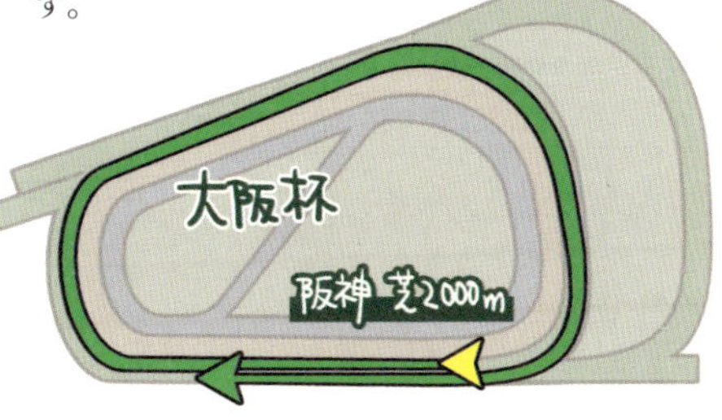

大橋巨泉【おおはしきょせん】人

タレント、競馬評論家。歯に衣着せぬ発言から、たびたび競馬サークルと衝突しましたが、外部から日本競馬の発展を応援していたのも間違いありません。馬主としては、タケホープが勝った1973年のダービーに所有馬のロックプリンスが出走しています。

岡部ライン【おかべらいん】

岡部幸雄・元騎手の全盛期、騎乗依頼が殺到したため、自分が乗れない馬には親しい後輩騎手を紹介したとされています。この人間関係は岡部ラインと呼ばれ、当時レースの展開予想の参考にする人が少なからずいました。人間関係のラインを予想で考慮するのは、競馬ではあまりありませんが、競輪では基本中の基本です。

置障害【おきしょうがい】

障害レースのさいに平地コースに置かれる固定されていない障害のこと。高さ1.2メートルの竹柵障害で、分解または牽引車によって移動可能。可動式障害とも言います。

オークス（優駿牝馬）
【おーくす】レ

5月に東京競馬場の芝2400メートルで行われる3歳牝馬のＧⅠで、牝馬クラシックの2冠目。正式名称は「優駿牝馬」ですが、オークスの副称のほうが浸透しています。イギリスのオークスを範として1938年に創設。この時期の3歳牝馬のほとんどは2400メートルが未経験なため予想には悩まされるものの、結局、地力に勝る桜花賞上位組が強いことが多いです。

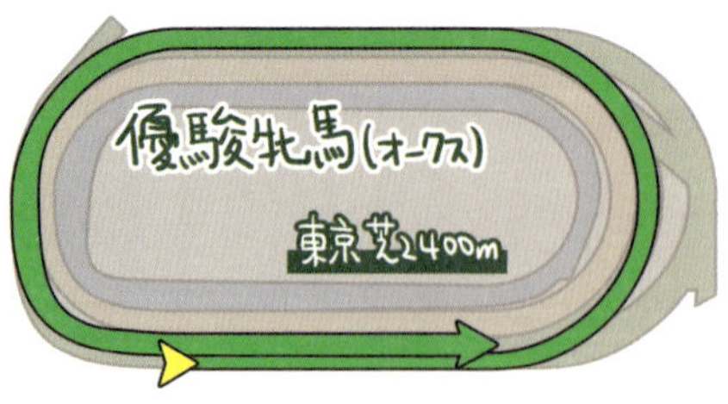

オケラ街道【おけらかいどう】所

競馬場から最寄り駅までの道のこと。一文無しになることを「オケラになる」といい、馬券で大敗した客がこの道をトボトボと帰ることから呼ばれるようなりました。元々は中山競馬場から西船橋駅までの道だけを指す言葉だったようですが、現在は各地の競馬場からの帰り道が、こう呼ばれています。

©くろふね 2014

抑える【おさえる】

行きたがる馬のスピードが上がりすぎないように、騎手がペースダウンさせること。手綱を握る両方の手で、馬の首のつけ根あたりを抑えてコントロールします。上手く抑えられないと、逆に馬は口を割ってもっと行きたがってしまいスタミナを消耗してしまいます。無理に抑えると馬の背中を痛めることも。

オッズ【おっず】

馬券が的中した場合の払戻率のこと。100円に対する倍率で掲示され、たとえば単勝670円なら、100円買って当たると670円になるということです。オッズが低いというのは人気がある馬、逆に高いのは人気薄の馬です。「オッズは衆知の結晶」という言い方もあり、みんなが勝つと思っているオッズの低い馬は、やはり実力があって勝つ確率が高いもの。しかし、ときに人気先行でオッズと実力・調子が比例していないこともあります。ともあれ、多くの競馬ファンはこのオッズに一喜一憂し、レースのたびに振り回されています。

織田作之助【おださくのすけ】人

小説家。死んだ妻の名前にちなんで1番の単勝馬券を買い続ける男を描いた『競馬』という作品を1946年に発表しています。

お釣りがなくなる【おつりがなくなる】

レースや調教で、馬の走りに余力がなくなること。スタミナ切れの状態をこう表現します。

お手馬【おてうま】

1頭の馬に同じ騎手が乗り続けていると、その騎手の「お手馬」という言い方をします。同じ騎手が乗り続けていれば、その馬の癖や特徴をつかみやすいのでレースでは有利に働きます。ですが、最近は結果が出ないと、すぐに騎手が替わってしまうことが多いため、お手馬という概念は薄まりつつあります。

おてんてん【おてんてん】

なにを考えているのかよくわからない馬のことを指す厩舎用語。頭が良すぎる場合と、その逆の場合の両方あるようです。

オーナーブリーダー【おーなーぶりーだー】

自分で生産した馬を、自分が馬主となって走らせる人のこと。ノースヒルズやシンボリ牧場、メジロ牧場などが有名です。リスクとリターンを一手に引き受けるため、どうしてもオーナーブリーダーは浮き沈みが激しくなりがちです。

帯封【おびふう】

競馬場やWINSで100万円以上の当たり馬券を取ったさいは、大口専用窓口で直接現金を受け取ることになります。このとき札束はJRAオリジナルデザインの帯封で結束されています。この帯封を手にすることが、多くの競馬ファンにとっての夢です。

オープン馬【おーぷんば】

中央競馬のクラス分けで、最上位にいる馬のこと。中央競馬では、新馬、未勝利、500万円以下、1000万円以下、1600万円以下、オープンにクラスが分けられており、勝って賞金を加算するごとに階級が上がっていきます。

親子鷹【おやこだか】

父親と子供が、ともに優れた能力を持っていることを表す言葉で、もとは子母澤寛の時代小説『父子鷹』に由来。転じて、スポーツ界では親子が同じ競技で活躍すると、よくこう言われます。騎手では武邦彦、武豊の親子が有名。それ以外でも競馬界には血縁関係が多く見られ、それだけ一般人が飛び込むには少々ハードルの高い世界なのかもしれません。

親子どんぶり【おやこどんぶり】

同じ馬主、ないしは同じ厩舎の馬がレースで1、2着を独占すること。「親子丼」とも言います。2017年の皐月賞は池江泰寿厩舎のアルアインとペルシアンナイトのワンツーフィニィッシュで決まったので、池江厩舎の親子どんぶりです。

折り合う【おりあう】

騎手と馬の息が合って、完全にコントロールが効いている状態のこと。いかに上手く馬と折り合えるかが、レースで勝利するためにはもっとも重要とされています。反対に騎手と息が合っておらず、コントロールが効いていない馬の状態を「かかる」と言います。

オールウェザー【おーるうぇざー】

レースや調教で使用される人工素材で作られた馬場のこと。全天候馬場、人工馬場とも呼ばれています。芝やダートの馬場に比べて管理がしやすく、水はけもいいことから、2000年代に入るとアメリカやドバイの一部競馬場にも導入されました。ですが、馬による得意、不得意がはっきり出すぎたため、近年は芝やダートに戻す傾向が強まっています。ただ、クッション性が高く馬の脚に負担をかけないとされているので、調教では引き続き使われており、美浦と栗東のトレーニングセンターにはニューポリトラックという素材でできた調教コースが設置されています。

オール4【おーるよん】

ディープインパクトが圧勝を遂げた2006年の宝塚記念。そのレースの陰でヒッソリとダイワメジャーが、「4回京都4日・4枠4番・4番人気」で結果は「4着」。しかも騎乗は「四位洋文」という、ずらっと4が並ぶ珍記録を達成していました。

阪神11R 2006年6月25日4回京都4日目
第47回宝塚記念

着順	枠番	馬番	人気	馬名	騎手
1	6	8	1	ディープインパクト	武　豊
2	5	7	10	ナリタセンチュリー	田島裕和
3	8	13	9	バランスオブゲーム	田中勝春
4	4	4	4	ダイワメジャー	四位洋文
5	6	9	6	カンパニー	福永祐一

オールラウンダー
【おーるらうんだー】馬

1999年にデビューすると、芝、ダート、中央、地方、海外とさまざまな条件で勝利を積み重ねたアグネスデジタルの異名。GⅠ6勝の内訳を見てみれば、芝1600メートルのマイルCSと安田記念、芝2000メートルの天皇賞・秋、ダート1600メートルのフェブラリーS、地方競馬ダート1600メートルのマイルチャンピオンシップ南部杯、香港の芝2000メートルの香港カップと、まさにオールラウンド。中央芝GⅠの前走が地方ダート重賞だったりすることも多かったため、予想が非常に難解でした。

おろす【おろす】

初めて馬がレースに出走すること。「馬をおろす」という使われ方をします。基本的には新馬戦で使われる言葉ですが、初めて障害レースに出るときは「障害におろす」、地方競馬に移籍したときは「地方におろす」という使われ方をすることもあります。

音速の貴公子
【おんそくのきこうし】馬

アグネスタキオンの異名。タキオンとは、超光速で動くと仮定されている粒子のこと。「光速」なのにアダ名が「音速」なのは、少し変。全兄でダービー馬のアグネスフライト以上の素質馬とも評され、無敗で2001年の皐月賞を制したことで3冠の期待も高まりましたが、ダービー前に故障を発生して引退。種牡馬入りしてからは、ダイワスカーレットなど複数のGⅠ馬を輩出しました。

競馬からは、喜びも悔しさも人生のさまざまなことが学べる

勝負服に使っている黄と赤は金運と仕事運がアップする色

若いころから競馬ファンで、いつかは馬主になりたいと思っていたんだよね。でも、親父から「50歳になるまではやめておけ」って止められていた。僕は凝り性なんで、馬主になったら仕事が疎かになると思ったんでしょう。それで、いつしか50歳を過ぎて、「何かやり残していたことがあるな」と思い出して馬主になったんです。

僕の勝負服は「黄、赤一本輪、黄袖」というもので、黄色と赤を使っている。風水では、西に黄は金運、東に赤は仕事運がアップする色なので、その両方を入れた勝負服にしたいと思って、これにしました。

冠号としては「コパノ」、「ラブミー」、「キモン」を使っていますね。最近は、「ワークアンド」というのも使い始めた。一人の馬主が冠号を何種類つけてもいいんですよ。

「コパノ」は僕の愛称から。「ラブミー」は笠松競馬で活躍したラブミーチャンからですね。あの馬は最初、コパノハニーという名前で中央デビューするはずだったんだけど、成長が遅かったので方位や生年月日を見て一番活躍出来そうだった笠松に移籍させた。そのとき心機一転、名前を変えようということなり、「自分を好きになって、自信を持とうよ」と意味を込めてラブミーチャンにしたんです。そうしたら6歳までの現役生活で重賞勝ちを含めて18勝もしてくれた。そこから冠号として使い始めました。

「キモン」は方位でいう東北、艮の方角の「鬼門」です。「鬼門」というのは嫌われていますけど、じつは財産運がアップする方角なんですよ。

どの馬にどの冠号をつけるかというのは、そのときの気分次第(笑)。馬名も全部インスピレーションで決めています。

相性のいい種牡馬はGアリュール、Sヴィグラス

僕が馬を買うときは、セリ名簿を見て自分で選んで、セリで落としています。牧場関係者や調教師の意見も聞きますが、あんまり言ってくれないんですよね。走らなかったとき、責任を追及されるのが嫌だから(笑)。

選ぶ基準は、基本的には血統。ストームバードやストームキャットの血が入っている馬が好きなんですよ。

あと、ゴールドアリュールやサウスヴィグラスな

Dr.コパ(どくたー・こぱ)
1947年生まれ。本名・小林 祥晃。建築家で神主で風水の専門家。2002年に中央の馬主資格を取り、現在、中央と地方で馬を走らせている。高松宮杯勝ちのコパノリッキーや、全日本2歳優駿に勝ったラブミーチャンなど活躍馬多数。なかでもコパノリッキーはＧⅠ11勝の日本競馬新記録を達成した。

ど、自分と相性のいい種牡馬というのがあって、そういう馬を優先的に選んでいます。まぁ、ディープインパクト産駒なんかは、ほしくても高すぎて手がでないというのもあるけど(笑)。

預けるのは、親しく付き合っている厩舎が10ぐらいあるので、そこを順番に回している感じですね。ローテーションや誰を乗せてほしいといった希望は調教師に伝えますよ。とくに若手騎手には頑張ってほしいと思っているんですよね。自分もいろんな先輩に引き立てられてここまでやってきた。だから、恩返しではないですが、若い人を育てる責任があると思っています。

馬主になってうれしかったのは駐車場と席に困らないこと(笑)

ホッコータルマエがコパノ○○になっていた!?

馬主になって一番うれしかったのは、競馬場で駐車場と席に困らなくなったこと(笑)。ファンのときは、そこに苦労しましたから。馬主席は快適ですし、競馬場には馬主専用駐車場があるんですよ。

一番悔しいのは、セリでもう少しで落とせたのに、勇気がでなくて見送った馬が活躍したときですね。たとえばＧⅠ10勝を挙げたホッコータルマエなんかは僕もセリで目をつけていて、あと300万円出せば買えていた。でも、手が挙げられなかったんです。自分の勘を信じきれなかった意気地のなさを、いまもとても後悔しています。

でも、これまでの馬主としての収支はプライマスナス0ぐらいなので、かなり馬主運はいいほうだと思いますよ。9割以上の馬主さんが赤字ですものね。

僕は15年ほどの馬主生活で24億円ぐらい投資して、馬が稼いだ賞金自体は30億円ぐらいですけど、馬主の取り分がその8割で、さらに税金を引かれたりで結局トントンです。

馬主としての夢ですか?　表向きは「ダービーに勝つこと」と言っていますが、僕の持っている馬の血統を考えれば、ほぼあり得ない(笑)。だから、実際には「ダービーに出走すること」ですね。

長年競馬とかかわってきて一番好きな馬は、「美少女」と言われた1970年の桜花賞馬タマミです。当時から、いつかはタマミみたいなお尻の大きな牝馬を持ちたいと思っていて、それで見つけたのがラブミーチャン。そういう意味でも、長いこと競馬を見てきたことは少しもムダになっていないんですよ。

競馬から学べることって、ホント多いですよね。勝負勘も養えるし、達成感も味わえる。反対に、自分の勘を信じきれなかったときの悔しさを味わったり。それは、馬主の立場でもファンの立場でも一緒。だから、競馬は一生楽しめるものだと思います。

飼い食い【かいぐい】

馬の食欲のこと。体調が悪ければ馬も人間と同じように食欲が落ちますので、飼い食いの良し悪しは調子のバロメーターになります。

開成高校【かいせいこうこう】

矢作芳人調教師の出身校。東大合格者数日本一の超進学校出身という、調教師としては異例すぎる経歴は『情熱大陸』でもクローズアップされていました。厩舎開業から4年目の2008年に、JRA史上最短で通算100勝を達成。おもな管理馬に、2012年のダービー馬ディープブリランテ、NHKマイルC勝ちなどのあるグランプリボス、海外GIドバイターフに勝ったリアルスティールがいます。

回収率【かいしゅうりつ】

掛け金の総額に対する払い戻しの割合。たとえば、馬券を100円買って、それが200円になれば回収率は200パーセントです。年間の回収率の目標をどの辺に設定するかによって馬券の買い方が変わるため、これを考えることが、まず馬券戦術の基本となります。

凱旋門賞【がいせんもんしょう】㋹

10月にフランスのロンシャン競馬場の芝2400メートルで行われるGI。第一次世界大戦からの復興を目的に1920年に創設され、格、賞金額ともにヨーロッパ競馬の頂点のレースとされています。1969年にスピードシンボリが挑戦して以来、凱旋門賞制覇は日本の競馬関係者の悲願です。

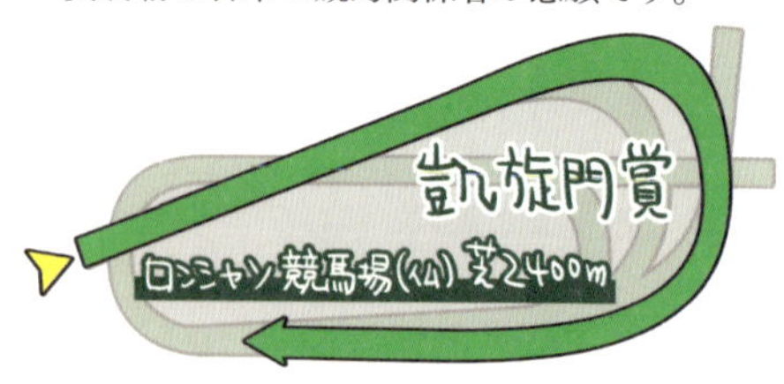

外地の競馬場【がいちのけいばじょう】㋫

戦前は樺太、満州国、関東州、朝鮮、台湾など本土以外の日本領にも日本人の手によって多数の競馬場が建設され、盛んに競馬が行われていました。日本の敗戦により、ほとんどの競馬場は閉鎖されましたが、ソウルの新設洞競馬場では朝鮮戦争が始まるまで韓国人による競馬が実施され、その後の韓国競馬の礎となりました。

怪鳥【かいちょう】㊫

エルコンドルパサーの異名。3歳でNHKマイルCとジャパンカップを制覇すると、翌1999年フランスへの長期遠征を敢行しました。GⅠイスパーン賞、GⅠサンクルー大賞、GⅡフォワ賞を2着、1着、1着の好成績で走り抜け、迎えた凱旋門賞。このときモンジューという強い馬がいましたが、逃げたエルコンドルは直線で差し返すという競馬でモンジューに食らいつき、僅差の2着となりました。そのレースぶりはフランスでも高い評価を受け、「チャンピオンが2頭いた」と現地メディアも報じたほどです。日本馬のレベルが確実に上がっていることを実感させてくれた瞬間でした。

飼葉【かいば】

競走馬の食料のこと。燕麦、マメ類、油粕などの濃厚飼料と呼ばれるものと、各種牧草の乾草や青草などの粗飼料と呼ばれるものがあり、これにカルシウムやビタミン剤などの添加物が加えられることもあります。さまざまな食材がバランスよく混ざった配合飼料というものも売られており、なかにはコエンザイムQ10が入ったものまで。またレース前には勝負飯として、普段より高エネルギーの食料が与えられます。

開門ダッシュ【かいもんだっしゅ】

GⅠなどの大レースが開催される日に、少しでも良い席を取るために開門と同時にダッシュすること。ある意味、人間たちによる第0レースとも言えます。ちなみに、通常は9時開門ですが、GⅠの日は時間が多少早まります。

返し馬【かえしうま】

本馬場に入場してきた馬たちが、レースが始まるまで馬場に散って走るウォーミングアップのこと。この返し馬を観察して馬の調子を見極めてから馬券を買う人もいますが、レース開始まで時間があまりないので馬券を買い逃してしまうこともあります。

格上げ【かくあげ】

レースに勝った馬が、上のクラスへ昇級すること。昇級してから迎える最初のレースを「格上げ初戦」とも言います。

確定【かくてい】

レースの着順が決定すること。着順掲示板に、赤地白抜き文字で「確定」と表示されます。これが出る前は、絶対に馬券を捨ててはいけません。

貸服【かしふく】

何らかの事情で馬主が登録している勝負服が準備できなかった場合などにJRAが騎手に貸す勝負服のこと。胴と袖の色が白で、枠番と同じ色の斜縞が入ります。また地方馬が中央のレースに出走するさい、馬主に中央の馬主登録がないと「交流服」と呼ばれる貸服が与えられます。こちらは胴と袖の色が白で、枠番と同じ色の四ツ割と一本輪が入ります。貸服は騎手に合わせたオーダメイドではないので、ちょっとダボダボになりやすいです。

過剰投票【かじょうとうひょう】

新聞ではそんなに印がついていない馬なのに、レースが近づくにつれオッズがどんどん下がること。オッズが急激に下がるということは誰かがその馬の馬券を大量購入しているということなので、裏情報を知っている人物が買っているのではという想像から馬券戦術に役立てている人もいます。もっとも、過剰投票の馬が走らないことなどいくらでもあり、ただの思い込みの可能性も大。

片キン【かたきん】

先天的、ないしは事故などで睾丸がひとつになってしまった馬のこと。また、片方のタマが体にめり込んで、そのままという馬もいます。片キンの馬は総じて気性が荒いとも言われていますが、新聞の馬柱に「片」といった情報が載ることは絶対にないので、予想には反映させづらいです。

硬口【かたくち】

唇の感覚が鈍く、ハミによる騎手の指示が伝わりにくい馬のこと。硬口の馬はレースでコントロールが難しくなります。

片目の馬【かためのうま】㊮

現在のJRAの規定では、デビュー前に両目、ないしは片目を失明した馬は出走できません。ですが、デビュー後に事故などで片目を失明した場合は出走可能。見えない側のラチを怖がるなどハンデがありますが、右目を失明していながら6勝も挙げたルーベンスメモリーのような馬もいます。

勝ち馬【かちうま】

1着馬のこと。ですが、馬券上は複勝式を含めて対象となるすべての馬のことも指すので、3着でも勝ち馬と呼ばれます。

勝馬投票券【かちうまとうひょうけん】

馬券の正式名称。ただ、明治時代は「馬券」が正式名称で、俗称としては「あな札」「賭け札」という言葉が使われていました。

『ガーデン殺人事件』【『がーでんさつじんじけん』】

S・S・ヴァン・ダインが1935年に発表した長編推理小説。競馬に全財産を賭けた青年の謎の怪死事件を、名探偵ファイロ・ヴァンスが鮮やかに解きます。『競馬殺人事件』の邦題も。

鎌型蹄刀【かまがたていとう】

装蹄師が馬の蹄を削るときに使用する、鎌の形をした刃物。装蹄師自身が研いで、刃の角度など微妙な調整を行います。これを使って蹄を削るのは日本のほかアジアの数カ国だけで、欧米では人間と同じような爪切りでパチンパチンと切るそうです。

神騎乗【かみきじょう】

ルメール騎乗のサトノダイヤモンドがゴール前、測ったようにキタサンブラックを差し切った2016年の有馬記念など、騎手の腕で勝ったと見えるレースを近年よくこう称します。ですが、これは一般的に宗教心が薄いとされる日本ならではの言いかた。また、予想記者が何週か連続でメイン競争の予想を当てるとすぐ「神予想」などと言われますが、1日全レース完全的中の大川慶次郎を超える「神予想」はありません。

カミソリの切れ味【かみそりのきれあじ】(馬)

1960年に皐月賞、ダービーの2冠を制したコダマの異名。5冠馬シンザンの末脚の切れ味が「ナタ」にたとえられるのと対比して、よくこう言われます。一種の対句のようなものです。

神の馬【かみのうま】(馬)

イギリスの名馬ラムタラの異名。1994年8月にデビュー勝ちを収めると、翌年6月の第2戦で、いきなりイギリスダービーを制覇。7月の第3戦でキングジョージ6世&クイーンエリザベスSに勝ち、さらに10月に凱旋門賞を勝ったあと引退しました。わずか4戦のキャリアながら、デビュー戦以外はすべてヨーロッパ最高峰のＧⅠ勝ちという異例の実績で、日本でもこう呼ばれるようになりました。そんなラムタラが種牡馬として日本に輸入されたときは驚愕しましたが、残念ながら産駒に恵まれず、10年後に母国に帰りました。

カラ馬【からうま】

落馬により、騎乗者がいなくなってしまった馬のこと。2008年のエリザベス女王杯のポルトフィーノのように、カラ馬が1着でゴールすると競馬場に何とも言えない弛緩した空気が流れます。もちろん、1位入線は認められず、扱いとしては競争中止です。

仮柵【かりさく】

競走馬が殺到しやすいコース内側の芝の消耗を防ぐために、内ラチから一定の距離に置かれる柵のこと。移動柵とも言います。開催の後半に入ると仮柵が取られるため、芝状態の良いインコースを走りやすい先行馬が有利になる傾向が見られます。

華麗なる一族【かれいなるいちぞく】

イギリス産の繁殖牝馬マイリーから派生した一族。イットー、ハギノトップレディ、ハギノカムイオー、ダイイチルビーなど、70～90年代初頭にかけて多数の名馬を輩出しました。この呼称は、山崎豊子の同名小説から取られています。

ガレる【がれる】

疲れがたまって体重が減っている馬のこと。当然、毛づやもくすみ、体調も悪くなっています。こうなると放牧に出して休養させるのが一番ですが、たまに休み明けなのにガレている馬もいて、放牧先の水が合わなかったのでしょうが、なんだかなぁと思わざるを得ません。

川崎の鉄人【かわさきのてつじん】㊟人

公営・川崎競馬場に所属していた佐々木竹見・元騎手の通称。1960年にデビューすると、2001年の引退までに地方競馬7151勝という前人未到の記録を打ち立てました。1965年から67年にかけて、史上初となる3年連続400勝突破も達成。まさに、鉄人でした。

変わり身【かわりみ】

休み明けを一度使われた馬が、次のレースで好走すると「変わり身があった」と言われます。ただし、休み明け2戦目で変わり身を見せる馬もいれば、3戦を必要とする馬もおり、いつまで経っても変わってくれない馬もいます。

カンカン泣き【かんかんなき】

重い負担重量を苦手にしている馬のこと。昔は負担重量を尺貫法で数えていたので「貫々」から来たと言う説と、目方を量ることを「看貫」といい、そこから来たという説があります。

冠婚葬祭馬券【かんこんそうさいばけん】

騎手や厩舎関係者に冠婚葬祭があると、その陣営の馬が好走するケースが多いという理論のもと買う馬券のこと。これを信じて、熱心に競馬関係者のプライベートの動きを追っているファンもいます。

関西の秘密兵器【かんさいのひみつへいき】

かつてはダービーの直前ぐらいになると、こう呼ばれる関西馬がよくいました。呼ばれる条件は、関東の強い馬と未対戦で、関西のレースで連勝を重ねていることなどです。ただ、これは関西馬が弱かった時代の話で、西高東低となった1980年代後半ぐらいから、あまり聞かなくなりました。

カンニング竹山【かんにんぐたけやま】㊟

お笑い芸人。大の競馬ファンで、2017年に東京新聞杯を勝ったブラックスピネルの一口馬主にもなっています。なぜか、「好きなレースは根岸S」と公言。

カンパイ【かんぱい】

レースのスタートに問題があったとき、もう一度スタートをやり直すこと。ゲート前方200メートルの地点に立っている係員が白旗を振って騎手にやり直しを知らせます。語源は英語のcomeback（戻れ）から来ているとの説も。

感冒【かんぼう】

馬の風邪のこと。馬も風邪をひくと、人間と同じように熱を出したり、鼻水を垂らしたり、咳をしたりします。

冠号【かんむりごう】

馬主が所有馬の名前の先頭や末尾に入れる共通した特定の言葉のこと。アドマイヤ○○やサトノ○○、メイショウ○○などが有名。「冠名」とも言います。似たような名前が増える、無個性だと厳しい声もありますが、日本競馬らしい風習という側面もあります。

『気がつけば騎手の女房』【『きがつけばきしゅのにょうぼう』】

日本初の女性競馬新聞記者を経て、騎手・吉永正人と結婚した吉永みち子が1985年に発表した自伝的ノンフィクション。ベストセラーとなり、大宅壮一ノンフィクション賞を受賞しました。

利き脚【ききあし】

人間の手の右利き、左利きのように、馬の脚にも右利き、左利きがあります。馬は利き脚の側を先行させて走り、左脚が先の場合を左手前、右脚が先の場合を右手前と言います。コースが右回りなら右手前、左回りなら左手前で走らないと上手くコーナーを回れません。先行する脚の左右を変えることを「手前を変える」と言いますが、これが下手な馬もおり、そういう馬は左右どちらかの回りのコースに良績が偏ってしまいます。

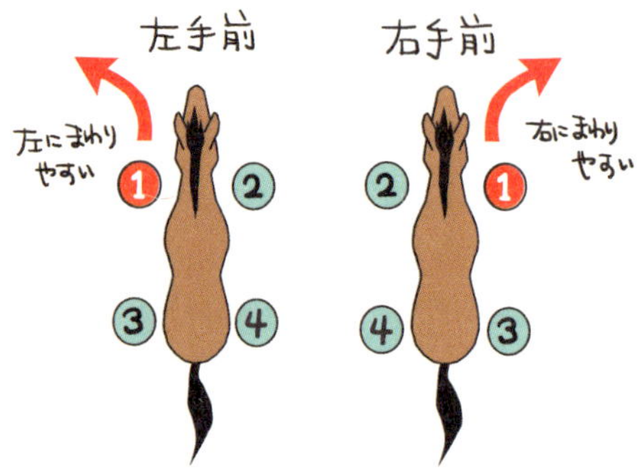

菊池寛【きくちかん】㊟人

小説家、実業家。戦前は多数の馬を持つ大物馬主で、1940年の春の帝室御賞典（天皇賞の前身）を勝ったトキノチカラなどを所有していました。また、1936年には競馬入門書の『日本競馬読本』を発表しています。

「菊の季節に桜が満開。菊の季節に桜。サクラスターオーです」

【「きくのきせつにさくらがまんかい。きくのきせつにさくら。さくらすたーおーです」】㊟言

1987年の皐月賞に勝ちながら、繋靭帯炎を発症してダービーへの出走が叶わなかったサクラスターオー。長期休養明け初戦で迎えた菊花賞で復活勝利を遂げたさい、杉本清アナウンサーの口から出たフレーズです。杉本清の名実況を代表するものとして、広く知られています。ですが、同馬はその年の有馬記念のレース中に故障を発生し、予後不良に。季節外れの桜は冬の中山に散りました。

貴公子【きこうし】㊟馬

トウカイテイオーの異名。7冠馬シンボリルドルフの仔という良血、長い前髪をたらしたルックスの良さ、気品あふれる独特の歩様などから、こうあだ名され、高い人気を誇りました。また、無敗で皐月賞、ダービーを制しながら、その後ケガに悩まされ続けたように強さと脆さを併せ持っていた点も、ある意味、御曹司っぽかったです。引退レースとなった1993年の有馬記念での勝利は、異例の1年間の休養明けということもあり、多くのファンの感涙を誘いました。

騎手3冠【きしゅさんかん】

騎手の年間成績における、最多勝利、最高勝率、最多賞金のこと。同一年度にこの3つで首位を獲ると騎手大賞というものがもらえますが、過去、岡部幸雄、武豊の2人しか達成していません。

騎乗速歩【きじょうそくほ】

4本の脚のうち、つねにどれかが地面についてないと失格となるレースのこと。いわば、人間でいう競歩のようなものです。戦前は日本でも行われていましたが、現在は行われていません。スピード感はゼロなので迫力に欠ける気もしますが、フランスやベルギーではいまも行われているそうです。

騎乗停止【きじょうていし】

レースで違反走行があったり、レース以外で問題を起こした騎手に下されるペナルティのこと。開催日の2日〜6日間レースに乗れなくなるのが一般的ですが、罪が重い場合はそれ以上の期間乗れなくなることも。

奇跡の血量【きせきのけつりょう】

インブリードで3代目と4代目に同一の祖先を持つと、血量がその祖先の18.75パーセントとなります。過去の名馬に、なぜかこの血量を持つものが多いことから、こう呼ばれるようになり、配合のさい重視されることがあります。1940年代にアメリカで提唱された理論で、日本でも1951年にダービーを勝ったトキノミノルがザテトラークの3×4であったことや、1960年にダービーを勝ったコダマがブランドフォードの3×4であったことからもてはやされるようになりました。ただ、あくまでも統計的なもので、科学的な根拠があるわけではありません。

キタサン祭り【きたさんまつり】(馬)

父ブラックタイド、母父サクラバクシンオーと、短距離向きの血統のため人気薄だったにもかかわらず、2015年の菊花賞を制し、北島三郎に初のＧＩ勝利をもたらしたキタサンブラック。レース後『まつり』の歌詞を「キタサンまつり〜♪」と変えて歌ったことで話題に。その後もレースに勝つと場内の大観衆のリクエストに応える形で、サブちゃんは感謝を歌にのせて表しました。キタサンブラックは天皇賞・春を2回、天皇賞・秋、ジャパンカップ、大阪杯と中長距離のＧＩを勝ちまくり、引退レースに選んだ2017年の有馬記念も制したことで歴代タイ記録のＧＩ7賞馬に。生涯獲得賞金額の18億7684万3000円は歴代トップの記録で、日本競馬史に残る最強馬の1頭となりました。

菊花賞【きっかしょう】(レ)

10月末〜11月に京都競馬場の芝3000メートルで行われる3歳ＧＩ。1938年にイギリスのセントレジャーステークスを手本に京都農林省賞典四歳呼馬の名称で創設され、現在の名称となったのは1948年からです。牡馬クラシックの3冠目で、「もっとも強い馬が勝つ」とも言われています。春のクラシックシーズンに間に合わなかった新興勢力の台頭も楽しみのひとつです。

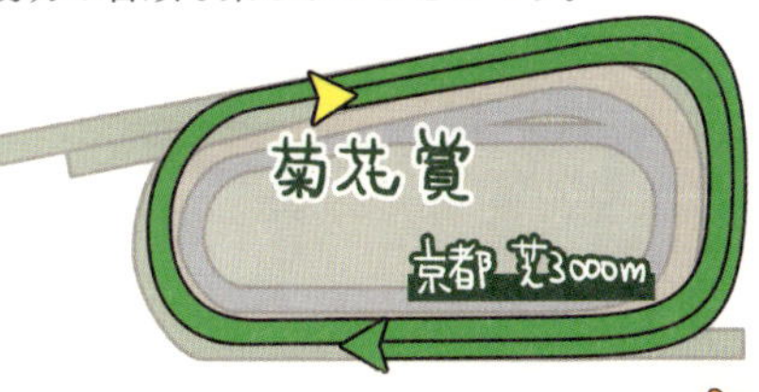

喫茶店【きっさてん】㊖

競馬場やWINSの周辺には、「競馬中継やっています」といった張り紙がされた喫茶店をよく見かけるものです。筆者が昔通っていたのは、錦糸町WINS近くのロザリオという店。ポーカーゲーム機がテーブルになっていて、客は馬券オヤジばかりでしたが、当時は大変お世話になりました。

奇蹄目ウマ科【きていもくうまか】

サラブレッドを含む馬の生物学的な分類。同じ科に属する動物には、ロバ、シマウマ、ノロバなどがいます。どれも蹄がひとつなのが特徴。ウマ科動物の最古の祖先は、約5200万年前にいたヒラコテリウムとされています。

気まぐれジョージ
【きまぐれじょーじ】㊫

人気になると負け、人気薄だと激走したエリモジョージの異名。1番人気で勝ったのは3歳春のシンザン記念だけ。以後、7歳の引退まで2度と1番人気で勝つことはありませんでした。3歳夏に休養先のえりも農場で火災が発生し、エリモジョージは助かったものの多くの競走馬が焼死。翌1976年の天皇賞・春を12番人気で勝ったさい、実況の杉本清が「見てるか天国の仲間たち、俺はお前たちの分まで走ったぞ！」という名フレーズを残しています。

キミちゃん【きみちゃん】㊫

乃木坂46の白石麻衣が競馬番組の企画で命名したキミノナハセンターの愛称。馬名は乃木坂の代表曲『君の名は希望』からつけられています。2009年の秋華賞馬レッドディザイアの半弟で、1億5千万円で取引された高額馬でしたが、残念ながらクラッシク路線には乗れず。競馬番組では、ときおりタレントが馬名をつけるといった企画がありますが、なかなか期待通りとはいかないようです。

脚質【きゃくしつ】

その馬が得意とする走り方のこと。道中のポジションによって、基本的には「逃げ」「先行」「差し」「追い込み」の4つに分けられますが、レースによって毎回違うような馬は「自在」ともされます。また、本当は逃げたいのに、たんにスピードが足りないせいで「差し」になっているような馬もいるので、一概には判断がつかないところもあります。

キャプテン渡辺

【きゃぷてんわたなべ】㊟人

お笑い芸人。深夜のネタ番組『あらびき団』でギャンブル中毒の自虐と開きなおりが入り混じった漫談を見せていたときは、まさかその後『ウイニング競馬』のレギュラー陣になるとは思ってもいませんでした。大出世。

九州産馬限定競走

【きゅうしゅうさんばげんていきょうそう】㋹

小倉競馬場では、質量ともに圧倒的な北海道産馬に対して劣勢な九州の馬産を保護するため九州産馬限定競走が実施されています。ならば、栃木産馬や青森産馬の限定競争があってもいいような気も。

旧八大競走【きゅうはちだいきょうそう】㋹

日本の競馬において伝統があり、他の重賞よりも格が上とされるレースのこと。皐月賞、東京優駿（日本ダービー）、菊花賞、桜花賞、優駿牝馬（オークス）の五大クラシックと天皇賞・春、秋と有馬記念の8つを指します。ただ、近年は賞金の高いジャパンカップを重視する関係者が増えていることや、適性を考慮してクラシックにこだわらない馬も多いため、かつてほどの絶対的な重みはありません。

桜花賞	菊花賞
皐月賞	天皇賞（春）
オークス	天皇賞（秋）
日本ダービー	有馬記念

厩務員【きゅうむいん】

厩舎に所属し、調教師の指示に従って馬の世話をする職業。仕事内容は、飼葉の世話から馬房の清掃、レースや調教の前後の運動、馬体の洗浄など多岐にわたっています。しかし、厩務員は騎乗して調教コースで調教することは禁止されており、自分で馬に乗って調教をしたければ、調教助手や持ち乗り助手（調教厩務員）など、また別の資格を取らないといけません。

厩務員スト【きゅうむいんすと】

最近はあまりありませんが、昔は待遇改善を求める厩務員ストにより、競馬が中止になることがありました。キタノカチドキが勝った1974年の皐月賞も、厩務員ストが長引いたため3週間遅れの5月3日に東京競馬場で実施されています。

脅威のまだら【きょういのまだら】㊟馬

1913年にイギリスでデビューし、2歳シーズンしか走らなかったものの、圧倒的なスピードを武器に7戦7勝の生涯成績を残したザテトラークの異名。芦毛の馬体に大きな黒い斑点が点々と浮かぶ奇妙な毛色をしていたことから、こう呼ばれました。伝説では、3戦目の芝1200メートルのレースで2着馬に50馬身差をつけたとも言われています。

競走中止【きょうそうちゅうし】

レースのスタート後に馬がゲートを出なかったり、馬体に故障が発生したり、騎手が落馬したりしたことで、その馬がレースから離脱することの総称。馬体の異常を感じた騎手が、みずからレースをやめることもあります。

懐かしの競馬ゲームが大集合!

レトロゲーム倶楽部

『ファミリージョッキー』

©BANDAI NAMCO Entertainment Inc.

複数の競走馬のなかから１頭を選択し、ＧⅠ出走を目指すレースゲーム。1987 年発売で、家庭用競馬ゲームとしては最初期のものです。アイテムを効率よく拾うのが勝つコツ。ダービーも有馬も障害レースなのは、いま考えると驚きですが、当時は気にせず遊んでいました。

バンダイナムコエンターテインメント／
ファミリーコンピューター

2人対戦可能で、いまでもかなり熱くなれます

『ベスト競馬・ダービースタリオン』

©ParityBit

競走馬育成シミュレーションの金字塔「ダビスタ」シリーズの第一弾。このゲームにより、競馬の１年の流れや昇級システムなどの知識が子供にまで浸透しました。現役騎手にもダビスタの影響で競馬界に入った人も。スティールハートが種牡馬として優秀だったのは、ご愛嬌。

アスキー／ファミリーコンピューター

育てた馬で対戦できるようになったのはⅡからです

『ウイニングポスト』

「ダビスタ」と並ぶ競馬シミュレーションの、もう一方の雄。競馬界の人間関係に着目した点と時間の流れが明確にあるのが特徴で、いまも新作が出続けている人気シリーズの第１作目です。サードステージなど、ゲーム内の架空ライバル馬たちも独自の個性がありました。

光栄／スーパーファミコン

この第1作では〝牧童イベント〟が待ち遠しかった

幾晩も徹夜しながら最強馬を作りだしたときの喜び。歴史的な名馬を乗りこなす快感。子供たちに競馬知識を浸透させ、ジャンルの裾野を爆発的に広げた名作・傑作の数々をふり返ります。

現実で強かった馬は、やっぱりゲームでも強いです

『サラブレッドブリーダーII』

1964年から1993年までの30年間の実際の日本競馬界を舞台にした競走馬育成シミュレーション。自分の育てた馬で、シンザンの3冠を阻止したり、TTGに割り込めるのが醍醐味です。番組表も時代ごとのものが再現されており、競馬の歴史の勉強にもなります。

ヘクト／スーパーファミコン

歴史的名馬の乗り味は格別です

『ギャロップレーサー』

ポリゴンで再現されたリアルな競走馬を操り、リアルな競馬場のコースを走る、初の3Dレースゲーム。勝ち星を重ねると海外や過去の名馬にも乗れるようになります。1996年発売で、『ファミリージョッキー』のころを思うと技術の格段の進歩には驚かされました。

テクモ／プレイステーション

数ある競馬ゲームのなかでも断トツに渋い

『井崎脩五郎の競馬必勝学』

競走馬を生産して調教するわけでもなく、馬を操作してレースを走るわけでもなく、ただひたすらコンピュータ馬同士のレースの予想をして馬券を買い続けるという、あまりに独特なゲーム。馬券を当てて1年間で100万円以上貯まると、グッドエンディングが見られます。

イマジニア／ファミリーコンピューター

競走馬のふるさと案内所

【きょうそうばのふるさとあんないじょ】㊫

引退して牧場へと帰った競走馬を訪ねるファンのために、さまざまな情報を提供している案内所。日本軽種馬協会が全国6カ所に設置しています。

共有馬主【きょうゆうばぬし】

複数の馬主が1頭の競走馬を共有すること。中央競馬では2名から最大10名まで認められています。

兄弟馬【きょうだいば】

同じ母親から生まれた馬のこと。競馬では父親が同じでも兄弟とは言わないのが、初心者を戸惑わせるところ。父親も同じなら全兄弟、父親が違うと半兄弟と言います。ビワハヤヒデとナリタブライアンの半兄弟や、ドリームジャーニーとオルフェーヴルの全兄弟など、兄弟でともにＧＩを勝った馬もたくさんいます。

キングジョージⅣ＆クイーンエリザベスステークス

【きんぐじょーじよんあんどくいーんえりざべすすてーくす】㋹

7月にイギリスのアスコット競馬場で行われる芝2406メートルのＧＩ。1951年の創設で、イギリスではダービーと並んで最高峰のレースとされています。日本からは1969年のスピードシンボリに始まり、以後、シリウスシンボリ、エアシャカール、ハーツクライ、ディープブリランテらが挑戦してきました。

キングマンボ系【きんぐまんぼけい】

フランスの名マイラーだったキングマンボを祖とする血統。1993年の引退後にアメリカで種牡馬となり、エルコンドルパサーやキングカメハメハなど日本で活躍した馬の父となりました。キングカメハメハはサンデーサイレンスの血を引いていないため種牡馬として重用され、着々と日本にその血脈を拡大させています。

禁止薬物【きんしやくぶつ】

馬に投与することが禁じられている薬物のこと。馬の能力を高めたり、低めたりする効能のある複数の薬物が指定されています。レース後には、1～3着馬と裁決委員が指定した馬は検査を受ける決まりになっています。

禁断のインブリード
【きんだんのいんぶりーど】

20世紀前半から中盤にかけて活躍したフランスの生産家マルセル・ブサックは、周囲の批判をよそに極度の近親交配を果敢に実行。彼が生産した1949年の凱旋門賞馬であるコロネーションは、トウルビヨンの2×2という強烈なインブリードをでした。

『銀と金』【『ぎんときん』】

福本伸行による、破格の大金が動くギャンブル勝負を中心に裏社会の駆け引きを描いたマンガ。物語はギャンブル中毒の主人公が競馬場で銀王と呼ばれる謎めいた男に声をかけられるところからはじまります。また、「競馬編」では大掛かりなトリックを使った勝負が展開。連載当時の1990年代初頭の競馬界の流れを知っていると、より楽しめるはずです。

筋肉予想と黄金予想
【きんにくよそうとおうごんよそう】

新日本プロレス所属のレスラー棚橋弘至が、馬の筋肉の状態だけを見て行う予想が「筋肉予想」。いっぽう「黄金予想」は、同じく新日所属のオカダカズチカが調教を重視して行う予想のことですが、自身のキャッチフレーズ「金の雨を降らせる」に引っ掛けて名前にゴールドが入っている馬を選びがち。ただ、専門誌上での両者の予想対決はオカダ選手のほうが優勢です。

金曜日発売【きんようびはつばい】

皐月賞、ダービー、菊花賞、春秋の天皇賞、有馬記念など特定のＧⅠレースでは、一部のWINSでレース前々日の金曜日14時～19時のあいだ、そのレースの馬券を買うことができます。2006年からは、ＧⅠレースと同じ週に行われる重賞レースも発売されるようになりました。また、日曜の重賞を土曜に発売することは「前日発売」と言います。

「金襴緞子が泥にまみれてゴールイン!」
【「きんらんどんすがどろにまみれてごーるいん!」】㊁

1981年、泥んこの不良馬場のなか行われた桜花賞で勝利を収めたブロケード。そのときの実況で杉本清アナウンサーが残した名フレーズです。馬名のブロケードとは、光沢があって厚手の絹織物の「金襴緞子」という意味。

斤量【きんりょう】

馬の負担重量のこと。現在、負担重量はキログラム単位で示されますが、昔は単位が尺貫法の斤（1斤＝0.6キログラム）だったため、いまでもこう呼ばれています。

クイックピック【くいっくぴっく】

馬番や枠番をコンピュータがランダムで自動的に選んでくれる馬券。場名、レース番号、式別、1点あたりの金額、購入点数は指定する必要があります。限定された期間、競馬場でのみ発売。実質、宝くじのようなものなので、勝ち馬を予想したり、特定の馬を応援するといった競馬の本質からは外れている気もしますが、あまりにツキのない日などは気分転換に買ってみるのもありかもしれません。

グイッポ【ぐいっぽ】

馬房の馬栓棒（ませんぼう）などに歯を当てて頸に力を入れて空気を呑み込む癖のこと。このときグイッと音がすることからこう呼ばれます。退屈しのぎにやる馬も多いですが、これが酷いと腸内にガスがたまって腹痛を起こす風気疝（ふうきせん）という病気に罹りやすくなります。

『空気の読めないイタリア人がいたもんで……』

【『くうきのよめないいたりあじんがいたもんで……』】㊂

2015年の朝日杯FSのレース後に武豊騎手が発した言葉。その時点で勝っていないＧＩは朝日杯のみだった武。迎えた本番では1番人気のエアスピネルに騎乗し、ついに今年こそ中央ＧＩ完全制覇がなるかと多くの人が期待しましたが、ゴール前それを打ち砕いたのがリオンディーズに騎乗していたミルコ・デムーロでした。当然、悔しかったでしょうが、笑いに変えた対応はさすがです。

口取り【くちとり】

勝った馬がウイナーズサークルで記念撮影をすること。馬主などがハミに括った紐を持って、馬の横で嬉しそうに写真に撮られています。「口取り式」とも。また、馬の口をとって誘導したり、暴れそうな馬を抑えることも、こう言います。

口向き【くちむき】

馬がハミを受けている状態のこと。「口向きが良い」、「口向きが悪い」という使われ方をされ、前者ならば騎手と馬の意思疎通が上手くいき、後者ならその反対です。

屈腱炎【くっけんえん】

馬の脚の病気のひとつ。走行中に過度な負荷がかかったり、打撲などによって屈腱が炎症を起こし、腫れあがります。腫れた脚部の見た目がエビのお腹のようになるため、「エビハラ」あるいは「エビ」という呼称も。これになると競走能力が著しく低下し、完治も難しく、さらに一度治っても再発しやすいため、数々の名馬の引退の原因となってきました。好きな馬がこれになると、絶望的な気分になります。

頸差し【くびさし】

馬の頸の状態のこと。馬が走るさい、前肢の動きと頸の方向は密接に関係しており、頸の角度や形状は能力に影響すると言われています。「頸差しがいい馬」と言えば、頸の状態のバランスがいい走りそうな馬という意味です。

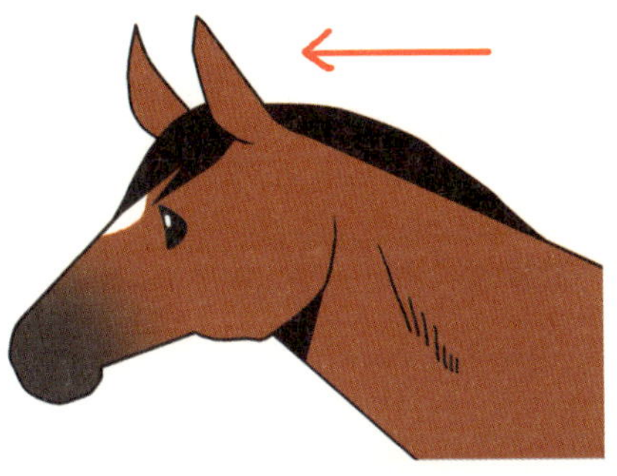

クモワカ事件【くもかわじけん】㊮

1952年、前年の桜花賞2着馬のクモワカが馬伝染性貧血（伝貧）と診断され、感染拡大を防ぐため殺処分を命じられるということがありました。ですが、関係者は伝貧とは考えず、クモワカを牧場に匿い、繁殖牝馬にしようとします。その後、クモワカの子をデビューさせようとしたさい、〝存在しないはずの馬〟の子を認めるか否かが問題となり、裁判にまでなりました。結局、裁判はクモワカ陣営が勝利し、その血脈から桜花賞馬ワカクモや名馬テンポイントが誕生します。もし殺処分されていたら、競馬の歴史が大きく変わっていたことでしょう。

鞍【くら】

本来は馬の背に置いて人や荷物をのせる馬具のことですが、競馬用の鞍は極限まで小型化、軽量化されているので、お世辞にも座り心地がいいとは言えず、そもそも専門的な訓練を受けた騎手以外が使うのは非常に危険です。ちなみに、斤量にはこの鞍の重さも含まれています。

クラシックレース
【くらしっくれーす】㋹

桜花賞、皐月賞、優駿牝馬（オークス）、東京優駿（日本ダービー）、菊花賞の総称。この5つのレースは3歳だけが出走できる伝統的レースで、もともとはイギリスの5つのクラシックレース、1000ギニー、2000ギニー、オークス、ダービーステークス、セントレジャーステークスに、それぞれ倣って創設されたものです。

クラス慣れ【くらすなれ】

競走馬が500万下から1000万下に上がったり、1600万下からオープンに上がるなど、昇級した直後は対戦相手が強くなったことに戸惑い、実力を発揮できなくなることがあります。何戦かして、そのクラスのペースやレベルに慣れることを、こう言います。

グランドナショナル
【ぐらんどなしょなる】㋹

4月にイギリスのエイントリー競馬場で行われる障害競走。距離は4マイル4ハロン（約7242メートル）と日本の障害ＧⅠの倍近くあり、全部で16個設置された障害を計30回飛越します。イギリスで一番人気の高いレースです。

グリマルキン【ぐりるまるきん】

サラブレッド三大始祖のうちの一頭ゴドルフィンアラビアンの親友だったとされる猫。気性の荒いゴドルフィンアラビアンが唯一心を開いた相手だったと言われており、この馬を描いた絵画には、よく一緒に描かれています。

グリーンチャンネル
【ぐりーんちゃんねる】

JRAの関連法人が運営する競馬専門チャンネル。基本は有料放送ですが、凱旋門賞に日本馬が出馬するときなどは無料放送も行われます。

グレード制【ぐれーどせい】

重賞を格付けする制度のこと。ＧⅠ、ＧⅡ、ＧⅢの順に上位の格付けとなっています。1984年に導入されたもので、いまでは耳慣れたＧⅠという言葉も、このときから使われたもの。導入当初は日本独自の格付けでしたが、2010年には中央の全重賞レースが国際グレードの格付けと共通のものになりました。

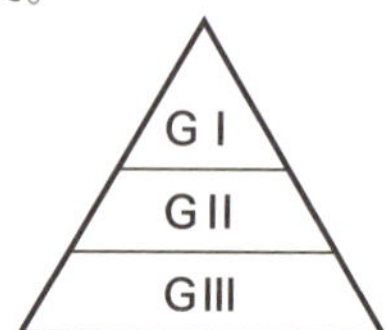

繋駕速歩【けいがそくほ】㋹

騎手が馬に乗らず、車輪のついたカゴに乗って行われる競馬。映画『ベン・ハー』で有名になった古代ローマの戦車競走に似た競技です。1968年まで中央競馬でも実施されていました。この競技では、左右同じ側の前後の肢を1組ずつ動かす歩法で走らねばならず、これを「側対歩」と言います。

鶏跛【けいは】

馬が後肢を跳ね上げるようにする歩様のこと。鳥のような歩きかたのため、こう呼ばれています。「とりあし」という言い方も。パドックで時折見かけますが、競走能力には影響がないそうです。

『競馬音頭』【『けいばおんど』】

『てなもんや三度笠』や『必殺』シリーズで有名な俳優の藤田まことが1968年に発売した楽曲。「梅新ブルース」のB面です。作曲・萩原哲晶、作詞・大橋巨泉と、けっこう豪華。

競馬学校花の12期生
【けいばがっこうはなのじゅうにきせい】

1982年に中央競馬の騎手養成所として開校した競馬学校。その12期生のなかには、「不世出の天才」と称された福永洋一の息子である祐一がおり、本書監修の細江純子さんを含むJRA史上初の女性騎手3名、同じくJRA所属としては初の双子騎手である柴田大知、未崎の兄弟などがいたことからデビュー前から話題となって、こう呼ばれました。

競馬倶楽部【けいばくらぶ】

競馬を運営していた有志による組織のこと。初期の競馬は、この競馬倶楽部が実施しており、日本で最初のものは1862年（文久2年）に居留外国人によって作られた横濱レース倶樂部です。以後、日本人の手による競馬倶楽部が各地に乱立し、それぞれが独自に競馬を実施していましたが、1923年に競馬法が制定されると11に統合。1936年に統括運営組織である日本競馬会が創設されたことで、各地の競馬倶楽部は解散しました。

競馬サークル【けいばさーくる】

競馬業界全体を指す言葉。馬主、生産者、厩舎関係者、騎手、エージェントがここに含まれます。

競馬新聞【けいばしんぶん】

競馬専門の新聞のこと。紙面の大半はレースの予想で占められており、一般的に有力度の高い順に◎、○、▲、△などの印がレースごとに馬に記されています。日本で最初の競馬新聞は、1924年に発刊された「中島高級競馬號」とされています。

競馬法【けいばほう】

大正時代の1923年に制定された日本で最初の競馬に関する法律。それまで馬券の発売は原則禁止でしたが、この法律ができたことで公認されることになりました。戦後の1948年には、中央と地方の競馬を包括した新たな競馬法が制定され、現在、競馬法と言えばこちらのことです。これに対して、大正時代に作られたものは旧競馬法と呼ばれています。

毛色【けいろ】

JRAが規定している競走馬の毛色は、栗毛、栃栗毛、鹿毛、黒鹿毛、青鹿毛、青毛、芦毛、白毛の8種類です。生まれた馬は、このどれかに決められます。ただ、馬自体の毛色は、佐目毛、河原毛、月毛など、ほかにも色々あります。

栗毛（くりげ）

栃栗毛（とちくりげ）

鹿毛（かげ）

黒鹿毛（くろかげ）

青鹿毛（あおかげ）

青毛（あおげ）

芦毛（あしげ）

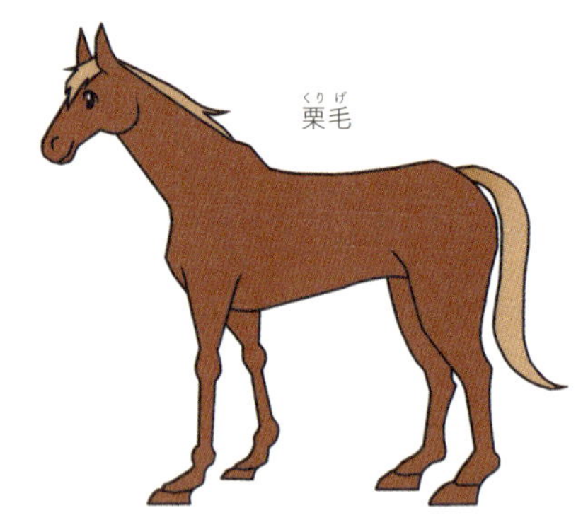

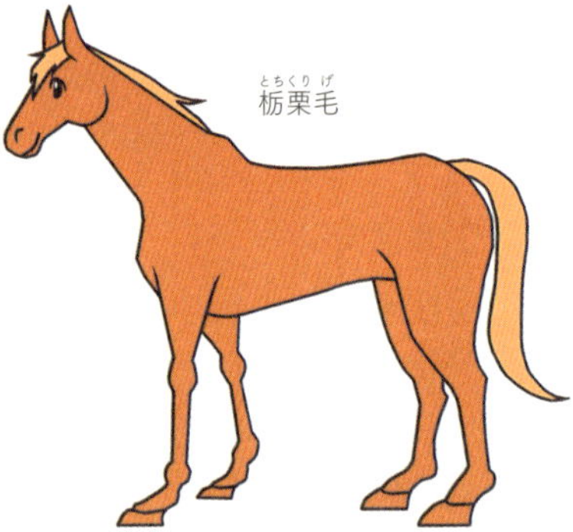

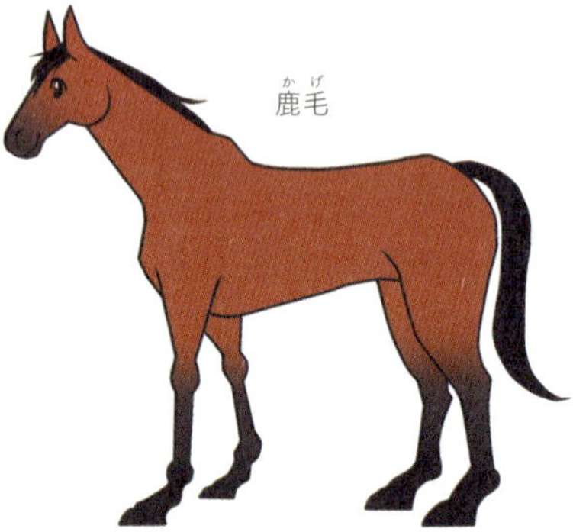

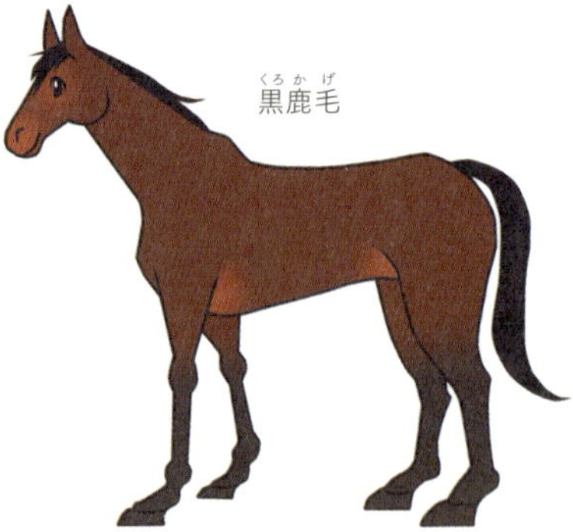

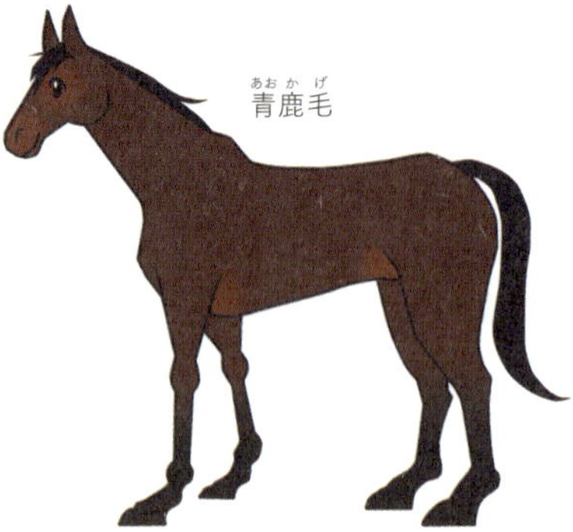

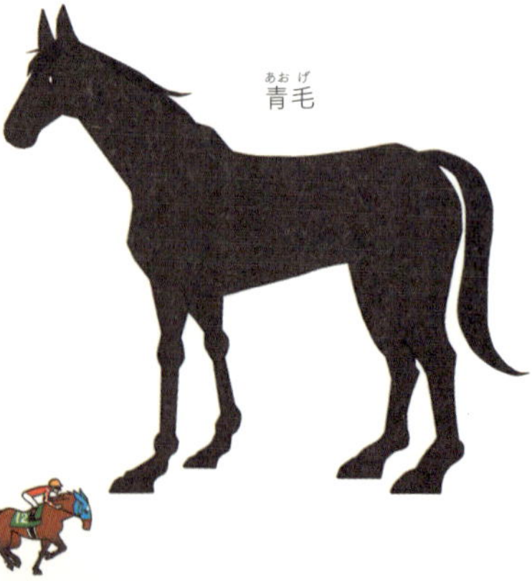

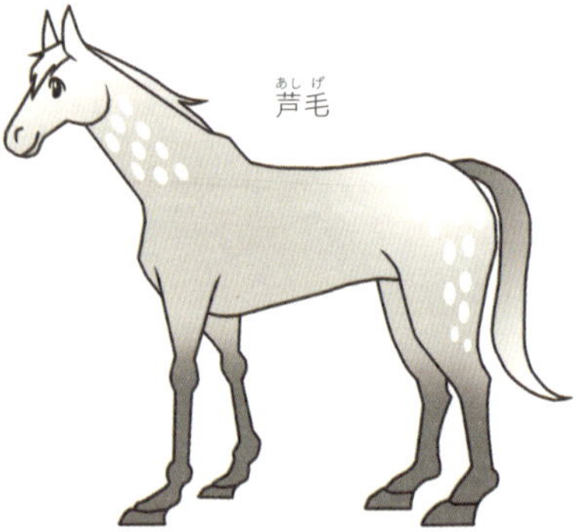

決勝写真【けっしょうしゃしん】

レースの到達順位の判定をするさいに使用される写真のこと。決勝写真撮影カメラという特殊なカメラで撮影されます。1996年のスプリンターズSでフラワーパークがエイシンワシントンにわずか1センチメートルの差で勝ったような微妙なレースは、この写真だけが判定の頼りです。近年、これが話題になったのは2008年の天皇賞(秋)。1着のウオッカと2着のダイワスカーレットの差は2センチメートルでした。

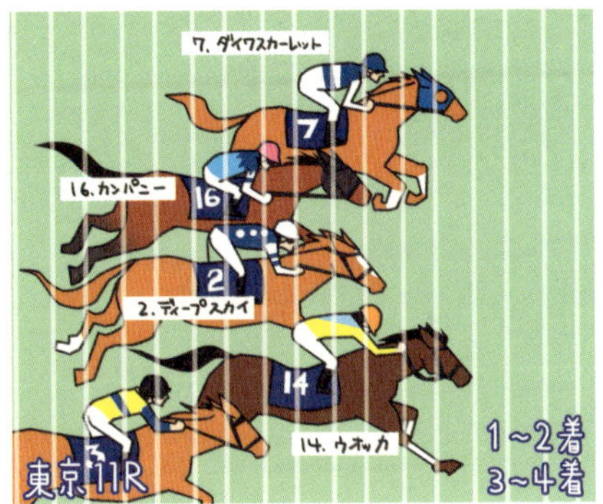

血統書【けっとうしょ】

サラブレッドの血統を記した本のこと。1793年にイギリスで初めて作成され、以後、競馬を行っている各国でも作成されるようになりました。この血統書に名前が載っていなければサラブレッドとは認められず、逆に言えば、原則すべてのサラブレッドはきちんと祖先を辿れることになっています。これまで世界中で何十億頭のサラブレッドが生産されたかわかりませんが、そのすべての血統がわかっているというのは考えてみれば凄いことです。日本では現在、ジャパン・スタッドブック・インターナショナルで血統登録を受けた馬でなければレースに出ることができません。

血統の袋小路【けっとうのふくろこうじ】

ある種牡馬が成功したさい、その血を引いた馬ばかりになってしまい、次世代以降で近親交配にならない交配相手を探すのが難しくなること。一時期はノーザンダンサー系がこう言われていましたし、最近ではサンデーサイレンス系がこれに当てはまります。いずれ袋小路がドン詰まりまで来ると、サラブレッドという種は滅びるのではないかという人もいますが、危なくなると意外な種牡馬が活躍したりするので、なんとかなるものなのかもしれません。

ケツに塩【けつにしお】

パドックで時折見かける、お尻のところに塩を盛っている馬のこと。レースでの無事を願って調教師や厩務員などが盛り塩をしているのですが、これを陣営のやる気の表れと見て、積極的に買うファンもいます。パドックで馬のお尻ばかり熱心に見ている人がいたらケツ塩買いの人かも。

毛づや【けづや】

馬の毛の艶のこと。これが良く見える馬は体調が良い証拠なので、レースでの好結果が期待できます。そのため、パドックで出走各馬の毛づやを見極めてから馬券を買うという人も少なくありません。ただ、筆者も含めて「よくわからん」という人が一定数いるのも事実。黒っぽい毛の馬はだいたいきれいに見えますし、芦毛はどれもいまいちに見えます。

ゲート【げーと】

レースで全頭を一斉にスタートさせるための設備のこと。スターティングゲートとも発馬機とも呼ばれています。レースのスタートまで馬はこのなかで待機し、ゲートが開いた瞬間に飛び出していきます。ゲートを出るのが上手い馬と下手な馬がおり、騎手にとってもファンにとっても緊張する瞬間です。

気配【けはい】

馬の雰囲気のこと。馬の仕上がりが良かったり、気合が入っていると、「今回のレースは勝負気配だ」という風に使われます。

顕彰馬【けんしょうば】

中央競馬において抜群の実績を残したことにより顕彰されている馬のこと。いわば、競馬における「殿堂入り」のようなものです。毎年、10年以上の経験のある競馬マスコミ関係者による投票を行い、全体の4分の3以上の票を得れば選出されます。現在、1936年生まれのクモハタから2009年生まれのジェンティルドンナまで32頭が選ばれています。

ケンタッキーダービー
【けんたっきーだーびー】㋹

5月にアメリカのチャーチルダウンズ競馬場で行われるダート10ハロン（2012メートル）のＧⅠ。1875年の創設で、アメリカクラシック3冠の最初のレースです。アメリカ競馬において、もっとも注目度の高いレースで、そのおおよそのレースタイムから「スポーツの中で、もっとも偉大な2分間」とも言われています。日本からは1995年にスキーキャプテンが、2016年にラニが挑戦しています。

クモハタ	1984年
セントライト	1984年
クリフジ	1984年
トキツカゼ	1984年
トサミドリ	1984年
トキノミノル	1984年
メイヂヒカリ	1990年
ハクチカラ	1984年
セイユウ	1985年
コダマ	1990年
シンザン	1984年
スピードシンボリ	1990年

タケシバオー	2004年
グランドマーチス	1985年
ハイセイコー	1984年
トウショウボーイ	1984年
テンポイント	1990年
マルゼンスキー	1990年
ミスターシービー	1986年
シンボリルドルフ	1987年
メジロラモーヌ	1987年
オグリキャップ	1991年
メジロマックイーン	1994年
トウカイテイオー	1995年

ナリタブライアン	1998年
タイキシャトル	1999年
エルコンドルパサー	2014年
テイエムオペラオー	2004年
ディープインパクト	2008年
ウオッカ	2011年
オルフェーヴル	2015年
ジェンティルドンナ	2016年

ケントク買い【けんとくがい】

馬の能力や調子、レース展開などをちゃんと予想するのではなく、好きな数字や馬名のごろ合わせなどで馬券を買うこと。誕生日馬券などがその代表ですが、出目馬券、サイン馬券なども広義のケントク買いの一種です。ケントクの語源は江戸時代に流行した富くじ「見徳」からとも。

検量【けんりょう】

騎手は出走馬ごとに定められた負担重量を守っているかどうか、レースごとに重量を計られます。発走時刻の70分前から50分前までに出走する全騎手が行う「前検量」、レース後に7位までに入線した騎手と裁決委員が特に指定した騎手について行われる「後検量」があります。

この検量を行う場所を検量室、あるいはカンカン場と言います。

減量騎手【げんりょうきしゅ】

デビューから5年未満の騎手には、特別戦とハンデ戦を除き、勝利数によって負担重量の軽減措置が取られています。負担重量が軽いほど馬には有利ですので、そのぶん経験の浅い新人騎手に騎乗依頼が来ることを意図したものです。軽減される重量は、30勝以下は3キログラム、31勝以上50勝以下は2キログラム、51勝以上100勝以下は1キログラム。このような騎手は「見習騎手」とも呼ばれています。

コイウタ事件【こいうたじけん】㊪

歌手の前川清の所有馬であるコイウタは、2007年にGⅠヴィクトリアマイルに勝利したあと、アメリカのキャッシュコールマイルに出走。当時ヴィクトリアマイルは国際的にはGⅠとは認められていなかったため負担重量は約53.9キログラムになるはずでしたが、現地関係者の抗議によりレース直前に他のGⅠ勝ち馬と同じ約55.8キログラムを背負わされてしまいました。日本と世界の競馬ルールが統一されていない時期ならではの事件ともいえますが、アメリカ側のゴリ押しルール違反であったことは確かです。

ゴーグル【ごーぐる】

レースで騎手が使用する防砂・防風メガネのこと。馬場状態が悪いと泥などがはねてゴーグルが汚れ、視界が悪くなるので、騎手は最初から何枚も重ねて装着し、レース中に次々外していきます。

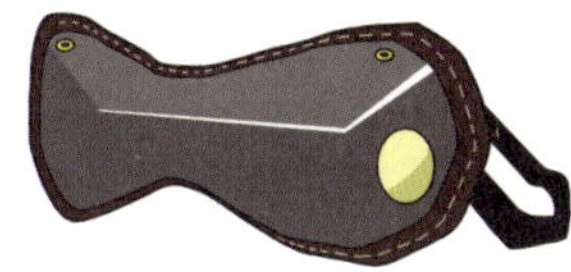

控除率【こうじょりつ】

馬券の配当からあらかじめ差し引かれ、JRAに取られている割合。現在、単勝、複勝は20パーセント、枠連、馬連、ワイドは22.5パーセント、馬単、3連複は25パーセント、3連単は27.5パーセント、WIN5は30パーセントとなっています。つまり、馬単で7.5倍のオッズの馬券を取ったとき、この控除率がなければ10倍になるということです。どんなギャンブルにもテラ銭はつきものですし、胴元が有利なのは当然なのですが、馬券ファンは日々この厳しいハードルと戦っています。

降着【こうちゃく】

レース中に斜行したり押したりすることで他馬を妨害し、その妨害がなければ被害馬が加害馬に先着していたと判断された場合、加害馬は被害馬の後ろの順位に降着になる制度。日本では1991年から導入され、その年の秋の天皇賞で圧倒的な1番人気を背負って1位入線したメジロマックイーンに妨害走行があったとして18着に降着したことで一躍知れ渡りました。

1991年10月27日 第104回天皇賞
メジロマックイーン 降着… 前の掲示板

東京 10R 審
芝 不良 ダート 不良

Ⅰ	Ⅱ	Ⅲ	Ⅳ	Ⅴ
13	10	14	2	17

タイム 2.02.9
4F .49.6
3F .37.6

膠着【こうちゃく】

馬が緊張して、動かなくなった状態のこと。レース前に馬がこうなると、関係者はもちろん、馬券を買ったファンも焦ります。

交通安全のお守り【こうつうあんぜんのおまもり】

1996年に大井競馬所属の牝馬スーパーオトメが厩舎から脱走し、首都高速を疾走するという事件が起きました。高速道路を走ってもケガひとつしなかったことから、その後、同馬の馬券を交通安全のお守りとして購入するファンが続出。ただ、脱走したということはコントロールが利かなかったということなので、お守りとしての効力があるのかは微妙な気もします。

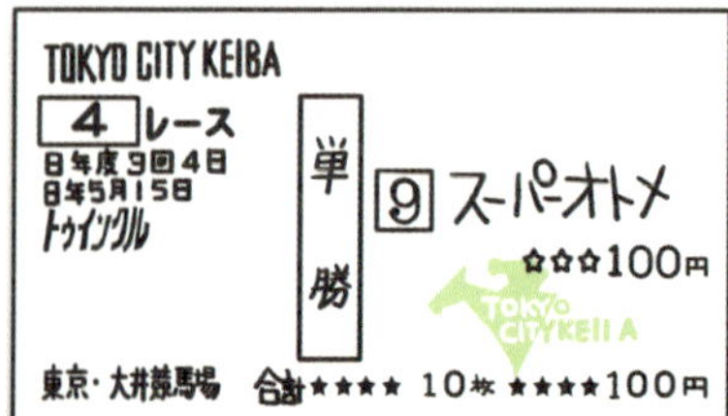

皇帝【こうてい】㊫

1984年に牡馬クラシック3冠を制し、同年、有馬記念も制覇。古馬になってから天皇賞・春、ジャパンカップ、2度目の有馬記念に勝ち7冠馬となったシンボリルドルフの異名。自在の脚質による安定したレースぶりと、15戦13勝、2着1回、3着1回という抜群の生涯成績は、「皇帝」と呼ばれるにふさわしいものでした。そのあまりに盤石な強さのため、現役時代はいまひとつ人気がなかったほど。1冠目の皐月賞に勝った時点で岡部騎手が3冠を意識して指を1本立てたのは有名な話です。

咬癖【こうへき】

人間や他馬を噛む馬の癖のこと。1997年のフェブラリーS勝ち馬シンコウウィンディは、レース中でも隣の馬を噛みに行くという強烈な咬癖の持ち主でした。勝利目前で噛みつこうとしたせいで失速し、2着になってしまうこともたびたび。なんとか無事ＧⅠ馬になれて良かったです。

剛腕【ごうわん】

馬を力強く追える、あるいはレース後半でスタミナの切れた馬を、もうひと押しさせることのできる騎手がこう呼ばれます。現在はライアン・ムーアや内田博幸がこう呼ばれていますが、元々は1980年にオペックホースでダービーを制した郷原洋行の愛称でした。

国営競馬【こくえいけいば】

第二次世界大戦後、日本競馬会がGHQによって解散させられてしまったため、緊急措置的に国が直接競馬を主催していた時期のこと。1948年から始まり、日本中央競馬会（JRA）が設立される1954年まで続きました。世界的に見ても、国が直接競馬を主催するケースはあまりありません。

極道記者【ごくどうきしゃ】㊅

競馬評論家の塩崎利雄の異名。競馬で数億円の借金を抱えながら馬券を買い続けているため、こう呼ばれています。塩崎が1986年から日刊ゲンダイで連載しているドキュメント競馬小説『止まり木ブルース』は、2018年3月現在も絶賛継続中。

コズミ【こずみ】

馬の筋炎や筋肉痛のこと。軽度の場合は見た目にはわかりませんが、重度になると歩き方がぎこちなくなり「跛行（はこう）」と呼ばれる状態になります。さらに症状が重くなると動けなくなることもあり、そのような状態を「スクミ」と言います。

コーチ屋【こーちや】

最近はあまり見かけなくなった気もしますが、一昔前は競馬場やWINSに「コーチ屋」呼ばれる人たちが、ちらほらいました。親しげに近づいてきて自分の予想を教え、客がうっかりその通りに買うと、馬券が当たればコーチ料と称して金銭を請求し、外れた場合は知らんぷりするというのが基本的な手口。悪質なものになると、「馬券を買ってきてあげる」と言って金を預かり、そのまま消えてしまうというケースもあります。声をかけられても無視をするのが鉄則です。

『ゴッドファーザー』
【『ごっどふぁーざー』】

映画『ゴッドファーザー』のなかで、コルレオーネ・ファミリーがハリウッドの大物映画プロデューサーを脅迫するさい、彼が大切にしていた高額なサラブレッドの首を斬り落として、こっそりベッドに入れておくシーンは有名。ショッキングな映像ですが、卓越した演出もあり、映画史に残る名シーンとなっています。

固定障害【こていしょうがい】

競馬場の障害コースに、つねに設置されている障害物のこと。土塁、生籬（いけがき）、竹柵、水濠、バンケットなどの種類があります。日本でもっとも背の高い固定障害は中山競馬場にある大竹柵と大生垣で、どちらも1.6メートルあります。

コーナー【こーなー】

中央競馬の競馬場は、基本的に2つの直線と4つのコーナーで形成された俵型です。ゴール板に近いものから「1コーナー」、「2コーナー」と呼ばれています。つまり、通過する順とは関係なく、いきなり最初に迎えるコーナーが「3コーナー」のレースもあるということです。ちなみに、海外の競馬場には、イギリスのアスコット競馬場やオーストラリアのコーフィールド競馬場のようにコーナーが3つの三角形のコースもあります。

古馬【こば】

4歳以上の競走馬のこと。「ふるうま」とも読まれます。

ゴルゴ13【ごるごさーてぃーん】

さいとう・たかをの長期連載マンガ『ゴルゴ13』の主人公である世界的なスナイパー。リイド社発行のSPコミックス70巻「血統の掟」では、イギリスダービーを舞台に全力疾走中の競走馬のハミを撃ち抜くという神技を見せました。また、SPコミックス77巻「汚れた重賞」でも、レース中の競走馬の1点にホルモン剤を撃ち込むという超絶技巧を見せています。

ゴール板【ごーるばん】

ゴールに設置された板状の鏡のこと。鏡になっているのは、混戦になったさい内側の馬の鼻端が決勝写真に写るようにするためです。ゴール板には「ゴール板装飾」と呼ばれる飾りが施されており、京都競馬場ならシンボルの白鳥の形をしているなど、競馬場ごとに趣向が凝らされています。また、GⅠが開催されるときなどは特別の「ゴール板装飾」が設置されます。

ゴルフ【ごるふ】

ゴルフを趣味としている騎手は多く、なかでも幸英明騎手の腕はセミプロ級。ですが、ゴルフが趣味と公言しながら、実際は10何年プレーしていないという戸崎圭太騎手のような人もいます。もちろん、これは戸崎ジョーク。

「これ、何メートルだっけ?」

【「これ、なんめーとるだっけ?」】㊂

アンカツこと安藤勝己・元騎手がレース直前になって、同じレースに出走する騎手に訊いたという伝説的な一言。とぼけていたのか、本気だったのかはわかりませんが、つねに泰然自若としていたアンカツなら、ありそうと思わせる逸話です。いっぽう、アンカツには非常に研究熱心だったという評もあり、また実はIQがめちゃくちゃ高いという話も。とにかく、底の見えない人です。

コロガシ【ころがし】

レースを的中させたら、その配当を全額次のレースに突っ込む馬券の買い方。2倍の低オッズでも3回コロがれば8倍になるので、少ない資金を大きく増やすことができます。もちろん途中で外れればゼロになりますし、何回コロがった時点で止めるかには神経を使います。

根幹距離と非根幹距離
【こんかんきょりとひこんかんきょり】

レースにおいて、400メートルで割り切れる距離を根幹距離、それ以外のものを非根幹距離と言います。たとえば2400メートルのダービーは根幹距離のレース、2500メートルの有馬記念は非根幹距離のレースです。根幹距離が得意な血統と非根幹距離が得意な血統があるとも言われています。

●根幹距離
1200m、1600m、2000m、2400m

●非根幹距離
上記以外(1000m、1400m、1800m、2200m、2500mなど)

金色の暴君【こんじきのぼうくん】(馬)

2011年の牡馬クラシック3冠を含むＧＩ6勝を挙げたオルフェーヴルの異名。ゴール後に騎手を振り落したり、レース中に言うことを聞かなかったりする気性の荒さから、こう呼ばれました。2012、13年には凱旋門賞にも挑戦。2戦とも2着に涙を飲みましたが、とくに最初の年は日本馬がもっとも凱旋門賞制覇に近づいた瞬間でした。2012年のＧⅡ阪神大賞典ではレース途中で一旦止まりながら、猛然と追い込んで2着という破天荒ぶりも披露。これが、もっともオルフェの強さを示したレースとも言われています。

「混戦のときほど人気決着」
【「こんせんのときほどにんきけっちゃく」】(言)

人気が割れているときほど、上位人気馬同士で決まりやすいという意味の格言。抜けた人気の馬がいると、その馬へのマークがきつくなりますが、混戦ムードだと各馬がすんなり実力通りに走ることが多いためだと考えられます。

ひと鞍ひと鞍を大切にして技術を磨き、たくさん勝ちたい

火曜から日曜まで馬に乗り続ける日々

僕みたいに厩舎に所属している若手騎手は、調教が休みの月曜日以外は、ほぼ毎日馬に乗っていますね。

レースのない火曜から金曜にかけては、夏場は午前5時から、冬場は午前7時から調教が始まるので、だいたいその1時間前には起床します。まず自厩舎の馬に優先的に乗って、そのあとスケジュールがあえば他厩舎の調教にも乗らせてもらいます。調教が終わるのは夏なら10時半、冬なら11時半ぐらい。そのあと厩舎でのミーティングがあればそれに参加して、これが1時間ほどです。

午後は基本的に自由時間ですが、勝負服を借りたり、乗せてもらったお礼を言いに、他厩舎を回るのも日課です。それから、最近の騎手はパーソナル・トレーナをつけている人が大半で、僕も午後に時間が空いたときは大阪のジムに通っています。それで、夕方もう一度自厩舎に顔を出して、これで平日の一日の仕事は終わりという感じですね。

レースのある土日も自厩舎の調教があるので、金曜と土曜の夜は競馬場のではなくトレセンの調整ルームに泊まるんですよ。調教が終わったらJRAが用意してくれたタクシーで競馬場に向かいます。日曜の競馬が終われば、月曜の夜までは食事に行ったり、遊びに行ったりは自由です。そして、火曜の朝から、また馬に乗る一週間が始まります。

騎手になりたてのころは体もきつかったですが、もう慣れましたね。でも月曜は、やっぱり自宅でのんびりしていることが多いです(笑)。

岡田稲男先生のおかげでジョッキーになれた

いまの僕の一番の目標は、調教師の岡田稲男先生と厩舎スタッフの皆さんに恩返しをすることです。岡田先生が引き受けてくださったから、騎手になれたわけですから。自厩舎の馬で一つでも多く勝つこと。それで重賞、さらにはGⅠを勝てたら最高ですね。

それと、騎手ならみんな同じでしょうが、ダービーには毎年乗りたいと思っています。僕は2014年にタガノグランパで、2015年タガノエスプレッソで、いままで2回ダービーに出させてもらいましたが、あの雰囲気は他のレースとはまったく違いますね。

地下馬道から本馬場に出たときの、お客さ

菱田裕二（ひしだ・ゆうじ）
1992年生まれ。2012年に競馬学校を28期生として卒業後、岡田稲男厩舎に所属し、騎手デビュー。同年23勝を挙げ、関西の新人賞を受賞。翌年、NHKマイルCでGⅠ初騎乗も果たした。3年目の2014年にはJRA通算100勝を達成し、また福島リーディングも獲得している。

んの地鳴りのような歓声。ファンファーレのときの手拍子も凄くて、とにかく、いままでの人生で味わったことない空気でした。あれは何度でも味わいたい。

もう一つ心がけているのは、安全な騎乗をするということです。数年前ですが、制裁を多く受けてしまう時期があったんですよ。技術が未熟なのに、いい馬に乗せてもらっていたことで、「勝たせないといけない」というプレッシャーで焦っていました。

小倉のレースで自分のミスで馬にケガをさせて死なせてしまったことがあって、それからは安全に乗ることを最優先するようになり、制裁も減りました。あの経験は、とてもつらかったですが、騎乗に対する考え方を変えるきっかけになっています。

スキルを磨いていれば必ずチャンスはある

最近は外国人騎手の活躍や地方のトップ騎手が中央に移籍することが多いため、若手騎手の騎乗機会が減って、厳しい状況にあるというのはよく言われますね。でも、僕自身はあまりそういうことを考えても仕方ないと思っています。

それよりも、自分の技術をもっと磨きたい。騎乗スキルが上がれば、自然と勝ち星も増えるでしょうし、いい馬も集まるはずです。

「毎年、ダービーに乗りたい」騎手はみんなそう思っている

リーディングで上位にいる騎手のかたは、見ていて本当に上手いなと感じます。どこが上手いというのを言葉にするのは難しいんですが、とにかく基本の「馬に乗る技術」のすべてが凄い。

だから僕も、自分のスキルを上げるしかないと思います。そのために、レースはもちろん、調教のときから、ひと鞍ひと鞍高い意識で乗るようにしています。

それと、外国でも騎乗して色々な経験を積みたいですね。2013年に一度、ニュージーランドで騎乗したことがありますが、良馬場発表なのに沼みたいな馬場で日本の競馬との違いに驚きました。そういった経験をしておくと自分のなかの引き出しが増えて、どんな状況でも対応できるようになれると思います。

これまで見てきた馬のなかで一番強いなと感じたのは、ディープインパクトです。まだ競馬学校に行く前の子供のころ、テレビで若駒Sのレースを見たんですが、とても届きそうにない位置から追い込んで圧勝した。自分も乗ってみたいなと思いましたね。

でも、あれは武豊騎手の技術があったから勝てたので、自分がディープに乗ったからといって簡単にGⅠを勝てるとは思いません。いつの日か、ディープのような名馬に巡り合ったときのために、これからも「馬に乗る技術」をどんどん磨いていきたいです。

最強の大王

【さいきょうのだいおう】馬

2004年にNHKマイルCとダービーを制したキングカメハメハの異名。カメハメハは19世紀初頭にハワイ王国を建国した王様の名前です。1600メートルのNHKマイルCから2400メートルのダービーに向かうローテーションは、無謀という周囲からの声をよそに調教師の松田国英がこだわり続けたもの。クロフネ、タニノギムレットで果たせなかったその悲願を、キングカメハメハが果たしました。

最強の遺伝子

【さいきょうのいでんし】馬

19世紀末、イギリスで「煮えたぎる蒸気機関車」の異名を取り、10戦10勝の成績を収めたセントサイモン。種牡馬としても大成功を収め、一時期、イギリスの重賞勝ちの半分近くはセントサイモン系が占めたと言います。その結果、同馬の血統は世界中に広まり、いまいるサラブレッドのほぼすべてにセントサイモンの血が流れているとされています。

裁決委員【さいけついいん】

着順の確定や、失格、降着などを裁決する委員。ひとつの競馬場につき3名で構成されています。

最高馬体重GI勝利

【さいこうばたいじゅうじーわんしょうり】馬

一番重い体重でＧＩを勝ったのは、1995年に560キログラムの巨体でスプリンターズステークスを勝ったヒシアケボノ。第64代横綱と同じ名前というのは、少々できすぎな話です。

最高齢平地GI出走

【さいこうれいへいちじーわんしゅっそう】馬

最高齢で平地ＧＩに出走したのは、1999年のフェブラリーステークスのミスタートウジンです。このとき、なんと13歳。同馬は14歳まで現役を続けました。

最終の○○【さいしゅうのまるまる】

最終12レースに強いとされる騎手のこと。○○には騎手の名前が入り、いっときは勝浦正樹騎手の名前が入ることが多かったですが、わりとクルクル変わり、競馬ファンによって入る名前が違ったりします。

最多出走

【さいたしゅっそう】馬

中央競馬での最多出走記録を持っているのは、1998年から2006年までの現役生活で127戦も走ったハートランドヒリュです。勝ち星は4勝。地方に目を移すと、2001年から14年まで走り、409戦32勝というどんでもない記録を残したセニョールベストという馬がいます。

最多GI級競走出走数

【さいたじーわんきゅうきょうそうしゅっそうすう】㊫

ＧＩレースへの出走数が一番多い競走馬は、公営・ホッカイドウ競馬所属のまま中央と海外のＧＩに挑戦し続けたコスモバルクです。日本国内ではクラシック3冠皆勤をふくむ全23戦。海外では4戦出走しています。結局、国内のＧＩは勝てませんでしたが、2006年に海外ＧＩのシンガポール航空インターナショナルカップを制し、念願のＧＩ馬となりました。

最長間隔GI級競走勝利

【さいちょうかんかくじーわんきゅうきょうそうしょうり】㊫

ＧＩ勝ちとＧＩ勝ちの間隔が一番長いのはアドマイヤコジーンです。1998年12月13日 にマイケル・ロバーツの騎乗で朝日杯3歳ステークスに勝ったものの、その後、低迷。しかし、2002年6月2日に後藤浩輝の騎乗で安田記念に勝ち、復活を遂げました。この間、1267日。あきらめなかった関係者に頭が下がります。

サイボーグ【さいぼーぐ】㊫

1992年の皐月賞、ダービーの2冠を達成したミホノブルボンの異名。超スパルタ・トレーニングによって鍛え抜かれた肉体で機械のように正確なペースで逃げたことからこう呼ばれました。別名「坂路の申し子」。骨折で菊花賞後に引退してしまったため、1歳上のトウカイテイオーとの対戦は夢のままに終わりました。これは本当に見たかったレースのひとつです。

サイン馬券【さいんばけん】

そのときの世相とレースの結果が関係しているという信仰をもとに買う馬券のこと。有名なところでは、アメリカ同時多発テロが発生した2001年の有馬記念で、マンハッタンカフェとアメリカンボスというアメリカ関連の馬名を持つ馬のワンツーで決まったことがありました。もっとも、レース後に後づけで「そういえば……」と言われることのほうが多いようです。

『佐賀競馬音頭』【『さがけいばおんど』】

30年以上前に歌手の北島三郎が発表した公営・佐賀競馬場のためのイメージソング。作詞・佐々木武志、作曲・原譲二。いまではキタサンブラックの馬主の印象が強い北島ですが、馬主歴は半世紀以上と長く、先輩歌手の春日八郎の紹介がきっかけで馬主になりました。

サザエさん【さざえさん】

JRAが主宰する「全国ポニー競馬選手権」のジョッキー・ベイビーズでは、長谷川町子美術館とのコラボレーションにより、決勝大会にサザエさんが応援に駆けつけます。巨大なサザエさんが誘導馬に乗っている光景は、かなりシュールです。

佐々木の馬【ささきのうま】㊫

「大魔神」こと元プロ野球選手・佐々木主浩の持ち馬。引退後の2006年に馬主資格を取ると、2012年にマジンプロスパーがGⅢ阪急杯に勝ち、早くも重賞馬のオーナーに。さらに、繁殖牝馬のハルーワスウィートから生まれた、ヴィルシーナ、ヴィブロス、シュヴァルグランの姉弟3頭を所有すると、すべてがGⅠ馬となりました。とくにヴィブロスは海外GⅠのドバイターフにも勝利し、一夜にして賞金約4億円を獲得。馬主運も大魔神級というほかありません。

マジンプロスパー

ヴィルシーナ

ヴィブロス

シュヴァルグラン

笹針【ささばり】

馬の治療のひとつ。コズミや跛行を起こした馬に対し、血行をよくするために患部、あるいは全身に針を刺して血を流させ、うっ血を取るものです。針の形が笹に似ていることから、こう呼ばれています。昔は人間でも同じような「瀉血(しゃけつ)」という治療が行われていましたが、人馬とも医学的効果ははっきりしていません。

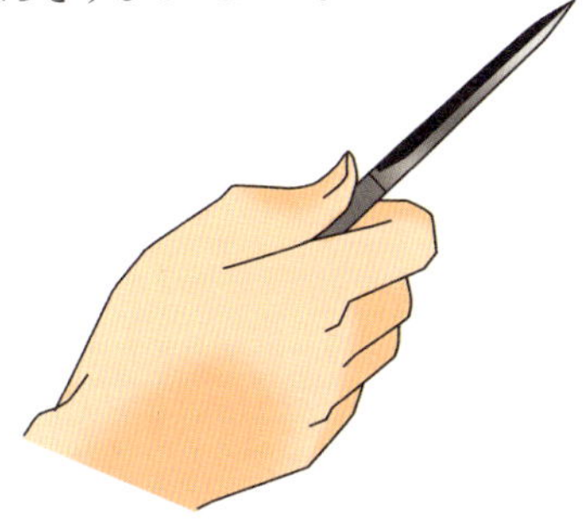

ささる【ささる】

レースや調教中に馬が突然斜めに走ってしまうこと。若い馬や気性の荒い馬に鞭を入れると、「ささる」ことが多いです。じわじわと内や外に向かって走る場合は「もたれる」と言います。

差し脚【さしあし】

前にいる馬を交わすときの馬の脚力のこと。「鋭い差し脚」などと使われます。後ろから来た馬に抜かれて、もう一度抜き返した場合は、「差し返す」と言います。日本の競馬は直線での瞬発力勝負になることが多いので、この差し脚の優劣が勝敗に結びつきやすいです。

挫跖【ざせき】

馬のケガのひとつ。後肢の蹄の先を前肢にぶつけたり、硬い石などを踏んだときに生じる内出血です。症状が重いと跛行の原因になります。

皐月賞【さつきしょう】㋹

4月に中山競馬場の芝2000メートルで行われる3歳ＧＩで、牡馬クラシックの1冠目。1939年にイギリスの2000ギニーに範をとって設立された横浜農林省賞典四歳呼馬が前身で、当時は横浜競馬場で実施されていました。現在の呼称となったのは1949年からで、中山競馬場で行われるようになったのもそのときからです。このレースは「もっとも速い馬が勝つ」と言われています。

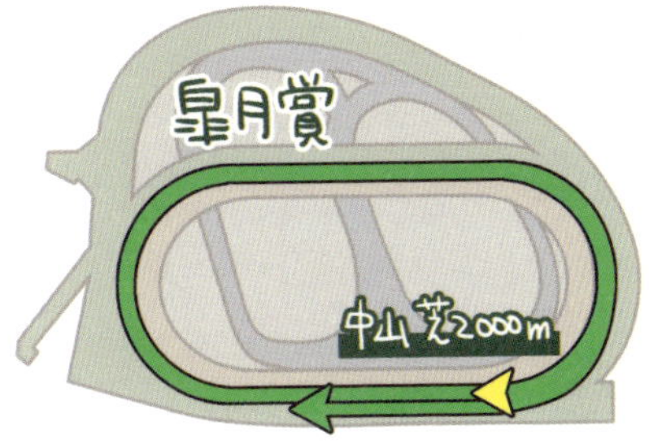

蹉跌【さてつ】

馬がつまずくこと。スタート直後に発生しやすく、出遅れの原因となります。

佐野洋【さのひろし】㊇

推理作家。幅広い作風で知られていますが、熱心な競馬ファンで、『直線大外強襲』や『禁じられた手綱』など競馬ミステリーも多数執筆。同じく競馬好きの作家である三好徹とともに、大先輩の文豪・川端康成と同席したさい、桜花賞が気になった2人が川端の目の前でテレビをつけてしまい、顰蹙（ひんしゅく）を買ったというエピソードも残されています。

佐野量子【さのりょうこ】㊇

元タレントで武豊騎手の奥様。結婚して20年以上経っても現役当時と変わらずかわいらしい容姿には驚きです。

サマーシリーズ【さまーしりーず】

GⅠのない夏競馬を盛り上げるため、JRAが打ち出した企画。競走馬のサマースプリントシリーズ、サマー2000シリーズ、サマーマイルシリーズと騎手のサマージョッキーズシリーズがあり、それぞれの優勝者には褒賞金が出ます。

サマーシリーズ

- **サマースプリントシリーズ**
  - 函館スプリントS・CBC賞・アイビスサマーダッシュ
  - テレビ西日本北九州記念・キーンランドカップ
  - 産経賞セントウルS
- **サマー2000シリーズ**
  - 七夕賞・農林水産省典函館記念
  - 農林水産省典小倉記念・札幌記念
  - 農林水産省典新潟記念
- **サマーマイルシリーズ**
  - トヨタ中京記念・関屋記念
  - 京成杯オータムハンデキャップ
- **サマージョッキーシリーズ**

魚目【さめ】

虹彩の色素が少なく、黒目の部分が青色に見える馬の目のこと。何万分の1の確率でしか生まれない珍しいものですが、視力に問題はありません。2016年にデビューしたシロニイは、魚目＋白毛という非常に稀なルックスをしています。

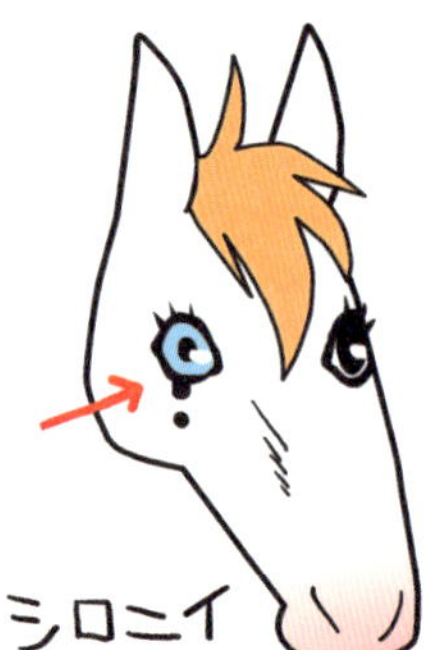

サラ系【さらけい】

アラブ種の血量を25パーセント未満持っている馬のこと。正式名称を「サラブレッド系種」といい、純粋なサラブレッドとは区別されます。1971年のクラシック2冠馬のヒカルイマイや、1984年のエリザベス女王杯勝ち馬キョウワサンダーなど、かつてはサラ系で活躍した馬も多数いましたが、現在はほとんどいません。

『さらばハイセイコー』【さらばはいせいこー】

国民的人気馬ハイセイコーの主戦騎手だった増沢末夫が歌った楽曲。1975年に同馬の引退記念に発売され、騎手のレコードとしては異例のオリコンチャート4位という大ヒットになりました。

サラブレッド【さらぶれっど】

18世紀初頭にイギリスでアラブ種などを基に改良されて作られた馬の種類。言葉の意味は「純血」。現代の競馬のほとんどは、このサラブレッド種によって競われています。

3冠牝馬【さんかんひんば】

牝馬のクラシック3冠は桜花賞、オークス、秋華賞（以前はエリザベス女王杯）ですが、牝馬3冠が制定されてから長いあいだ、すべてを制する馬は出現せず、1986年にメジロラモーヌがようやく史上初の3冠牝馬となりました。しかし、その後ふたたび3冠牝馬はなかなか現れず、メジロラモーヌの偉業は「奇跡」と称されるように。ところが、21世紀に入ると、2003年のスティルインラブ、2010年のアパパネ、2012年のジェンティルドンナと3冠牝馬が続出。これは、調教技術が上がり、難しいとされていた牝馬の体調の維持管理ができるようになったためとされています。

「3冠へ向かって視界良し」
【「さんかんへむかってしかいよし」】言

1992年の春に皐月賞、ダービーを圧勝したミホノブルボン。秋初戦に選んだ京都新聞杯で危なげない勝利を収めたさいに、実況の杉本清アナウンサーが口にした名フレーズ。しかし、本番の菊花賞では、ダービー、京都新聞杯と2戦続けて2着に退けてきたライスシャワーに敗れ、3冠は達成できませんでした。

3強【さんきょう】

同世代3頭の馬の力が拮抗していること。古くは、1960年代後半、アサカオー、タケシバオー、マーチスがこう呼ばれていましたが、いまも語り草となっているのは1970年代後半のTTG時代。トウショウボーイ、テンポイント、グリーングラスの3頭が数年にわたってしのぎを削り合い、交互にGⅠを勝ったため、強烈な印象を残しました。以後も同世代に強い馬が3頭現れると、すぐに3強、3強と騒がれますが、TTGを超える存在感の3強はなかなか出ません。

散水【さんすい】

芝の生育管理のため、開催中に競馬場のコースに水が撒かれることがあります。以前から定期的に実施されていましたが、とくにJRAから散水の有無の告知はありませんでした。しかし、2015年の天皇賞・春の前日に散水が行わると、そのことをレース後に知ったファンから「重馬場得意の馬を有利にするために、わざと散水したのでは」という抗議の声が上がったため、以後、事前に告知されるようになりました。

サンデーサイレンス系
【さんでーさいれんすけい】

現在の日本競馬の主流血統。アメリカの2冠馬で1990年に輸入されたサンデーサイレンスは、1995年から2007年までリーディングサイアーの座を占め、その後はサンデーの子や孫も次々と種牡馬になっていきました。そのぶん、サンデー系の種牡馬同士の競争も激化。早々に種牡馬を引退せざるを得なくなる馬も出てきています。また、あまりにサンデーの血が広がりすぎたため、配合相手を探すのにも苦労しています。

残念ダービー【ざんねんだーびー】

6〜7月に福島競馬場で実施されるGⅢのラジオNIKKEI賞のこと。ダービーに出られなかった馬が出走することが多いため、こう呼ばれています。ちなみに、桜花賞当日に阪神競馬場で行われるオープン特別の「忘れな草賞」は残念桜花賞とも呼ばれていますが、近年は距離適性を考え、あえて桜花賞をパスしてオークスに向けて使う陣営も多くなっています。

「3連単5頭ボックスならだいたい当たる」
【「さんれんたんごとうぼっくすならだいたいあたる」】
言

元AKB48小嶋陽菜の馬券予想のキャッチフレーズ。3連単5頭ボックスの買い目は60点なので、ちょっと多い気もしますが、2年連続でプラス収支だったこともあり、文句のつけようがありません。

JRA【じぇいあーるえー】

日本中央競馬会の略称。「Japan Racing Association」の頭文字から取られており、1987年から使用されています。それ以前は、「Nippon Chuo Keiba-kai」の略であるNCKが使われていました。いま見ると、けっこう違和感があります。

JRAカード【じぇいあーるえーかーど】

中央競馬の競馬場の指定席をネット予約するときに必要なクレジットカード。「JRA・NICOSカード」と「JRA・DCカード」の2種類があります。

JRAプラス10
【じぇいあーるえーぷらすてん】

払戻金が「100円元返し」となる場合に、10円を上乗せして110円で払戻しする仕組み。2008年から導入され、基本的には「すべてのレース」「すべての投票法」が対象ですが、特定の馬番号、ないしは組番号にあまりに人気が集中した場合は元返しとなる例外規定もあります。

JRAプレミアム
【じぇいあーるえーぷれみあむ】

指定された対象レースおよび投票法において、通常の払戻金に「売上げの5パーセント相当額」が上乗せされて払戻しされる仕組み。2008年から導入され、毎年対象条件は変わっています。2017年は、大阪杯が実施された日の全レースの馬連や、6月3日〜9月3日までに実施された2歳限定戦の単勝などがプレミアムの対象になりました。さらに、2017年のホープフルステークスなどは「JRAスーパープレミアム」として、WIN 5を含むすべての投票法で払戻率が80%（控除率が一律20%）となりました。

●「スーパープレミアム」でUPする払戻率

単勝、複勝	80%	→ 変更なし
枠連、馬連、ワイド	77.50%	→ 80%（+2.5%）
馬単、3連複	75%	→ 80%（+5%）
3連単	72.50%	→ 80%（+7.5%）
WIN5	70%	→ 80%（+10%）

シェイク・モハメド殿下
【しぇいく・もはめどでんか】㊟人

ドバイの王族で、ドバイ首長兼UAE首相。若いころから熱狂的な競馬ファンで、やがてオーナーブリーダー組織コドルフィンを設立。莫大な資金を武器に世界中の良血を集めて各国のG1を勝ちまくり、大成功を収めています。主な所有馬にドバイミレニアム、ファンタスティックライト、エレクトロキューショニストなど。また、2007年には当時の日本の現役GⅠ馬アドマイヤムーンを約40億円で獲得し、話題にもなりました。

JBC【じぇいびーしー】㋹

アメリカのブリーダーズカップを参考に、全国の地方競馬場が持ち回りで行っているダート競争の祭典。JBCは、「ジャパンブリーディングファームズカップ」の略です。ダート1200メートルのJBCスプリント、ダート2000メートルのJBCクラシック、ダート1800メートルのJBCレディスクラシック（牝馬限定）の3つのグレード競争が、1日のあいだに実施されます。

J-PLACE【じぇい-ぷれいす】㊫

中央競馬の馬券の発売、払戻を実施している地方競馬施設のこと。このシステムは、2013年から始まりました。

仕掛ける【しかける】

レース中に馬に合図を送ってスパートすること。これが早すぎるとゴールまで脚が持ちませんし、遅すぎると脚を余して負けてしまいます。どのタイミングで仕掛けるかは、馬の能力とレースの流れを見極める騎手の判断にかかっています。

史上最強の一発屋
【しじょうさいきょうのいっぱつや】㊔

1991年の有馬記念で15頭立て14番人気の低評価ながら、大本命のメジロマックイーンを差し切り、レコードタイムで優勝したダイユウサクの異名。単勝オッズは、なんと137.9倍。重賞実績は金杯の1勝のみで、しかも前走がマイルのオープン戦では、タイムマシーンで過去に帰れたとしても買える自信はありません。

史上初の3冠馬
【しじょうはつのさんかんば】㊔

1941年に日本競馬史上初となる牡馬クラシック3冠を達成したセントライト。3歳の3月に迎えたデビュー戦の時点では、12頭立て7番人気と低評価でした。10月の京都農林省賞典四歳呼馬（現・菊花賞）の勝利後に引退。わずか7カ月の現役生活でした。

舌縛り【したしばり】

舌を出したまま走ってしまう癖を持った馬の舌を縛ること。こうすることで騎手の指示が伝わりやすくなるとされています。舌を縛られて走るのは苦しそうですが、馬にとっては、それほど気にならないようです。いっぽう2012年に菊花賞を勝ったゴールドシップのように、舌を出したまま圧勝するような馬もいます。

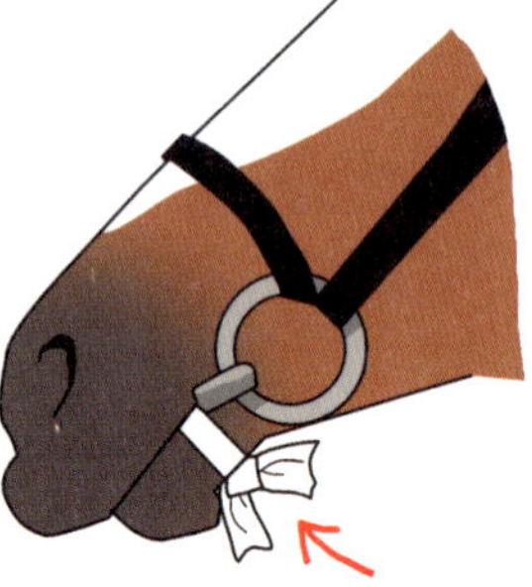

シチーの馬【しちーのうま】

クラブ法人馬主の友駿ホースクラブ所有馬には、すべてシチーの冠号がつけられています。英語のCITY（都市）のことですが、それをシチーと呼ぶセンスに当初、競馬ファンの多くは違和感を覚えていました。ですが、タップダンスシチーやエスポワールシチーなど、強い馬が出てくると不思議と格好よく見えるようになりました。

失格【しっかく】

入線した順位が取り消されること。順位が下がる降着よりも重い処分で、負担重量の不足や禁止薬物の使用など極めて重大な過失があった場合に適用されます。

指定交流競走
【していこうりゅうきょうそう】㋹

中央競馬において、地方競馬や外国馬が出走できるレースのこと。または地方競馬において、中央競馬の馬が出走できるレースのこと。

芝3200→芝2200→芝1600→ダ1200
【しばさんぜんにひゃく→しばにせんにひゃく→しばせんろっぴゃく→だせんにひゃく】㋹

現在、2～3月の中山競馬場でダート1200メートルのレースとして行われているブラッドストーンS。ですが、元々は芝3200メートルの長距離レースでした。それが、芝2200メートルに変わり、さらに芝1600メートルを経て、1999年から現行の条件に。こんなにクルクル条件の変わるレースも珍しいですが、それでも頑なにレース名がブラッドストーンSのままなのが面白いところです。

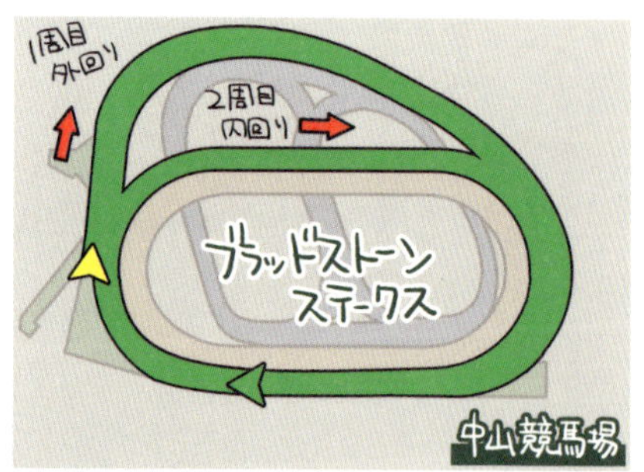

芝1700メートル
【しばせんななひゃくめーとる】㋹

現在、中央競馬のレースで芝1700メートルというのは、小倉競馬場で行われている「青島特別」だけです。ただ、あの3冠馬ナリタブライアンが2歳時に勝った福島競馬場の「きんもくせい特別」も、当時は芝1700メートルで実施されていました。

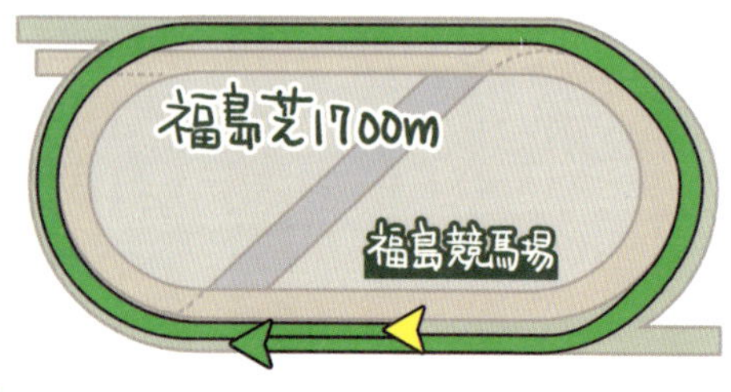

シャーガー号事件
【しゃーがーごうじけん】㊐

イギリスダービー馬で種牡馬になっていたシャーガーが1983年、繋養先の牧場から誘拐され、行方不明になるという事件が起きました。のちに犯行はテロ組織IRAによるものと判明。世界各国から騎手を集めてポイント制で競うイギリスのシャーガーカップは、このシャーガーを偲んで設立されたものです。

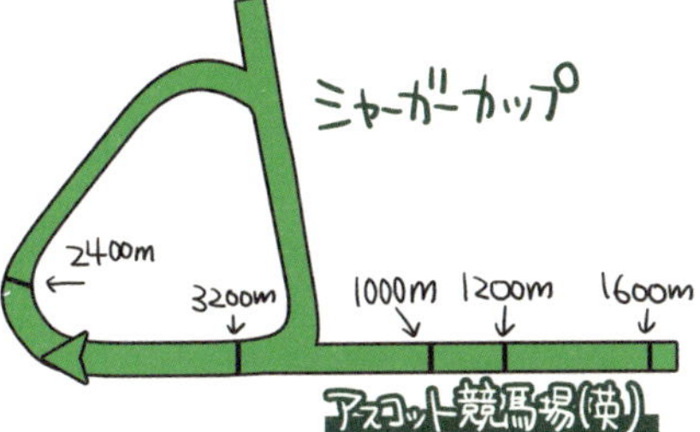

斜行【しゃこう】

馬がコースを斜めに横切って走ること。レース中これにより他馬の進路を妨害した場合は、罰金や降着などの処分が下されることがあります。

社台グループ【しゃだいぐるーぷ】

日本最大の競走馬生産グループ。生産牧場の社台ファームやノーザンファーム、追分ファームなどで構成された巨大組織で、毎年、国内外のＧＩを勝ちまくっています。1975年に輸入した種牡馬ノーザンテーストが成功を収めたことで隆盛の礎が作られ、1990年に輸入した種牡馬サンデーサイレンスが空前の成功を収めたことで日本競馬を主導する地位を確固としたものにしました。

ジャック・ル・マロワ賞
【じゃっく・る・まろわしょう】㋹

8月にフランスのドーヴィル競馬場の芝直線1600メートルで行われるＧＩ。1998年にタイキシャトルが優勝し、前週のモーリス・ド・ゲスト賞のシーキングザパールに続いて2週連続日本馬の海外ＧＩ制覇という快挙を達成しました。

シャドーロール【しゃどーろーる】

馬具のひとつ。目と鼻のあいだに装着されるボア状のものです。馬の視界の下のほうを見えにくくすることで、集中力を増す効果があるとされています。

シャドーロールの怪物
【しゃどーろーるのかいぶつ】㊟馬

1994年に牡馬クラシック3冠を達成したナリタブライアンの異名。つねにシャドーロールをつけて出走したことから、こう呼ばれました。3歳時には有馬記念にも勝ち、この1年の走りに限っていえば日本競馬最強の1頭という声も少なくありません。6歳時に3冠馬としては異例のスプリントGI高松宮記念にも出走。このレース選択は当時物議をかもしましたが、それでも4着に入っているのが凄いと言えば凄いです。

シャトル種牡馬
【しゃとるしゅぼば】

北半球と南半球の種付けシーズンのずれを利用し、両方を行き来しながら種付けを行う種牡馬のこと。日本からはモーリスやリアルインパクトなどが夏になるとオーストラリアに渡っています。

ジャパンカップ【じゃぱんかっぷ】㋹

11月に東京競馬場の芝2400メートルで行われるGI。「世界に通用する強い馬づくり」のため、1981年に日本で初めて創設された国際招待競走です。その第1回目では、アメリカの二流馬メアジドーツがレコード勝ちを収め、日本馬は5着が最高。この結果に日本の関係者は衝撃を受け、「20世紀中は日本馬は勝てない」とまで言われました。ですが、4回目で日本馬のカツラギエースがあっさり勝つと、以後日本馬の勝利は珍しくなくなり、近年は日本勢が掲示板を独占することもよくあります。日本馬が歯が立たないのも悔しいですが、かといって日本馬ばかり勝つのでは当レースの存在意義がなくなるので、難しいところです。

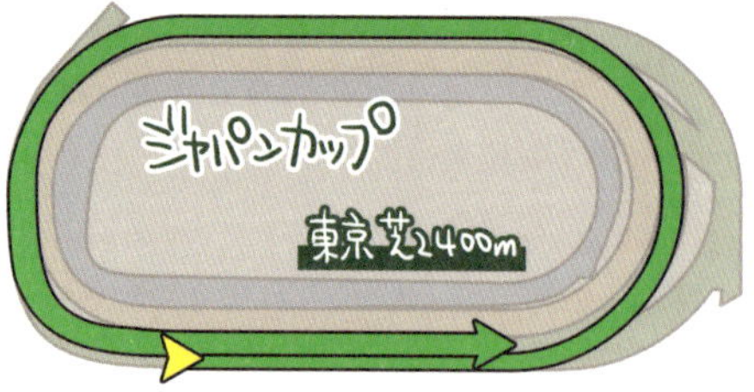

ジャンポケ【じゃんぽけ】㊟馬

2001年のダービーとジャパンカップ勝ち馬だったジャングルポケット。上記2レースに加えGⅢ共同通信杯でも勝ち、東京競馬場では3戦3勝でしたが、中山、阪神、京都では1勝も挙げられないという無類の東京巧者でした。ちなみに、お笑いトリオのジャングルポケットは、「東京で負けない」という意味を込めて、この馬から名前を取っています。

秋華賞【しゅうかしょう】㋹

10月に京都競馬場の芝2000メートルで行われる3歳牝馬ＧⅠ。1996年にエリザベス女王杯が古馬牝馬にも開放されたことにともない新設された牝馬3冠の最終戦ですが、クラシック競走ではないのが複雑なところ。

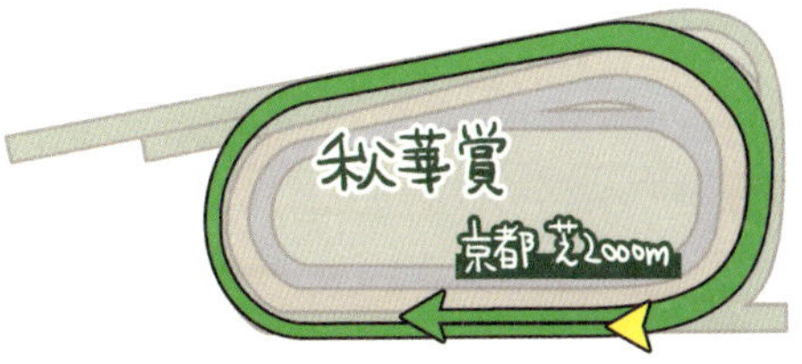

『週刊Gallop』【『しゅうかんぎゃろっぷ』】

産経新聞社が発行する競馬週刊誌。1993年10月18日発売の創刊号の表紙を飾ったのはメジロマックイーンでした。

『週刊競馬ブック』【『しゅうかんけいばぶっく』】

ケイバブックが発行する競馬週刊誌。1968年創刊で、予想を中心とした硬派な誌面に根強いファンがいます。

重種馬【じゅうしゅば】㊫

農作業や重い物を運搬するために改良された大型の馬のこと。ばんえい競馬の競走馬は、この重種馬のうちペルシュロン種やベルジャン種の混血馬が多いです。

重賞競走【じゅうしょうきょうそう】

特別競走のなかでも、とくに賞金が高額で重要なレースのこと。中央競馬の重賞は上からＧⅠ、ＧⅡ、ＧⅢと格付けされていますが、たんに「重賞」と言った場合、ＧⅡ、ＧⅢだけを指すこともあります。英語で重賞はパターン・レース（pattern race）と言い、「毎年同じ時期に、同じ条件で繰り返し行われる競走」という意味です。これを意訳し、「回を重ねて賞を行う」という意味で日本では重賞と呼ぶようになったとされています。

12戦連続連対【じゅうにせんれんぞくれんたい】㊫

生涯成績が12戦8勝2着4回と、連対率100パーセントだった名牝ダイワスカーレット。引退レースとなった2008年の有馬記念では牡馬を破っての優勝も遂げました。12戦連続連対は牝馬の最高記録で、牡馬を含めてもシンザン、ビワハヤヒデに続く第3位。ビワハヤヒデは1度5着になっていますので、生涯連対率100パーセントの馬に限れば、シンザンに次ぐ堂々の第2位となります。関係者が口を揃えて美人と評した容貌と、歴戦のライバルであるウオッカの筋骨隆々な馬体と比較すると余計に際立つ華奢な馬体が特徴。誰が相手でも先行して押し切るというスタイルで、人気を博しました。

蹴癖【しゅうへき】

後ろ脚で人間や他馬を蹴る馬の癖のこと。この癖を持った馬は危険なため、厩舎が尻尾に赤い布をつけて注意喚起しています。パドックなどで尻尾に赤い布をつけた馬がいれば、それは蹴癖の持ち主ということです。

10冠ベイビー【じゅっかんべいびー】(馬)

1990年に生まれたメジロリベーラは、父が7冠馬シンボリルドルフ、母が3冠牝馬メジロラモーヌという超良血だったため、「10冠ベイビー」として誕生前から話題となりました。ですが、新馬戦で7着に敗れたあと脚部不安を発症し、引退。生涯成績1戦0勝という期待を大きく裏切る結果となりました。2014年には7冠牝馬のウオッカがイギリスのGⅠ10勝馬フランケルと交配され、「17冠ベイビー」が誕生しましたが、こちらも2018年3月時点では期待通りの成績を挙げられていません。現役時代の実績と産駒の走りは、なかなか直結しないようです。

出走取消【しゅっそうとりけし】

出走予定馬が急な病気やケガなどで出走を取りやめること。勝手に出走をやめることはできず、裁決委員の許可がいります。

有馬記念-G1
3歳以上オープン 芝2500M

取消

馬番	1	2	3	取消	5
馬名	ブエナビスタ	ヴィクトワールピサ	ヒルノダムール	ペ[illegible]ナ	エイシンフラッシュ
斤量	55	57	57	57	57
騎手	岩田	M.デム	藤田	安藤	ルメール
性齢	牝5	牡4	牡4	牡4	牡4
	◎	○	—	—	△
	○	△	—	—	—
	○	△	—	—	—
	○	△	—	—	△

出馬投票【しゅつばとうひょう】

レースに出走するための最終申し込みのこと。通常はレースが行われる週の木曜日の15時、GⅠでは14時が締切となっています。調教師、厩務員、厩舎に所属している騎手などが行いますが、まれに手続きミスで馬が出走できなくなったり、急な騎手の乗り替わりなどが起きることも。そんなときの関係各方面への謝罪は、他人事ながら心配になります。

種牡馬【しゅぼば】

子孫を残すことが許された牡馬のこと。すべてのオスの競走馬は、これになることを目指していると言っても過言ではありません。ですが、種牡馬になると、今度は過酷な種牡馬同士の競争が待ち受けています。仔の走りによっては評価が変わります。

障害帰り【しょうがいがえり】

一度、障害レースを使ってから平地レースに戻ってきた馬のこと。平地で通用しなかったから障害に行ったと見なされるため人気を落としやすいですが、1992年に9番人気で宝塚記念を勝ったメジロパーマーや、1998年にGⅡ日経賞を12番人気で勝ったテンジンショウグンのように、障害帰りの馬が大穴を開けることも。障害レースを使うことで足腰が強くなるとも言われています。

障害競走【しょうがいきょうそう】㋹

コース上にある複数の障害物を越えてゴールを目指すレースのこと。18世紀にアイルランドで始まったとされ、イギリスではいまでも平地のレース以上に人気があります。中央競馬では現在、札幌、函館以外の競馬場で実施されており、春の中山グランドジャンプと暮れの中山大障害が多くの障害競走馬の大目標となっています。

昇級戦【しょうきゅうせん】

前走で勝ち上がり、ひとつ上のクラスに上がって迎える初戦のこと。その馬の地力をはかる、試金石となります。

条件レース【じょうけんれーす】

出走に条件のつけられているレースのこと。一般的には獲得賞金が出走条件となっている500万下、1000万下、1600万下のカテゴリーのことを指します。

場内テレビ【じょうないてれび】

競馬場内で、レース実況やパドック中継、オッズなどを放映しているテレビのこと。場内のいたるところに設置されています。

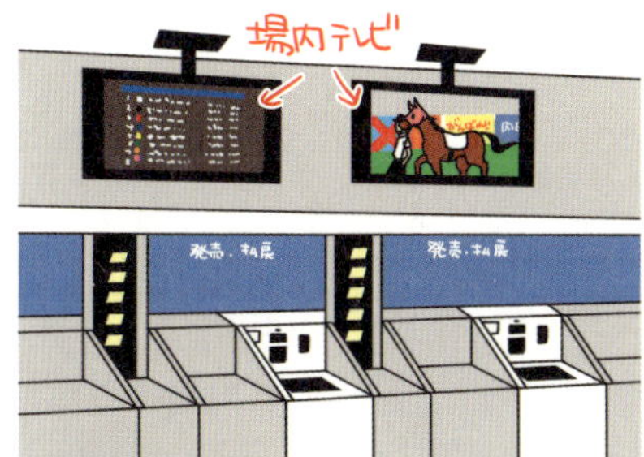

勝負鉄【しょうぶてつ】

レース用の蹄鉄のこと。かつて、競走馬は普段は鉄製の蹄鉄をつけており、レース前になると軽いアルミニウム製の蹄鉄を打ち直していました。ただ、近年は調教、レースの両方で使える軽くて丈夫なアルミニウム合金材の兼用蹄鉄が普及しています。

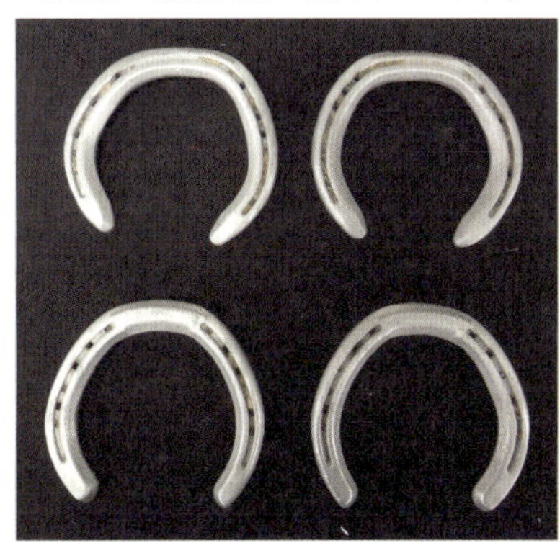

勝負服【しょうぶふく】

騎手がレースに騎乗するさいに着用する服のこと。中央競馬では馬主ごとに違っており、地方競馬では騎手ごとに違っています。中央の場合、胴と袖にいれる規定された複数の模様と規定された13色の組合せでデザインされています。気に入らなくなれば何度でも変更可能ですが、他の馬主が使用中のものと完全に同じ色と模様の組合せは使えません。

銀幕を駆け抜けたサラブレッドたち

映画倶楽部

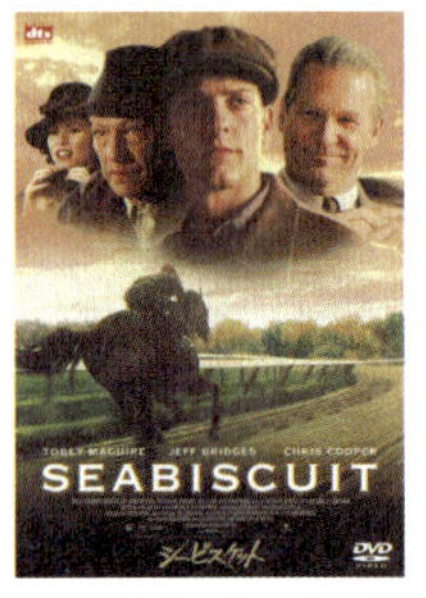

『シービスケット』

1930年代、大恐慌時代のアメリカを舞台に、実在した名馬シービスケットと、騎手、馬主、調教師など周辺の人々が、ともに挫折を味わいながら立ち上がっていく姿を描いた作品です。原作は同名の小説。レースシーンはカメラワークの工夫もあり、かなり迫力があります。

監督：ゲイリー・ロス／出演：トビー・マグワイア、ジェフ・ブリッジス、クリス・クーパーほか

発売・販売元：ポニーキャニオン　価格：【おトク値！】DVD ¥1,800（本体）＋税、【おトク値！】Blu-ray ¥2,500（本体）＋税

この馬がアメリカで映画化されたのは2度目です

『セクレタリアト／奇跡のサラブレッド』

1973年にアメリカクラシック3冠を達成し、「アメリカ史上最強馬」とも呼ばれるセクレタリアトと、同馬を生産した女性オーナーブリーダーの実話をもとにした物語です。父の死により、突然牧場を引き継ぐことになった普通の主婦のペニー・チェネリー。素人同然の彼女は、悪戦苦闘しながら競馬へ人生を賭けていきます。

監督：ランダル・ウォレス／出演：ダイアン・レイン、ジョン・マルコヴィッチ、ジェームズ・クロムウェルほか

ブルーレイ発売中/デジタル配信中　　発売/ウォルト・ディズニー・ジャパン

映画のなかに一瞬だけペニー当人も出ているそうです

『緑園の天使』

1920年代のイギリスの片田舎を舞台に、馬が好きでたまらない少女が、騎手崩れの少年と出会ったことと村一番の暴れ馬を偶然手に入れたことから、グランド・ナショナル大障害を目指す物語。撮影当時12歳だった美少女エリザベス・テイラーの出世作です。

監督：クラレンス・ブラウン／出演：エリザベス・テイラー、ミッキー・ルーニー、ドナルド・クリスプほか

DVD ¥1,429 ＋税　ワーナー・ブラザース ホームエンターテイメント

1944年制作と古いですが、競馬映画の古典的名作

雄大で美しい馬体が疾走する競馬映画を見ていると、いかに競馬というものがスクリーン映えするかよくわかります。感動の実話あり、コメディあり、馬券ファンの夢あり！

※発売状況は更新されることがあります。発売メーカーは変わることがあります。

藤田まことと三遊亭小金馬（当時）も出ています

『喜劇 駅前競馬』

60年代の人気コメディ映画「駅前」シリーズの第17作。競馬好きの森繁、フランキー、三木のり平の3人が農耕馬をサラブレッドだと騙されて買ってしまい、なんとかレースで勝たせようとするドタバタを描いています。脚本は「犬」シリーズなども手がけた藤本義一。

監督：佐伯幸三／出演：森繁久彌、フランキー堺、伴淳三郎ほか

DVD発売中　¥4,500＋税　発売・販売元：東宝

個人的に一番好きな競馬映画。何十回も観ています

『のるかそるか』

ギャンブル好きのさえないタクシー運転手が偶然レースの裏情報を聞いてしまい、そこから始まる競馬場での夢のような1日を描いた作品。馬券ファンなら、熱くなること間違いなしの展開です。競馬場にいる一癖も二癖もある脇人物たち、それぞれの描写も見事。

監督：ジョー・ピトカ／出演：リチャード・ドレイファス、テリー・ガー、デヴィッド・ヨハンセンほか

DVD発売中 1,429円（本体）＋税　発売元：NBCユニバーサル・エンターテイメント

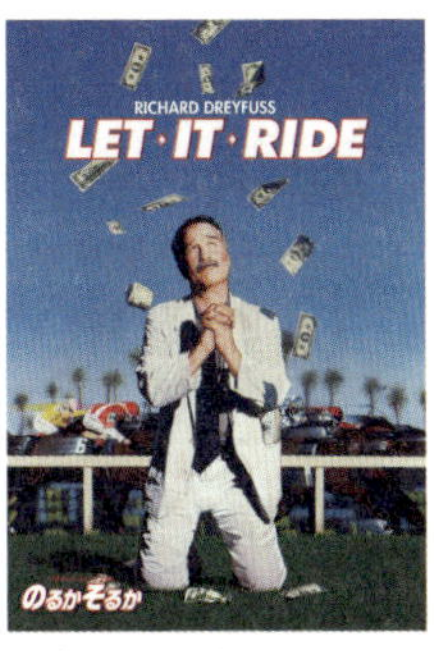

制作総指揮は、あのF・F・コッポラです

『ワイルド・ブラック／少年の黒い馬』

原作は児童文学。無人島に遭難し、黒く美しい牡馬のブラックと暮らしていた少年が、救出されたあとブラックともに競馬への出場を目指す物語です。とにかく映像がきれい。ちなみに、『緑園の天使』に出演していたミッキー・ルーニーが、こちらにも出ています。

監督：キャロル・バラード／出演：ケリー・レノ、ミッキー・ルーニー、テリー・ガーほか

NO IMAGE

昭和のアイドルホース
【しょうわのあいどるほーす】㊋

ハイセイコーは公営・大井競馬場でデビューし、6戦6勝の成績を挙げてから中央に転厩。無敗で1973年の皐月賞に勝ったことで人気が爆発しました。成績的にはその後は宝塚記念を勝ったぐらいですが、ハイセイコー人気は競馬ファンに留まらず、社会現象となって第一次競馬ブームを牽引。のちのオグリキャップ同様、地方から出てきて中央でがんばるという物語は、やはり多くの日本人の琴線に触れるようです。後年、同馬の功績を称えて、大井競馬場と中山競馬場にハイセイコー像が建てられました。

昭和の暴れん坊
【しょうわのあばれんぼう】㊟

元騎手で、テレビ東京『ウイニング競馬』の解説でおなじみの吉沢宗一の愛称。名字と名前の漢字を合わせると「吉宗」となるのが由来だそうです。

女傑
【じょけつ】㊋

ヒシアマゾンの異名。外国産馬はクラシック競争に出られなかった時代のため、1994年の3歳春シーズンは裏街道を進み、重賞6連勝を達成。そして迎えたエリザベス女王杯で、これまでのうっ憤を晴らすかのように、桜花賞馬、オークス馬を打ち破って優勝を果たしました。さらに同年暮れには有馬記念にも出走し、当時無敵を誇ったナリタブライアンに鋭く迫り2着入線。女傑と呼ばれるにふさわしい強さを示しました。

女性騎手
【じょせいきしゅ】

中央競馬では何百勝もしたり、GⅠ勝ちをするような活躍をした女性騎手はまだいません。ですが、地方競馬では名古屋競馬の宮下瞳のように600勝以上を上げている女性騎手もおり、海外ではGⅠ勝ちをした女性騎手が何人もいます。中央競馬でも、女性騎手の数が増えれば普通に活躍するようになるのではないでしょうか。

ジョッキーベイビーズ
【じょっきーべいびーず】㋹

JRAが主催する中学1年生までの子どもを対象としたポニー競争。正式名称は「全国ポニー競馬選手権」。各地の予選を勝ち抜いた子どもたちが、東京競馬場芝コースの直線400メートルで日本一の座を争います。木幡巧也騎手のように、このレースに参加したのちに本物のジョッキーになった人もいます。

女帝【じょてい】㊫

エアグルーヴの異名。1996年に母娘2代制覇となるオークス勝利を遂げた同馬は、古馬になると牡馬との対決に果敢に挑戦。天皇賞・秋で前年の天皇賞馬バブルガムフェローを死闘のすえに打ち破り、こう呼ばれるようになりました。その後も、2回のジャパンカップ出走で、それぞれピルサドスキー、エルコンドルパサーという超一流牡馬と互角に渡り合い、2着を確保しています。

ジリ脚【じりあし】

ジリジリと加速する脚のこと。良く言えばスタミナがあって加速が鈍らないということですが、悪く言えば加速度に難があるともいえます。ジリ脚の馬は大敗もしませんが、勝ちきれないことも多いです。

白い稲妻【しろいいなづま】㊫

タマモクロスの異名。1987年3月にデビューし、同年秋までは一介の条件馬でしたが10月に400万下（当時）を勝ちあがると、そこから怒涛の9連勝を達成。その勝利のなかには、春秋の天皇賞と宝塚記念のＧⅠ3勝も含まれています。まさに、典型的な上がり馬でした。ちなみに、本来「白い稲妻」とは父シービークロスの異名で、それが息子に受け継がれたものです。

白い怪物【しろいかいぶつ】㊫

クロフネの異名。2001年にNHKマイルCを勝ち、秋は天皇賞・秋を目指したものの獲得賞金が足りず、ダート路線に転じたところ、GⅢ武蔵野ステークスで9馬身差をつけて圧勝。従来のレコードを1秒2も更新するというオマケつきでした。続けて出走したＧⅠジャパンカップダートでも、2着に7馬身差、レコードを1秒3更新する圧勝劇。このレース後に屈腱炎を発症して引退しますが、ダート2戦で見せたケタ違いの能力は文字通り黒船級の衝撃で、日本競馬史上最強のダート馬とも呼ばれています。

白い逃亡者【しろいとうぼうしゃ】㊫

ホワイトフォンテンの異名。芦毛の逃げ馬だったことと父親の名前ノーアリバイからの連想でこう呼ばれ、多くのファンに愛されていました。GⅠ勝ちには届かなかったものの、1975年に日経賞と毎日王冠の2つの重賞で逃げ切り勝ちを収め、翌年には日経賞を連覇しました。

GⅠ級競走平地最高着差勝利【じーわんきゅうきょうそうへいちさいこうちゃくさしょうり】㊫

1968年の天皇賞・春でヒカルタカイが2着馬につけた2秒8差が最大。公式記録上の着差は「大差」ですが、実際は17～18馬身差だったとされています。同馬がもともと大井競馬場でデビューした地方馬だったというのも、ちょっと驚きです。

審議ランプ【しんぎらんぷ】

走行妨害などにより降着、または失格の可能性がある場合、採決委員による審議が行われます。これが終わるまで、着順掲示板に青地白抜き文字で「審議」のランプが点灯し、確定すると赤ランプになります。一般的に赤色は問題があるときに使われる色ですが、なぜか競馬では問題が解決すると赤になり、少々不思議です。

シンザン鉄【しんざんてつ】

脚力が強すぎるために後ろ脚と前脚の蹄鉄がぶつかり、脚を痛めやすかったシンザン。その対策として、調教師の武田文吾と装蹄師の福田忠寛は蹄を守る特殊な形の蹄鉄を考案。これはのちに「シンザン鉄」と呼ばれ、同馬の5冠達成に大きく貢献しました。

シンジケート【しんじけーと】

種牡馬を株の形で分割し、1株につき毎年1頭分の種付け権利を持つ仕組みのこと。ディープインパクトは2006年の引退時に、国内最高額となる8500万円×60株（約51億円）のシンジケートが組まれたとされています。

進上金【しんじょうきん】

出走馬が獲得した賞金から、馬主が調教師、騎手、厩務員に支払う成功報酬のこと。一般的には、調教師10パーセント、騎手5パーセント、厩務員5パーセントとなっています。残りの80パーセントが馬主の取り分です。

新馬【しんば】

レースに一度も出走したことのない2、3歳馬のこと。新馬戦に出られるのは、未出走馬だけです。かつては一開催につき複数回出走することもできました。

新橋遊吉【しんばしゆうきち】㊟

小説家。1965年に作家デビューしたときから、長年にわたり競馬小説を多数執筆し続けました。おもな作品に、『背徳の勝負師』『非情の鞭』『競馬風来坊』など。

新聞が読める馬
【しんぶんがよめるうま】㊋

カブトシローの異名。重賞で1〜3番人気に推されたときは1勝もできず、逆に1967年の天皇賞・秋を8番人気で、同年の有馬記念を4番人気で勝つなど、人気薄だと激走することから、この名で呼ばれました。つまり、新聞を読んで印がついていないと奮起する馬という意味です。

シンボリ牧場【しんぼりぼくじょう】

日本を代表するオーナーブリーダーのひとつ。シンボリの冠号で知られており、スピードシンボリやシンボリルドルフ、シンボリクリスエスなど数々の名馬を輩出しました。

末脚【すえあし】

最後の直線、およびゴール前で馬が加速して追い上げるときに使う脚のこと。鋭く伸びてくる馬は「末脚が切れる」、そうでない馬は「末脚が甘い」などと言われます。

スカウター【すかうたー】

最近はIT技術を駆使し、調教中の騎乗者がかけているサングラス型の端末にリアルタイムで、ハロンごとのラップタイムや速度、馬の心拍数などのデータが表示される調教アイテムが登場しています。外国人関係者などは、マンガ『ドラゴンボール』に登場する相手の戦闘力を掲示する装置になぞらえて、スカウターと呼んでいるそうです。

スカーレット一族
【すかーれっといちぞく】

アメリカ産の繁殖牝馬スカーレットインクから派生した一族。ダイワメジャーやダイワスカーレット、ヴァーミリアンなど次々とＧＩ馬を輩出した名門です。

ステイヤー【すていやー】

スタミナ豊富な長距離馬のこと。一般的には2400メートル以上の距離のレースが得意な馬のことを言います。近年は世界的にスピード重視で、短、中距離レースのほうが重んじられる傾向が強いですが、騎手の駆け引きが楽しめるなど、長距離レースには長距離レースの楽しさがあります。

『スティール・ボール・ラン』
【『すてぃーる・ぼーる・らん』】

荒木飛呂彦の長期連載マンガ『ジョジョの奇妙な冒険』の第7部。それまでのスタンド（超能力）対決から一転、19世紀末のアメリカを舞台に全行程約6000キロメートルにもおよぶ北アメリカ大陸横断レースという架空の競馬を中心とした話になり、連載開始当初、読者の度肝を抜きました。が、途中からスタンドも、やっぱり登場。

ステークス【すてーくす】

元々の意味は、馬主同士が賞金を出し合って、勝ち馬の馬主がそれを取るレースのこと。イギリスで貴族同士が自分の持ち馬を競わせ、お金を賭けたのが近代競馬の始まりですので、このスタイルが競馬の本来の姿と言えます。現在は馬主が支払う登録料を付加賞として1～3着馬に配分する形で残っていますが、レース名にステークスとあっても本来の意味でのステークスレースはほとんどありません。

砂の女王【すなのじょおう】㊫

ホクトベガの異名。3歳時にエリザベス女王杯勝ちの実績はあるものの、同馬が花開いたのは6歳で本格的にダート路線に転向してから。地方、中央のダート重賞を勝ちまくり、ダートに限って言えば9連勝を達成しました。そして、1997年に海外ＧＩのドバイワールドカップに挑戦。しかし、レース中に故障を発生し、異国の地に散りました。

『ズバ蛮』【『ずばばん』】

永井豪が1971年に発表したSF時代劇マンガ。そのなかに、主人公の能力を評する「シンザン、メイズイ、スピードシンボリ、アローエクスプレスなんちゅうのをみんなあわせて2でわったようなスピードだ!! ダービー優勝まちがいなし!!」というセリフが出てきます。どれも60～70年代初頭の名馬ばかりです。

スーパーGⅡ【すーぱーじーつー】㋹

例年、ＧⅠ馬が複数出走するなど豪華なメンバーが集まるＧⅡのこと。札幌記念や毎日王冠がその代表。

●賞金の高いGⅡ（6000万円以上）

札幌記念	7000万円
阪神大賞典	6700万円
日経賞	〃
オールカマー	〃
毎日王冠	〃
京都大賞典	〃
阪神カップ	〃
AJCC	6200万円
京都記念	〃
中山記念	〃
金鯱賞	〃
ステイヤーズステークス	〃

スーパー未勝利戦【すーぱーみしょうりせん】㋹

中央競馬の未勝利戦は3歳の9～10月までに終了。もし、ここで勝てないと、地方に移籍するか引退するかしかないため、この時期の未勝利戦はこう呼ばれています。馬にとっては崖っぷちのレースですので、騎手や厩舎関係者のなかにはＧⅠより緊張するという人もいます。

スパイク鉄？騒動
【すぱいくてつ？そうどう】㊕

日本の競馬では2ミリを超える突起のある蹄鉄（いわゆるスパイク鉄）の使用は禁止されています。1997年にシンコウキングが高松宮記念を勝ったさい、スパイク鉄を使っていたのではないかという報道が一部週刊誌で流されました。ですが結局、写真に写っていたのは芝の塊であったことが判明するという、しょうもないオチがつきました。

スプリンター【すぷりんたー】

スピードに秀でた短距離馬のこと。一般的には1600メートル未満の距離が得意な馬のことを言います。

スプリンターズステークス
【すぷりんたーずすてーくす】ⓛ

9月末～10月に中山競馬場の芝1200メートルで行われるＧⅠ。当初はハンデ戦でしたが、1990年にＧⅠに昇格。ＧⅠになった後、しばらく12月に実施されていましたが、2000年から現行の時期に移り、秋のＧⅠシーズン開幕を飾るレースとなりました。

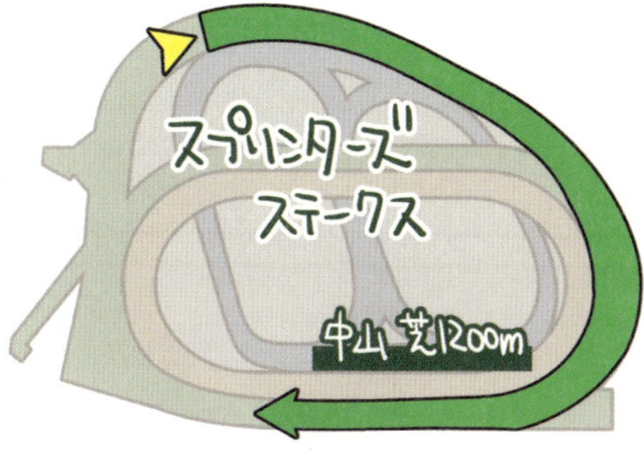

ズブい【ずぶい】

騎手の指示に対して反応が鈍く、エンジンのかかりが遅い馬のこと。こういう馬に乗った騎手は道中追い通しで、追走にも苦労します。またレース経験を積むにつれ、だんだんズブくなる馬もいます。ただ、ズブい馬はなかなかスタミナが切れないので消耗戦では強さを発揮することもあります。

世紀の番狂わせ
【せいきのばんくるわせ】

1950年代後半にアメリカで活躍したラウンドテーブルは通算成績66戦43勝で、4歳の時点で当時の生涯獲得賞金額世界一を達成するという世界的名馬でした。そんな最強馬に対し、1958年にアメリカ遠征を行った日本のダービー馬ハクチカラがワシントンバースデーハンデキャップで挑戦したところ、ハクチカラが1着、ラウンドテーブルは16着という世紀の番狂わせが起こりました。この結果はレース中にラウンドテーブルが右前肢を負傷していたためですが、あの時代の日本競馬のレベルを考えれば、偉業であることは間違いありません。

世紀末覇者【せいきまつはしゃ】馬

ＧＩ7勝という中央競馬GI最多勝タイ記録を持つテイエムオペラオーの異名。とくに4歳となった2000年は、春秋の天皇賞、宝塚記念、ジャパンカップ、有馬記念と古馬中長距離ＧＩを完全制覇。前哨戦の重賞もすべて勝ち、8戦8勝と、まさに「世紀末覇者」と呼ばれるにふさわしい活躍でした。ちなみに、ＧＩ7勝のうち5戦で2着だったのがメイショウカイドウ。そのメイショウカイドウが2001年の宝塚記念ではじめてオペラオーを抑えて1着となったのもドラマでした。

世界最強!?【せかいさいきょう】馬

2010年にイギリスでデビューしたフランケルは引退まで14戦無敗で、うちＧＩ10勝。ほぼすべて楽勝で、国際的格付け機関は同馬に、それまで歴代1位だった1980年代の名馬ダンシングブレーヴを超える世界最高のレーティングを与えました。時代や国の違う競走馬の能力を比較するのは難しいですが、競馬史に残る最強馬の1頭です。

世界の荒鷲【せかいのあらわし】人

元プロレスラー、坂口征二のニックネーム。新日本プロレスのドル箱シリーズである「G1 CLIMAX」の名称は、競馬ファンだった坂口が新日の社長時代に競馬のＧＩからヒントを得て命名したものです。

世界を驚かせた公営馬【せかいをおどろかせたこうえいば】馬

1985年のジャパンカップで、鋭い追い込みを見せてシンボリルドルフの2着に食い込んだロッキータイガー。同馬は公営・南関東の所属で、しかも芝レースへの出走もこれが初。それが思わぬ健闘を見せたことに多くの人が驚かされました。当時の地方競馬のレベルの高さを物語っています。

せったる【せったる】

背中の線がたるんでいる馬のこと。「せったれ」とも言います。軽度なら能力に影響はありませんが、負担重量が重くなると苦戦しやすいとも言われています。反対に、背中が真っ直ぐすぎる馬は体が硬い馬が多く、推進力に難があるとも言われています。

攻め馬【せめうま】

調教のこと。基本、攻め馬は毎日行われていますが、レース前最後の仕上げは水曜日や木曜日に行われます。日本語としては「責め馬」という字のほうが伝統的に使われてきましたが、競馬では「攻め馬」です。

攻め馬大将【せめうまたいしょう】

調教では抜群のタイムを出すのに、実際のレースではそれが全然反映されない馬のこと。予想するさい調教タイムを重視する人にとっては非常に悩ましい存在です。ただ、相撲界でも稽古場では強いのに土俵の上ではころっと負ける「稽古場横綱」という言葉があり、芸人の世界でも楽屋では面白いのに客前に出るとさっぱりな「楽屋真打」という言葉があるので、どの世界にも実戦に弱い人（馬）というのはいるようです。

セリ【せり】

0～1歳の仔馬、2歳未出走馬、繁殖馬などを公開し、買い手にせらせて売買する方式。日本では長らく馬主と生産者の直接売買である「庭先取引」が大半を占めていましたが、近年はセリも盛んになっています。とくに7月に開催されるセレクトセールは社台グループの良血馬が多数上場されるため、高額落札馬が相次ぐ活況を呈しています。ちなみに、上場しても買い手がつかなかった場合は、売主が引き取る「主取り」になります。

1980年代ヨーロッパ最強馬【せんきゅうひゃくはちじゅうねんだいよーろっぱさいきょうば】㊫

1986年に爆発的な追い込みで、2000ギニー、キングジョージ6世&クイーンエリザベスS、凱旋門賞を勝ったダンシングブレーヴは、世界中の競走馬の能力を査定する国際的格付け機関によって当時歴代1位の評価を与えられました。とくに、史上最強とも言われた豪華メンバーが集結した凱旋門賞でのレコード勝利は、いまも高く評価されています。ちなみに、このときの凱旋門賞には日本からシリウスシンボリも参戦していました。

全国発売【ぜんこくはつばい】

中央競馬では、2003年から全国の競馬場とWINSで、開催されている全レースの馬券発売が行われています。それ以前は、東西メイン競走のみだったり、重賞のみだったりと、かなり限定的でした。さらにさかのぼると、1970年代中盤までは八大競走など限られたレースのみの全国発売でした。

戦時中のダービー牝馬【せんじちゅうのだーびーひんば】㊫

クリフジは牝馬でありながら、1943年のダービー、阪神優駿牝馬（現・オークス）、京都農商省賞典四歳呼馬（現・菊花賞）をどれも圧勝して変則クラシック3冠を達成しました。11戦11勝で引退。この馬が日本最強という年配の競馬ファンもいます。

前哨戦【ぜんしょうせん】

GＩレースの1～1カ月半前に行われる、本番に似た条件のレースのこと。天皇賞・春における阪神大賞典などがこれに当たります。また、3歳GＩでは前哨戦として、上位入着馬に優先出走権利を与える「トライアルレース」が実施されています。

疝痛【せんつう】

馬の病気のひとつ。腹痛を伴う病気の総称で、便秘疝、風気疝、変位疝などがあります。馬は胃が小さく、腸が長い動物なので胃腸の不調を起こしやすいとされています。とくに変位疝（腸捻転）は、ときに死につながる危険な病気です。

セントウル像【せんとうるぞう】

阪神競馬場のスタンドの東側には当該競馬場のシンボルとして、弓をつがえた半人半馬のセントウル像が建てられています。セントウルとはギリシア神話に出てくるケンタウロスのこと。阪神競馬場で実施されているGⅡセントウルSは、これにちなんだものです。

せん馬【せんば】

去勢された牡馬のこと。気性が荒いせいでレースで能力を発揮できない馬に去勢手術を行うと、従順になり成績が上がることがあります。ただ、種牡馬への道は完全に閉ざされるので判断が難しいところ。1993年のジャパンカップ勝ち馬レガシーワールドや2002年のマイルCS勝ち馬トウカイポイントは、せん馬でした。ちなみに、馬産が行われていない香港、シンガポールの競馬では、牡馬のほとんどがせん馬です。

喘鳴症【ぜんめいしょう】

馬の病気のひとつ。喉頭部の神経が麻痺し、呼吸が苦しくなるため競走能力に著しい低価をもたらします。呼吸すると、「ヒュウ、ヒュウ」「ゼイゼイ」と音を発するようになることから、通称「ノド鳴り」。1970年のクラシック2冠馬タニノムーティエや2003年のフェブラリーS勝ち馬ゴールドアリュールなど、この病気で引退を余儀なくされた名馬は多数います。ですが、2006年に天皇賞・秋とマイルCSを制したダイワメジャーのように手術によって克服した馬もいます。

装鞍所【そうあんじょ】㊢

競馬場内にある、出走馬の馬体、蹄鉄、健康状態の検査、および馬体重の測定を行う場所のこと。出走馬はレースの60分前（GⅠは70分前、日本ダービーと有馬記念は90分前）までここに入り、検査を受けることを義務付けられています。

象と追い切り【ぞうとおいきり】㊫

日本競馬初の国際招待競走として1981年に開催された第1回ジャパンカップには、インド競馬からオウンオピニオンが参戦。「インドのシンザン」とも評されていましたが、あまりにインド競馬の情報がなさ過ぎるため、「普段は象と追い切りをしている」とも噂されました。レース結果はいいとこなしの13着。インドの馬が日本のレースを走るのは、これが最初で最後となりました。

相馬眼【そうまがん】

馬の外見から、その能力を見ぬく力のこと。「相馬眼がある」とされる人も、その基準は人によって違いますが、一般的には骨格や顔つき、筋肉のつきかた、歩行動作などを総合的に見ているとされています。ただ、経験則と感覚的な部分が大きいので、コツを人に教えるのはなかなか難しいようです。

ソエ【そえ】

馬の脚の病気のひとつ。管骨骨膜炎の俗称で、まだ骨が固まっていない若い馬に強い調教したさいに起きる管骨（第3中手骨）前面の炎症です。初期段階であれば調教を軽くして患部を冷やせば治りますが、放っておくと亀裂骨折につながることも。

ソコソコ【そこそこ】

それなりに勝負になりそうなとき使われる厩舎用語。絶対に勝つとまでは言えないが、恥ずかしくない競馬ができそうなとき「今回はソコソコの勝負」などと言われます。同じ意味で、「アラアラ」と言うことも。

続行競馬【ぞっこうけいば】

開催したものの途中で大雪や台風などで予定していたレースの半数以上が取り止めとなったさい、残りのレースにかんしては出馬投票をやり直し、開催日を変更して実施すること。テニスなどのサスペンデッドゲームと同じです。

To be continued...

外枠発走【そとわくはっそう】

ゲート内で暴れて他馬に著しい影響を与えると見なされた馬が、出走馬の一番外側のゲートに回されること。また、ゲートの破損などにより、これになることもあります。そもそもイレ込んでいることが多い上に、大外枠ですからレースで結果が出ないことが大半ですが、たまに外枠発走で勝ってしまう馬もいるのが競馬の難しいところです。

1 2 3 4 5 6 7 8 9 10 11 12 13 14 15 16 17 18

ソラを使う【そらをつかう】

レース中や調教時に突然馬の気が散って、走りに対して集中力を欠くこと。最後の直線で先頭に立つとソラを使い、後ろから来た馬に差されるケースは、よく見受けられます。抜け出すと勝ったと思い気を抜くためです。レース経験の浅い若い馬がこうなることが多いですが、古馬になっても起きることも。オルフェーヴルが2012年の凱旋門賞でラスト300メートルで先頭に立ち、後続を突き放して楽勝と思われながら、ゴール前クビ差差されて2着に終わったのは、ソラを使ったためとも言われています。

関係者に訊く!!

佐久間寛志 障害騎手

馬との信頼関係で飛越する障害レースならではの魅力

レースに向けて一から馬を育てていく喜び

僕は平地競走と障害競走、両方の免許を持っていて、どちらも乗っていますが、今日は障害のジョッキーとしてお話ししますね。

障害では「騎手が馬を育てる」役割をかなり担っている点が平地とは大きく違います。障害デビューが決まった馬がいると調教師の先生や馬主さんが声をかけてくれて、騎手が一から障害の飛び方を馬に教えていくんです。

最初は騎乗したまま横木という直径15センチメートルぐらいの白い木の棒を歩いて跨がせる訓練から始めます。自分の影に驚いて飛び上がるぐらい臆病な馬もいますから、これができないのもいる。そういう馬には「怖くないよ」ってなだめながら、少しずつ慣らしていきます。それができたら、次は速足で横木を跨がせる。

そのあとは、ハードルみたいに段々と横木の高さを上げていって飛越の練習をしていくんです。こういった馬を育てる喜びがあるのが、障害騎手の楽しいところですね。

馬のほうも訓練をしていくなかで騎手を信頼して指示に従うことを覚えていくので、気性難が解消することもあります。

昔、なかなか勝ちきれなかったメジロパーマーが障害を使ってから平地に戻ってＧⅠを制覇したことがありましたよね。「障害帰りは強い」という言いかたもある。その理由のひとつは、障害の調教やレースでトモが鍛えられるという面もあると思いますが、騎手の指示に素直に従えるようになったというのもあるんじゃないでしょうか。

出遅れや不利があっても何度も挽回できる面白さ

実際のレースに乗っていても障害は面白いですよ。平地のダート短距離レースなんかは出遅れたらどうにもならないですし、馬の能力だけで決まってしまうこともある。

でも、距離が長くていくつもの障害を飛び越えながら走る障害レースは勝負どころがたくさんあるので、少々出遅れたり不利があったりしても挽回のチャンスが何度もある。

そういう意味では、騎手同士の駆け引きも激しいですし、騎手の技量で勝ち負けが決まるところも大きいと思います。

障害のコースには、普通にトラックを一周するものと、阪神や福島のようにトラックを斜めに横切る襷(たすき)コースがあるものがあります。襷が

佐久間寛志(さくま・ひろし)
1984年生まれ。2003年に競馬学校を19期生として卒業後、鹿戸明厩舎に所属し、騎手デビュー。同年3月に初勝利を挙げた。2007年からフリー。2008年には、京都ジャンプステークス(J・GⅡ)でテイエムトッパズレに騎乗し、逃げ切り勝ちで重賞初勝利を遂げた。

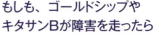

勝負所が多い障害レースは騎手同士の駆け引きも激しい

あるほうが騎手もコース取りなど考えて乗らないといけないから、僕は好きですね。

自分のなかでベストレースに近いのは、2着に敗れてしまいましたけど、テイエムトッパズレに騎乗した2011年の阪神スプリングJです。いつもは逃げる馬が出遅れてしまって、そこからどうやって挽回するか。このレースを見てもらえたら、「障害レースは勝負どころがたくさんある」という意味がわかってもらえるかもしれません。

落馬によるケガのリスクと若手騎手不足の問題

もちろん、障害レースは楽しいことだけじゃないですよ。一番怖いのはケガ。馬が飛越に失敗して落馬するというのはよくありますから、障害騎手で骨折などの大きなケガをしたことがないという人は一人もいないんじゃないでしょうか。

障害のときに身に着けているヘルメットやプロテクターは平地と同じものなんですよ。専用のものがあっていい気はします(笑)。

あと、障害レースは番組が組まれても1日1レースで、ない日もある。お客さんの注目度が低いのは残念なところです。暮れの中山大障害が有馬記念と同じ日に開催されるといいのになあ。

それから障害レースの将来を考えると、若手騎手があまり乗らなくなっているのは、けっこう心配です。僕が若いころは、「騎座を鍛えるため」といって若手騎手が障害に乗るのは当たり前だった。でも最近は、免許は持っていても乗らない若手がほとんどです。ケガのリスクがあるのでわからなくもないですが、やっぱりどんどん乗ってほしいですね。

もしも、ゴールドシップやキタサンBが障害を走ったら

平地のGⅠ馬が障害レースを走ったりしたら、もっと注目を集めるかもしれませんね。

ゴールドシップは、障害を走っても強かったんじゃないかと思っています。障害が得意なステイゴールド産駒ですし、障害練習をすることで、あの気性難も少しは治まったかもしれない。もっとも、頑固すぎて全然障害を飛んでくれないという可能性もありますが(笑)。

キタサンブラックも障害を走ったら絶対強かったでしょうね。騎手の指示を素直に聞く性格ですし、スタミナもまったく不安がありませんから。

個人的な目標は、自分が一から障害を教え込んだ馬で、いつか中山大障害を勝つことです。これからも、お客さんが楽しめるレースをして、障害レースが少しでも注目を集めるように頑張っていきたいと思います。

体高【たいこう】

馬の背の高さのこと。地面からき甲（馬の首と背の境にある膨らんだ部分）の頂点までの距離で計ります。サラブレッドの標準的な体高は160〜170センチメートル。ちなみに、戦前は体高が五尺四寸（約163センチメートル）以上の馬は競走馬になれないという規則があったそうです。

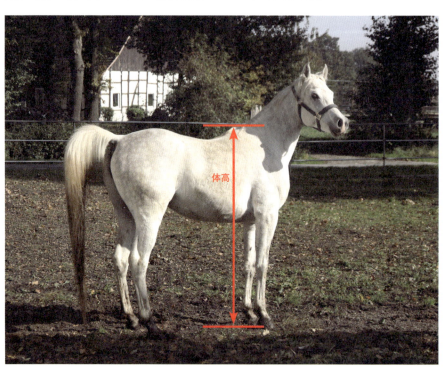

滞在競馬【たいざいけいば】

レース当日に競馬場に移動するのではなく、あらかじめ馬を競馬場に入厩させてレースに臨むこと。トレーニングセンターから距離のあるローカル競馬場（札幌、函館、福島、新潟、中京、小倉）に出走する場合や、輸送に弱く当日輸送だと消耗してしまう馬が、これを行います。また近年は、関東の馬が関西のレースに出走する2週間ほど前から栗東トレセンに滞在する「栗東留学」も盛んになっています。これも一種の滞在競馬と言えるでしょう。

第三の男【だいさんのおとこ】㊫

グリーングラスの異名。1977年はテンポイントとトウショウボーイのライバル対決が話題となっていましたが、クラシック最終戦の菊花賞で突如現れ、勝利をさらっていたことで、こう呼ばれました。以後、TTG時代となり、3頭は幾度も激突しましたが、グリーングラスが直接勝利したのは菊花賞のときのみです。ですが、ライバルが次々とターフを去っていくなか6歳まで現役を続け、引退レースとなった有馬記念で勝利。ひとつの時代に、みずからの手で見事な幕引きをしました。

代替競馬【だいたいけいば】

大雪や台風などで全レースが中止になったとき、開催日を変更して行う競馬のこと。前日発売の馬券は、すべて返還となります。2011年の東日本大震災のさいには大幅に日程が変わり、各地で代替競馬となりました。

「大地が、大地が弾んでミスターシービーだ」

【「だいちが、だいちがはずんでみすたーしーびーだ」】㊂

ミスターシービーの3冠がかかっていた1983年の菊花賞のレース実況で、杉本清アナウンサーが口にしたフレーズ。3冠馬誕生への期待感と高揚感が伝わってくる名実況です。ミスターシービーは見事、菊花賞に勝ち、中央競馬史上3頭目の3冠馬になりました。

タイムオーバー【たいむおーばー】

1着馬より大幅に遅れてゴールした馬が、一定期間レースに出走できなくなること。芝、ダート、距離などのレース条件によってタイムオーバーとされる時間は3〜7秒と幅があります。また条件によって出走停止期間も1〜3カ月と幅があります。ただし、国際招待競走、重賞、レコードが更新されたレース、障害競走ではタイムオーバーは適用されません。ちなみに、のちに有馬記念をレコード勝ちするダイユウサクのデビュー2戦目はタイムオーバーでした。

代用品【だいようひん】

枠連を買ったさい、狙っていた馬ではなく同枠の別の馬が来て馬券が当たること。予想自体は外れているので、嬉しいような悔しいような微妙な気持ちになります。

高倉健【たかくらけん】㊇

俳優。1992年と93年にJRAのCMに出演していました。キャッチコピーは「あなたと話したい競馬があります」。当時人気絶頂だった裕木奈江も共演していたこのCMが、JRAのCM史上最高によかったという声はいまも多いです。

高橋源一郎【たかはしげんいちろう】㊇

小説家。競馬好きとして知られ、長年、スポーツ紙に予想コラムも執筆。90年代、スポーツニュース番組で元巨人の江川卓と予想対決も行っていました。

高松宮記念【たかまつのみやきねん】㋹

3月に中京競馬場の芝1200メートルで行われるＧⅠ。昔は勝ち馬にハギノカムイオーやオグリキャップもいる芝2000メートルの中距離重賞でしたが、1996年に距離を大幅に短縮してＧⅠに昇格。春のスプリント王決定戦になりました。中山、東京、阪神、京都の中央場所以外での常設ＧⅠの創設は、この高松宮記念が初めてです。

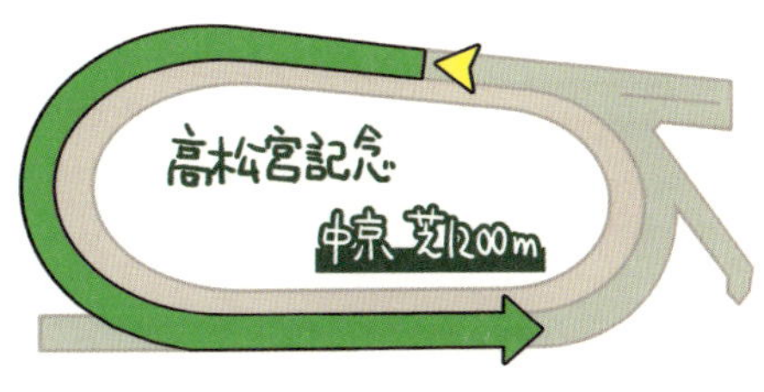

高峰三枝子【たかみねみえこ】㊇

女優。1952年に桜花賞、オークスの牝馬2冠を達成したスウヰイスーの馬主でした。ちなみに、同馬は本来スウヰトスーと名付けられるはずでしたが、登録時のミスで、この名前になってしまったと言われています。

宝塚記念【たからづかきねん】㋹

6月に阪神競馬場の芝2200メートルで行われるＧⅠ。1960年に創設され、有馬記念と同じようにファンの投票で出走馬が決まり、春のＧⅠシリーズの締めくくりのレースとして親しまれています。第1回は1800メートルで実施されましたが、2回目から2000メートルになり、1966年の第7回から現在の距離に定着しました。

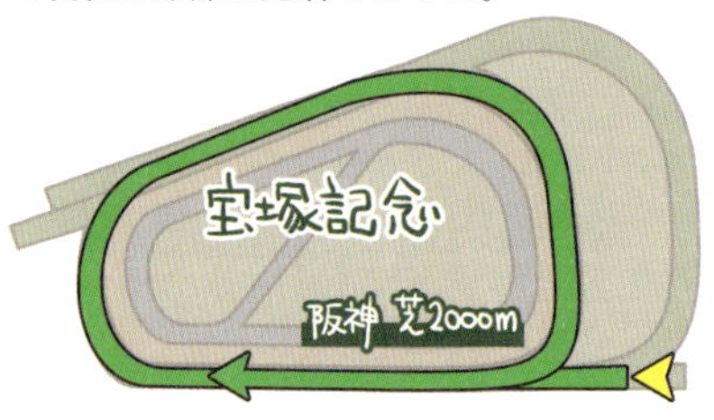

タキオンタイマー
【たきおんたいまー】

2001年の皐月賞馬アグネスタキオンの産駒の故障率が高いことを指す言葉。タキオン産駒は好成績を収めましたが、骨折や屈腱炎で休養、引退を余儀なくされる馬も多く、「一定時間が経つとこのタイマーが作動して故障する」と、口さがないファンにささやかれました。

ダークホース【だーくほーす】

実力が未知数の馬のこと。「穴馬」の意味でも使われますが、もう少し有力馬のニュアンスも。実績はないが実力はありそうで、勝っても不思議ではないといった馬が、こう呼ばれるのにピッタリです。

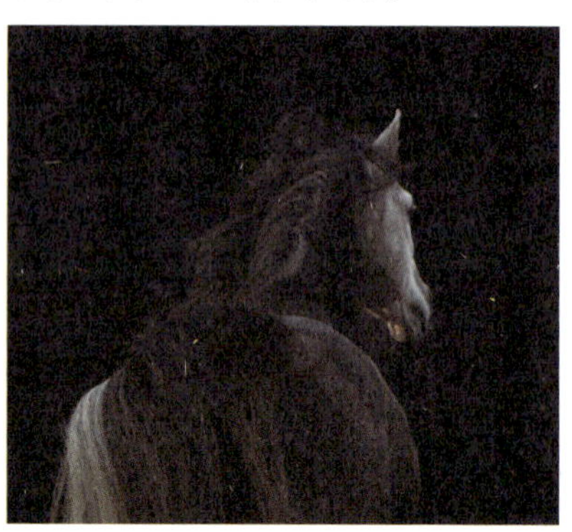

叩く【たたく】

休み明けにレースを1回使うこと。「1回叩いてから本番を迎える」などと使われます。また、馬に鞭を入れて気合を入れることも、こう言います。

タテ目【たてめ】

馬連や枠連などで1-2、1-3と買ったら、2-3で決まってしまうこと。こういうとき、「タテ目を食う」などと言われます。これを防ぐには、ボックス買いしかありません。

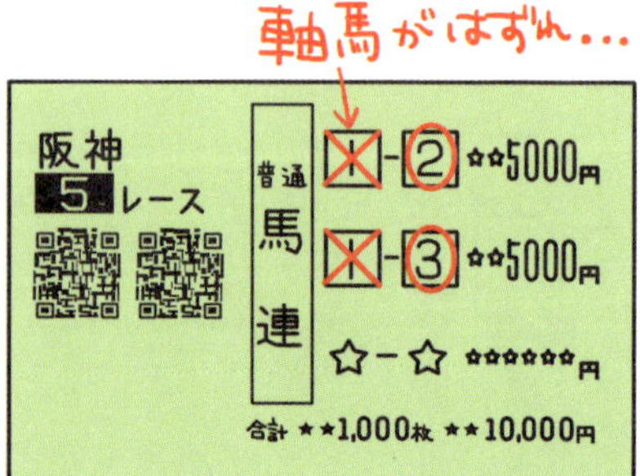

ダート1150メートル

【だーとせんひゃくごじゅうめーとる】㋹

中央競馬のレース距離は基本的に100メートル刻みですが、福島競馬場にはダート1150メートルという非常に特殊なコースがあります。実はこの距離が一番得意という馬もいるかもしれませんが、活躍の場が少なすぎるのがツライところ。ちなみに、地方の園田競馬場には820メートルや1870メートルといった、さらに中途半端なコースがあります。

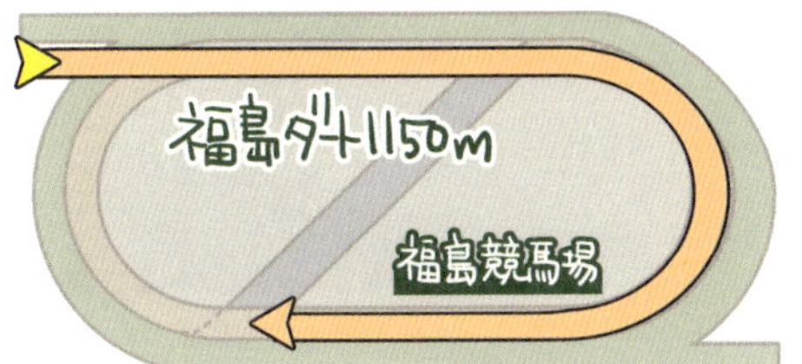

田中裕二【たなかゆうじ】㊅

お笑い芸人、漫才コンビ爆笑問題のツッコミ担当。熱狂的な競馬ファンとして知られており、スポーツ紙で予想も連載しています。基本的には穴狙いで、2007年の皐月賞では7番人気だったヴィクトリーに本命を打ち、見事的中。馬連、3連単とあわせて800万円近い配当を手にしました。

種付け【たねつけ】

種牡馬を繁殖牝馬と交配させること。人気種牡馬は年間200頭以上の牝馬に種付けしますので、それはそれで大変な仕事です。

種付け嫌い【たねつけぎらい】

せっかく種牡馬になれたのに、種付けを嫌う馬のこと。完全に種付け不能というわけではなく、たんに牝馬の好みがうるさいだけということも。"ポストサンデー"の期待を込めて輸入されたウォーエンブレムの種付け嫌いは有名です。

栗毛の小さな牝馬以外は
興味ないんでムリッス。
ウォーエンブレムさん

種付け料無料【たねつけりょうむりょう】

1989年から1995年まで種牡馬を務めていたマチカネイワシミズは、現役時の実績が低くかったため種付け料はなんと無料。マイナー種牡馬でしたが、ゲーム『ダービー・スタリオン』に無料種牡馬として登場したことで、妙な知名度の高さを獲得しました。

種無しかぼちゃ【たねなしかぼちゃ】

無精子症の馬のこと。ある意味、種付け嫌いの種牡馬以上に関係者を顔面蒼白にさせます。90年代、16連勝を達成したアメリカのシガーは引退後に巨額のシンジケートが組まれましたが、これであることが判明。1頭の産駒も残さず、種牡馬を引退しました。

旅打ち【たびうち】

旅をしながら日本各地の競馬場をめぐること。勝てば優雅なバカンスですが、負ければ地獄の貧乏旅行です。

ダービー2着4回
【だーびーにちゃくよんかい】㊟人

ダンスインザダーク、ハーツクライ、リーチザクラウン、ローズキングダムで4回のダービー2着という悔しすぎる思いをした橋口弘次郎・元調教師。このままダービートレーナーになれずに終わるかと思われましたが、定年2年前の2014年にワンアンドオンリーで悲願のダービー制覇を果たしました。ギリギリ間に合って本当に良かったです。

「ダービー馬のオーナーになることは一国の宰相になることより難しい」
【「だーびーばのおーなーになることはいっこくのさいしょうになることよりむずかしい」】㊟言

イギリスの首相として母国を第二次世界大戦の勝利に導いたウィンストン・チャーチルの言葉とされていますが、実際に本人が言ったという記録は残されていません。ただ、ダービー馬の馬主になることの難しさと幸運を端的に言い表しているので、いまもたびたび引用されます。

「ダービー馬はダービー馬から」
【「だーびーばはだーびーばから」】㊟言

ダービーに勝つのは父親もダービー馬である馬が多いという意味の格言。実際、過去10年のダービー馬を見ると、半数以上が父親もダービー馬です。ただ、距離適性や早い時期での完成度など、求められる血統的条件を考えれば当然といえば当然かもしれません。

ダービー燃え尽き症候群
【だーびーもえつきしょうこうぐん】

ダービー勝利後にケガで引退したり、パッタリ勝てなくなってしまう馬が多いこと。過去10年のダービー馬を見ても半数以上が古馬になってから勝てていません。やはり、頂点を目指す戦いはそれだけ過酷で、燃え尽きてしまうということなのでしょう。ただ、そんなダービー馬も、なぜか3歳秋初戦はたいてい勝つのが不思議なところです。

「ダービーを金で買うことは出来ない」

【「だーびーをかねでかうことはできない」】㊁

ダービー馬の馬主になることが悲願だった九州の炭鉱王の上田清次郎は、1965年、ダービーの直前に本命馬だったダイコーターを金銭トレードで手に入れました。当時のダービー1着賞金が1000万円のところ、上田が支払った金額は破格の2500万円。お金より名誉を求めたということですが、ダービー本番で同馬は2着という結果になり、「ダービーを金で買うことは出来ない」と世間から揶揄されました。

「ダービーを取れたらジョッキーを辞めてもいい」

【「だーびーをとれたらじょっきーをやめてもいい」】㊁

数々のＧⅠを制しながら、なかなかダービーだけは勝てなかった柴田政人騎手が言ったとされる言葉。実際には誤解で、1988年のダービーにコクサイトリプルで出走したさい「そのぐらいの気持ちで挑む」という意味で言った言葉が一人歩きしてしまったものです。ただ、1993年にウイニングチケットで悲願のダービー制覇を果たすと2年も経たずに引退したので、結果的には有言実行となりました。

ターフの魔術師

【たーふのまじゅつし】㊇

武邦彦・元騎手の通称。卓越した技術とスマートな長身から、こう呼ばれました。あえて大外を回り、馬体を併せないことでハイセイコーをハナ差差し切ったタケホープの1973年の菊花賞は、武邦彦の騎乗があったからと言われています。現役引退後は調教師となり、バンブメモリーやメジロベイリーなどＧⅠ馬を育てました。騎手として通算7679戦1163勝、調教師として通算4193戦375勝。ちなみに、言うまでもないことですが武豊騎手と武幸四郎調教師のお父上です。本書監修の細江純子さんいわく、「いつもニコニコとされ本当にお優しい方でした」とのこと。

ターフビジョン【たーふびじょん】

競馬場に設置された大型映像ディスプレイ装置のこと。レースの実況から、パドック中継、オッズ、写真判定の結果などが、ここに映し出されます。1984年に日本初となるターフビジョンが東京競馬場に設置され、以後、各競馬場に導入。東京競馬場のターフビジョンは2006年にLED方式の新しいものとなり、高さ11.2メートル、幅66.4メートル、面積743.68平方メートルの巨大画面は「世界最大の大型映像スクリーン」としてギネスブックに載りました。

ためる【ためる】

レース中にスタミナを温存し、ラストスパートに備えること。「足をためる」という言い方をします。

短期放牧【たんきほうぼく】

遠隔地の牧場で完全に休養させるのではなく、レースとレースの合間に、トレセンに近い牧場に短期間放牧に出してリフレッシュさせること。実はトレセンの外にある厩舎（外厩）に入ってビシビシ調教していることも。競馬新聞の馬柱は、一部を除いてこの短期調教について表示はありません。

短期免許【たんきめんきょ】

外国人騎手が日本の競馬で騎乗するための免許。正確には「短期騎手免許」と言います。臨時試験を行い、それに合格した者に1カ月単位で1年間のうち最大3カ月間まで免許が交付されます。ちなみに、ジャパンカップやワールドオールスタージョッキーズに参加する外国人騎手は、この短期騎手免許がなくても騎乗できます。

誕生日馬券【たんじょうびばけん】

誕生日の数字で買う馬券のこと。初めて競馬場に行った初心者などはこの方法で買うことが多いようですが、それでとんでもない大穴を当てたりします。

単枠指定【たんわくしてい】

人気が集中しそうな馬がいた場合、その馬が入った枠にほかの馬を入れず、単枠（1枠1頭）に指定する制度。1974年の皐月賞でキタノカチドキが単枠指定されたのが最初です。この制度は当時、連勝式馬券が枠連しかなかったことから導入されたものでした。ですが、1991年に馬連が全国発売されるようになったことで廃止され、いまはありません。

チークピーシーズ
【ちーくぴーしーず】

馬具のひとつ。馬の目の外側、頬の部分につけるボア状もので、左右を見えにくくすることにより前方に意識を集中させます。正式名称はチークピースですが、通常左右両方につけるため、複数形で呼ばれています。その見た目から、英語で「もみあげ」を意味するサイドバーンズと呼ばれることも。

地方上がり【ちほうあがり】

地方競馬から中央に移籍してきた馬のこと。ハイセイコーやオグリキャップがその代表格です。

地方競馬【ちほうけいば】

各地方自治体が運営している競馬。日本の競馬はJRAが運営する中央競馬と、この地方競馬の2種類が存在しています。現在、日本各地の17の競馬場で地方競馬は実施されています。また、地方競馬全体を統括する組織として､地方競馬全国協会（NAR）があります。

地方競馬教養センター
【ちほうけいばきょうようせんたー】㊖

地方競馬の騎手や調教師などを育成するための施設。栃木県那須塩原にあり、約30万平方キロメートルの広大な敷地に、160頭あまりを収容可能な厩舎、1周1100メートルの競走走路、体育館、プールなどが揃っています。

着差【ちゃくさ】

競馬における着差は、先に入線した馬の鼻先と次に入線した馬の鼻先の間隔で示されます。間隔が短いものから、ハナ、アタマ、クビとなり、それ以上は馬身を単位にして表示されますが、10馬身差以上は「大差」と表示されます。

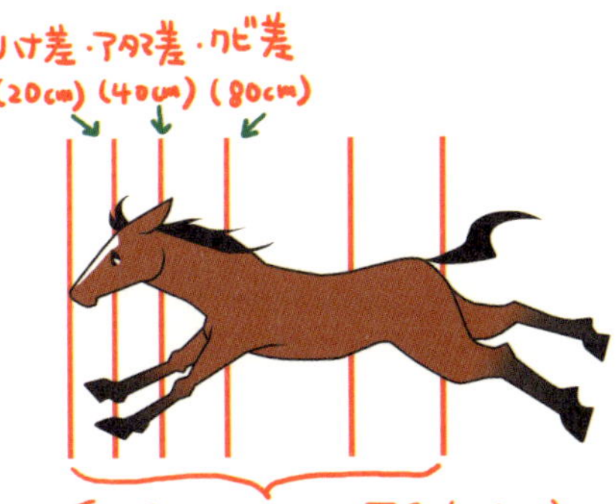

チャンピオンズカップ

【ちゃんぴおんずかっぷ】㋹

12月に中京競馬場のダート1800メートルで行われるGⅠ。2000年の創設当初はジャパンカップダートという名称で東京のダート2100メートルのレースでしたが、2008年から阪神のダート1800メートルになり、さらに2014年に中京に移って名称も現行のものとなりました。ちょっと腰の落ち着かないGⅠです。

中央競馬【ちゅうおうけいば】

日本中央競馬会（JRA）が運営する競馬。

中央競馬メモリアルホール

【ちゅうおうけいばめもりあるほーる】㋫

JRA競馬博物館にあるホール。顕彰馬の絵や彫刻、表彰状などが展示されており、過去の重賞レースの映像も観ることができます。

抽せん馬【ちゅうせんば】

JRAがセリで購入した馬を、抽せんによって均一価格で馬主に売却するという、かつて存在した制度。「クジ馬」とも呼ばれました。その後、制度は見直しが進み、2003年からは「JRA育成馬」に名称も変更。現在は一般のセリ方式で売買されています。ちなみに、「抽せん馬」制度があった時代、馬主が自分で選んで買った馬は「自由購買馬」と呼ばれていました。また、戦前は抽せん馬を「角抽」、自由購買馬を「呼馬」と呼んだそうです。

調騎分離【ちょうきぶんり】

調教師と騎手の免許を分けること。つまり、調教師が騎手としてレースに出ることはできず、騎手が調教業務をすることはできないということです。現在の感覚では当たり前のことですが、戦前は兼務が認められており、1933年にカブトヤマでダービーを勝った大久保房松や1938年にハセパークで天皇賞・春を勝った金者斤奉は騎手兼調教師でした。調騎分離が厳格に適用されるようになったのは1948年以降のことです。

「長距離の逃げ馬、短距離の差し馬」

【「ちょうきょりのにげうま、たんきょりのさしうま」】㊂

長距離レースは逃げ馬が有利で、短距離レースは差し、追い込み馬が有利という意味の格言。長距離はスローペースになりやすく、短距離はハイペースになりやすいためです。

「長距離は騎手で買え」

【「ちょうきょりはきしゅでかえ」】㊂

長距離レースは上手な騎手を買うべきという意味の格言。短距離レースは馬のスピード能力だけで決着してしまうことも多いですが、長距離レースは折り合いやペース判断など騎手の腕にかかっている割合が大きいためです。

調整ルーム【ちょうせいるーむ】㊒

競馬場、および美浦と栗東のトレーニングセンターにある騎手の宿泊施設のこと。レースに騎乗する騎手は原則、騎乗前日の21時までにここに入らないといけません。いっさい外部との接触が禁じられるので、これを嫌う日本人騎手も多いですが、衣食住完備で至れり尽くせりなため、外国人騎手にはけっこう評判が良かったりするのは面白い文化の違いです。

直千競馬【ちょくせんけいば】㊒

新潟競馬場には日本で唯一の直線1000メートルのコースがあり、「直線」と「千」をかけて「直千」とも呼ばれています。このコースで行われるGⅢアイビスサマーダッシュは唯一の直千重賞。普段なかなか見られない外ラチギリギリを馬が疾走する姿は迫力です。

直線に向く【ちょくせんにむく】

最終コーナーを回って、ゴールまでの直線に入ること。レースの勝負どころ。もちろん、直千競馬ではこの言葉は使われません。

チョップ【ちょっぷ】

2005年の朝日杯FSでジャリスコライトに騎乗したケント・デザーモは、直線で鞭を落としてしまうと、馬の首をチョップで叩いて追うというムチャな荒業を見せました。デザーモはアメリカ出身の世界的な名手ですが、鞭を落とした以外にも、1993年のジャパンカップでゴールを間違えるなど、ちょっとうっかり屋さんです。

珍馬名【ちんばめい】

思わず笑ってしまう馬名のこと。ネルトスグアサやトリアエズナマ、イセエビ、オマワリサンなど、これらはすべて実在した馬の名前です。珍馬名をつけることで有名な馬主が小田切有一。彼の持ち馬は、モチ、モグモグパクパク、ウラギルワヨ、ソレガドウシタといったユニークな馬名のオンパレードです。珍馬名は競馬のちょっとした楽しみのひとつですが、もし万一、日本初の凱旋門賞馬とかになってしまうと複雑な気持ちになります。

つなぎ【つなぎ】

馬の蹄から球節の間の部分。一般的に、つなぎが短く立っている馬はダート向き、長くてシャープな馬は芝向きとされています。

古典的名作から連載中の作品まで

マンガ倶楽部

『風のシルフィード』

生まれたときから脚に故障を抱えていた競走馬シルフィードと新人騎手の森川駿が、ともに挫折と成長を繰り返しながら最終的に凱旋門賞に挑戦する物語。ストーリー系競馬マンガの王道を行く作品です。続編『蒼き神話マルス』や番外編『俺たちのＧＩ』などもあります。

作・本島幸久／講談社

「人喰い」競走馬ザンジヴァルは怖かった

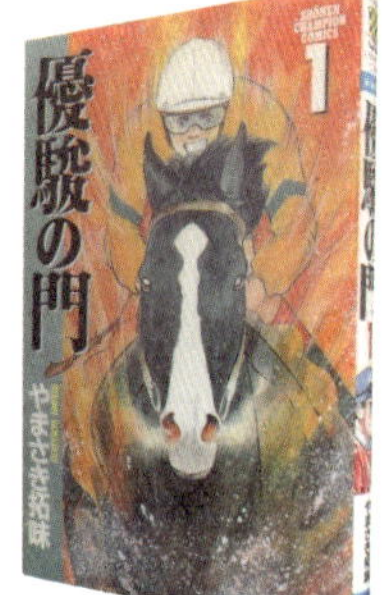

『優駿の門』

地方競馬騎手の光優馬を主人公に、中央競馬のライバル騎手たちとの戦いや馬との信頼関係が描かれます。レース中の骨折、予後不良など、リアルな競馬を描いている点が魅力。ダービーのアルフィー vs ブルーエンブレムは名勝負でした。『優駿の門ＧＩ』など続編も複数あり。

Ⓒやまさき拓味／秋田書店

調教助手の小林政宏がイイ味出していました

ⒸTsunomaru 2004/Shueisha

『みどりのマキバオー』

大型犬程度の大きさしかなく、ロバとの混血まで疑われる競走馬マキバオーが、ライバルのカスケードやアマゴワクチンなどと激闘を繰り広げる物語。表面上はギャグ・マンガですが、中身はしっかり熱血ストーリー系競馬マンガです。

作・つの丸／集英社

続編『たいようのマキバオー』は公営・高知競馬が舞台

個性的な競走馬たちによるライバルストーリー、騎手の人間模様、裏方の人たちの見えない苦労……。ときに荒唐無稽でも、それもまた楽しいものです。翌週が待ち遠しかった。

読み返すと、懐かしい馬たちが活躍しています

『馬なり１ハロン劇場』

擬人化された競走馬たちを主役に、基本的には競馬界の時事ネタを題材にしたホンワカなショート・ストーリーが展開。ときどき、泣ける系の話もあります。1989 年の連載開始で、おそらく、これ系のマンガの元祖。現在も WEB で好評連載中です。

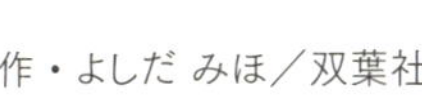

作・よしだ みほ／双葉社

北海道出身の作者の地元愛が溢れています

『銀の匙　Silver Spoon』

北海道の農業高等学校を舞台とした学園マンガですが、登場人物の実家がばんえい用の重種馬を飼育していたり、生徒たちが空き地に輓馬コースを作るなど、作中にたびたびばんえい競馬が登場。近年、ばんえい競馬が黒字になったのは、この作品の影響も大きいと言われています。

作・荒川弘／小学館

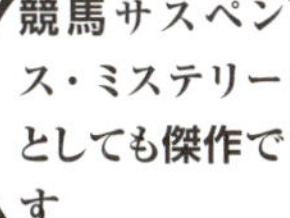

競馬サスペンス・ミステリーとしても傑作です

『勝算』

皐月賞の２日前、同レースに出走するマイホープに騎乗予定の騎手・北条の息子が誘拐されるという事件が勃発。犯人からの要求は「皐月賞でマイホープを勝たせること」。レースの公正を絶対に守ろうとする JRA に対し、北条は自身の手でレースに勝つことを決意するが……。

原作・田原成貴、作・本宮ひろ志／講談社

強目【つよめ】

調教のさい、実戦と同じように手綱を動かし、ある程度強く馬を追うこと。調教の強さとしては、「馬なり」より重く、「一杯」より軽いものです。

ツル頸【つるくび】

パドックなどで、馬がクビをツルのように曲げている状態のこと。気合が入っている場合と、たんに緊張している場合があるので、取捨選択には悩むところです。

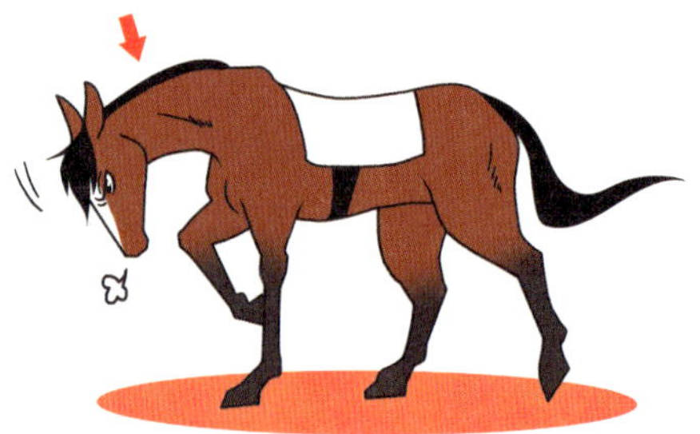

ディック・フランシス
【でぃっく・ふらんしす】(人)

イギリスの元障害騎手で小説家。障害競走でリーディングを獲得し、エリザベス王太后の専属騎手も務めたスター騎手でしたが、引退後、小説家に転身。元騎手ならではの専門知識と本格的な推理を融合させた「競馬ミステリー」というジャンルを確立し、ベストセラー作家となりました。代表作は『本命』『大穴』など。

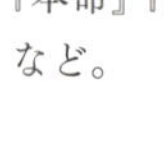

手がわり【てがわり】

これまでと違う騎手に乗り替わること。「今回は手がわりしたから、勝負気配だ」などと使われます。

テキ【てき】

調教師のことを指す俗語。調教師は元騎手が多いため、「騎手」をひっくり返して、こう呼ぶようになったと言われています。騎手や厩務員が所属厩舎の調教師を指して、「うちのテキが～」などという使われかたが一般的です。もちろん、元騎手でなくてもテキと呼ばれます。

テスコボーイ系【てすこぼーいけい】

1967年に輸入されたイギリス産馬テスコボーイを祖とする血統。トウショウボーイを始めとする数々のＧＩ馬を生み出し、サクラユタカオー、サクラバクシンオーと続く系譜は、いまも日本競馬で確固たる地位を築いています。テスコボーイ系も含まれるプリンスリーギフト系は、ほぼ日本だけに残された系統です。ちなみに、テスコという名は、元の所有者であったコーエン卿（ジャック・コーエン）が設立したイギリスの大手小売業チェーン「テスコ」からとられています。

鉄の女【てつのおんな】㊫

イクノディクタスの異名。セリ市で1000万円に満たない安い値段で購入され、デビュー前に屈腱炎を発症したことでレースに一度も出ることなく引退も考えられましたが、なんとかデビューにこぎつけると、以後6歳まで一度も故障することなく51戦ものレースを走り続けたことから、こう呼ばれるようになりました。GⅠ勝ちはありませんが、金鯱賞やオールカマーなど重賞4勝。とくに現役最後の年となった1993年に安田記念でヤマニンゼファーの2着に、宝塚記念でメジロマックイーンの2着に食い込んだ健闘ぶりは、まさに「鉄の女」と呼ばれるにふさわしい走りでした。

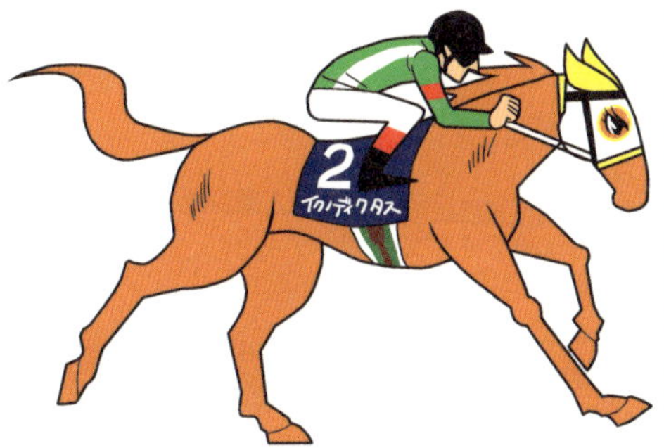

デッパ【でっぱ】

レースのスタートのこと。ゲートの出が悪かったり、二の脚がつかない馬を「デッパが悪い」と言います。逆にポンと素早く出る馬は、「デッパがいい」です。

鉄砲【てっぽう】

長期休養明けの初戦のこと。こういう状態でもいきなり走れる馬のことを「鉄砲が効く」や「鉄砲駆けする」と言います。または「ポン駆けする」と言うことも。

徹夜組【てつやぐみ】

ダービーや有馬記念などの大レースの前には、良い席を取るために競馬場の前で徹夜する人たちが多数います。なかには1週間も前から泊まり込んでいる猛者も。ただ、開門ダッシュで転ぶと、それまでの苦労が水の泡ですので、靴ひもはしっかり締めておきましょう。

出ムチ【でむち】

スタート直後に鞭を入れて、気合をつけること。どうしても先行したかったり、ダッシュがつかず遅れがちな馬に使われます。ただ、当然消耗はしやすいので、自然に先行できたり、追走できるほうがいいのは言うまでもありません。

出目馬券【でめばけん】

「今日は5番の馬がよく連に絡んでいるから、次のレースも5番」など、馬の人気や能力とは関係なく馬番や枠番といった数字だけで買う馬券のこと。また逆に、その日連に絡んでいない数字を「死に目」と言って避けたりもします。競馬に限らず、競輪、競艇からルーレットまで数字を選ぶギャンブルでは、この理論の信奉者も多いです。

寺山修司【てらやましゅうじ】㊟人

歌人・劇作家。数多くの競馬エッセイを書き、競馬人気のすそ野を広げることに多大な貢献をしました。1973年にはJRAのCMにも出演。そのエッセイは詩情あふれるものが多いですが、死の直前まで報知新聞に連載していた予想コラムは意外と論理的。寺山の最後の予想は1983年の皐月賞で、ミスターシービーに本命を打っています。

テレビ馬【てれびうま】

勝ち目がないと思われている人気薄の馬がＧＩなどで大逃げを打つと、「テレビに映りたいだけだろ」と、こう揶揄されます。ただ、最近はあまりこの手の馬を見なくなり、それはそれで少々寂しいものです。

テン【てん】

「最初」という意味の競馬用語。レースや調教のスタート直後のことを指すこともあり、その場合は「テンから飛ばした」などと使われます。また、ある馬に騎手が初めて騎乗することを「テン乗り」と言います。

転厩【てんきゅう】

競走馬が違う厩舎に移籍すること。調教師の引退によるものが多いですが、現役の厩舎から厩舎への転厩は複雑な大人の事情を勘ぐってしまいます。また、2015年のＧⅢラジオNIKKEI賞勝ち馬アンビシャスのように海外厩舎への転厩というケースもあります。

天狗山【てんぐやま】㊟所

美浦と栗東のトレーニングセンターにある、調教師が調教を監視する場所を指す俗語。調子に乗ることを「天狗になる」と言いますが、ここで調教師たちによる自厩舎の馬の自慢話が飛び交うことから、こう呼ばれるようになったとされています。

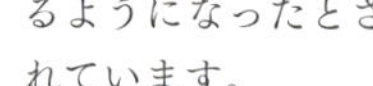

天才【てんさい】㊟人

武豊騎手の通称。福永洋一や田原成貴など競馬界には時代ごとに「天才」と呼ばれる騎手がいましたが、デビュー2年目の1988年にスーパークリークで菊花賞を制して以降、この言葉は武豊のものとなっています。通算最多勝利、重賞競走最多勝利、連続年度GⅠ競争優勝、連続年度重賞競走優勝、年間最多勝、年間最多獲得賞金など、さまざまな騎手の記録に武豊の名前が刻まれており、その大半は今後破られることはないでしょう。そんな武豊は、ことあるごとに「第100回ダービーまで乗るのが目標」と公言。実現すれば64歳ですが、絶対にないとは言い切れません。

天才少年【てんさいしょうねん】㊟馬

バブルガムフェローの愛称。1995年の朝日杯3歳ステークス（当時）に勝ったことで、一躍、翌年のクラシックの主役と期待されました。しかし、骨折により皐月賞にもダービーにも出走できず。秋に復帰すると、距離適性を考えて菊花賞ではなく天皇賞・秋に出走。結果、3歳馬として、初めて同レースを制しました。このとき破った古馬は、マヤノトップガン、サクラローレル、マーベラスサンデーなど、かなり骨っぽい相手だったので、その勝利はいっそう価値があります。クラシック路線にこだわらなかった陣営の英断も見事でした。

天神乗り【てんじんのり】

アブミを長くして、鞍に尻をつけて、背筋を伸ばして馬の背と垂直にまたがった騎乗スタイルのこと。現在はまったく見られなくなった乗りかたですが、1950年代までの日本競馬では、これが主流でした。

テントウムシ【てんとうむし】

GⅠでの回収率が250パーセント超えという驚きの勝負強さを誇る、イタリア生まれの騎手ミルコ・デムーロが愛好する幸運のシンボル。2015年にJRAの騎手免許試験に合格したデムーロは、帽子や馬具など、いろんなところにテントウムシのシールを貼っています。

天皇賞(春)【てんのうしょう】㋹

4月末～5月に京都競馬場の芝3200メートルで行われるＧⅠ。前身は明治時代の1905年に創設されたエンペラーズカップで、帝室御賞典の名称を経て、天皇賞となったのは1947年からです。日本競馬のなかで、もっとも長い伝統をもつ競争であり、最長距離の平地G1でもあります。かつては一度天皇賞に勝つともう出られないという規則がありましたが1981年に廃止。その後、テイエムオペラオーやキタサンブラックのように連覇する馬も現れました。

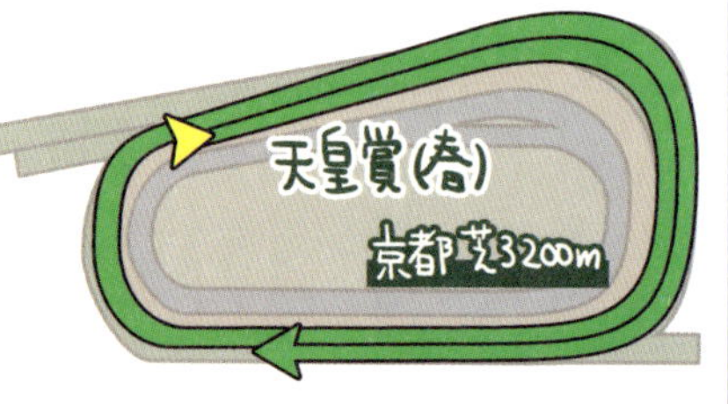

天皇賞(秋)【てんのうしょう】㋹

10月末～11月に東京競馬場の芝2000メートルで行われるＧⅠ。前身は天皇賞・春と同じく、1905年創設のエンペラーズカップです。当初は春同様3200メートルで実施されていましたが、1984年に2000メートルに短縮。このとき出走した人気馬のミスターシービーが距離不安をささやかれていたため、シービーを有利にするために短縮したのではないかと議論を呼びましたが、現在は秋の中距離ＧⅠとして定着しています。

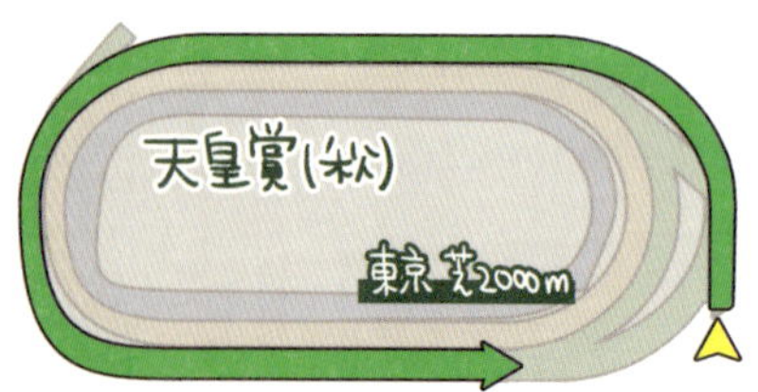

天馬【てんま】㋱

トウショウボーイの異名。デビュー以来、同世代のライバルだったテンポイントとの直接対決は6回あり、そのうち4回先着。2頭にグリーングラスを加えたTTGそろい踏みのレースは3回あり、各頭1勝ずつ勝ちを分け合っています。

伝貧【でんぴん】

馬の病気のひとつ。馬伝染性貧血の略です。これに罹ると馬は高熱を出し、貧血状態となって次第に痩せていきます。伝染病ですので、感染が判明した場合は安楽死の処置がとられることが法律で決まっています。

テンプラ【てんぷら】

本当はアラブ種の血量が25パーセント未満のサラ系であるにもかかわらず、25パーセント以上のアングロアラブとして競走馬登録すること。基本的にはサラ系のほうが能力が高く、アラブ限定のレースに出走したさい有利になるので、かつては頻繁にあったと言います。衣で中身をごまかすことを「テンプラ」というのは一般的にも使われる言いかたで、映画『仁義なき戦い』のなかで梅宮辰夫演じるヤクザが学生服を着て警官の目をごまかそうとしたさい、「テンプラに見えやせんかのぅ」というセリフを呟いています。

電話インターネット投票
【でんわいんたーねっととうひょう】

パソコン、スマホなどから馬券を購入できるサービスのこと。競馬場やWINSに行かなくても買える手軽さから、近年は馬券購入の主流になっています。現在JRAが募集受付をしているのは、「即PAT」「A-PAT」「JRAダイレクト」の3種類。どれも手軽に入ることができます。昔は、電話をかけてオペレータに買う馬券の種類を口頭で伝えたり、会員になろうとしても抽選で落とされて何年も待ったりと、色々大変でした。

トゥインクルレース
【とぅいんくるれーす】

大井競馬場で1986年から始まったナイター競馬の通称。中央競馬にはない夜の競馬がヒットし、その後、各地の地方競馬にもナイター競馬が広まりました。最終レースの発走が20時50分と遅いため、平日の夜に競馬を楽しみたいビジネスパーソンやデートスポットとして人気を博しています。

同級生の結婚
【どうきゅうせいのけっこん】

1976年1月31日の東京競馬場の新馬戦という、同じレースでデビューした牡馬のトウショウボーイと牝馬のシービークイン。両馬は引退後に交配されることが決まり、「同級生の結婚」と話題になりました。そして生まれたのが、1983年の牡馬クラシック3冠を制したミスターシービー。いつも最後方にポツンと置かれながら極端な追い込み戦法で勝つという個性的なレースぶりと端正なルックスに加え、両親のロマンチックな結びつきもあって、シービーは絶大なアイドル人気を誇りました。

当歳【とうさい】

生まれたばかりの0歳の仔馬のこと。かつて日本では数え年で馬齢を数えていましたが、2001年度から国際標準にならって満年齢で数えるようになりました。

闘将【とうしょう】㊟

元騎手の加賀武見の現役時代の愛称。加賀は10代で騎手を目指すも、減量苦などにより挫折。いったんは騎手の道を諦めましたが、ふたたび挑戦し、1960年に23歳という遅い年齢で騎手デビューを果たしました。3年目の1962年から5年連続でリーディングジョッキーを獲得。勝利に貪欲な激しい騎乗スタイルから「闘将」と呼ばれるようになり、競馬ファンを魅了しました。

同着【どうちゃく】

2頭が完全に同時にゴールすること。2010年のオークスでは、中央競馬GⅠ史上初めてアパパネとサンテミリオンが同着優勝となりました。買っている馬券によっては二重、三重に当たるので、大勝の可能性も。ただし、オッズは発走時よりも下がります。アパパネとサンテミリオンのケースでは、アパパネの単勝が3.8倍から2.1倍に、サンテミリオンの単勝は8.5倍から3.8倍になりました。

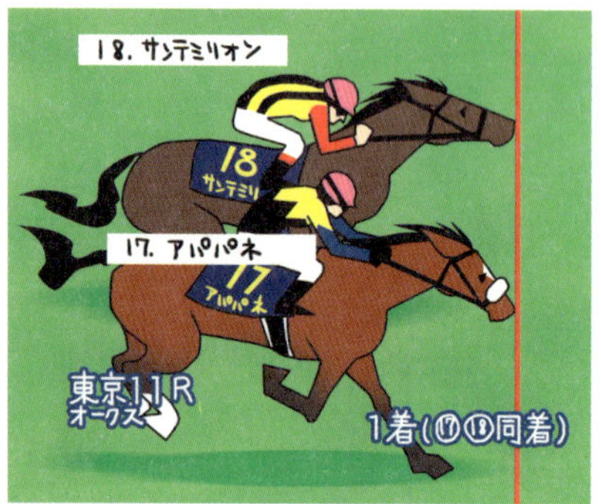

特払い【とくばらい】

馬券の種類ごとに、的中者が一人もいない場合、その馬券種を買った人全員に払い戻しをすること。払戻率は70～80パーセントなので、100円につき70円から80円戻ってくることになります。そんなの経験したことないという人も多いでしょうが、ちゃんと競馬法第8条に定められており、1971年に福島競馬場で発生しています。

特別競走【とくべつきょうそう】

出走するために特別登録を必要とするレースのこと。現在JRAで実施されている特別競走には、すべて固有のレース名がつけられています。もちろん、重賞も特別競走に含まれます。

特券【とっけん】

1点1000円の馬券のこと。現在、馬券の最低購入金額は100円ですが、かつては10円でした。その名残で馬券にはいまも「1枚10円」と記されています。そして、昔はその10円の馬券を「20枚」「50枚」「100枚」などの単位でまとめて売っていました。その100枚単位の馬券のことを、こう呼んでいたのですが、いまでは完全に死語です。ちなみに、映画・男はつらいよシリーズの4作目『新・男はつらいよ』に、寅さんが特券で大穴を当てるシーンがあります。

ドバイワールドカップ
【どばいわーるどかっぷ】㋹

3月にアラブ首長国連邦のメイダン競馬場で行われるダート2000メートルのGⅠ。1995年に王族のシェイク・モハメド殿下が世界最高賞金額のレースとして創設しました。現在の賞金総額は1000万ドル（約11億円)。2011年には日本のヴィクトワールピサが優勝しています（当時のコースはタペタというオールウェザー)。また、ドバイワールドカップが開催される日はドバイミーティングとして複数のGⅠ、GⅡも実施され、毎年、日本馬も多数出走しています。

トモ【とも】

馬の腰、臀部、後肢の総称。力強いトモは馬の推進力の原動力ですので、この部分が発達した馬はレース結果にも期待できます。逆に、トモが萎んでいると「トモの張りがさびしい」などと言われます。また、トモに「ヨロ」と呼ばれる筋肉の境目がくっきり出ている馬は、かなりの能力の持ち主とされます。

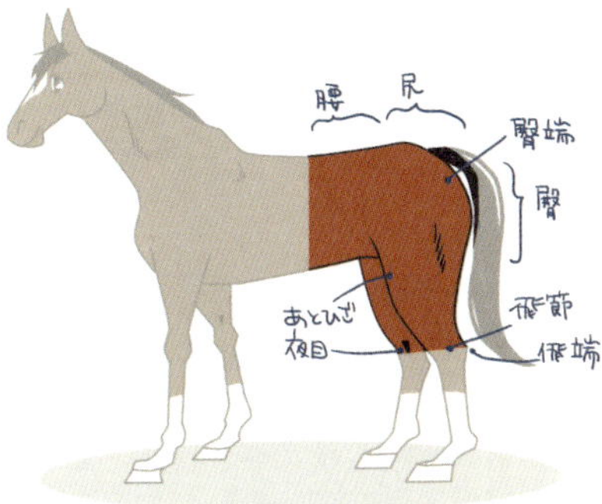

トラックマン【とらっくまん】

競馬専門新聞の記者のこと。一般的には、追い切りを見て調教タイムを計測したり、調教内容を伝える「取材班」ないしは「時計班」と、出走予定馬の厩舎関係者を取材する「想定班」の2つの役割に分けられています。専門紙ではなく、一般スポーツ紙の競馬担当の記者はトラックマンとは呼ばれず、ただ競馬記者と呼ばれます。

トリガミ【とりがみ】

賭けた総額よりも配当のほうが少ないこと。たとえば、馬連4頭ボックスですと6点になり、均等買いをした場合、6倍以上の配当がなければトリガミとなります。馬券を買うさい、このトリガミを非常に気にする人と、あまり気にしない人に分かれる傾向があります。

ドルメロの魔術師

【どるめろのまじゅつし】㊇

20世紀前半に活躍したイタリアの生産家であるフェデリコ・テシオの異名。16戦16勝のリボーや14戦14勝のネアルコなど数々の名馬を生産し、その血脈は日本競馬にも大きな影響を与えています。

トレーニングセンター

【とれーにんぐせんたー】㊒

競走馬を調教する施設。JRAでは、茨城県稲敷郡美浦村にある美浦トレーニングセンターと滋賀県栗東市にある栗東トレーニングセンターの2カ所があり、前者に所属している馬を関東馬、後者に所属している馬を関西馬と言います。それぞれのトレーニングセンターでは常時、レースに向けて2000頭以上の馬がトレーニングを行っています。

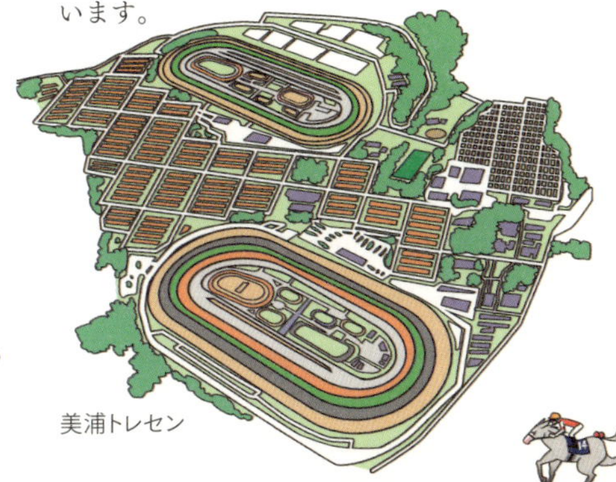

美浦トレセン

馬のトレーナーで経営者、管理職、営業マンでもある調教師の仕事

「ブックの左」に入るため やれることは何でもやる

調教師の仕事というのは、まず当然ですが、競走馬をレースに向けて鍛えるトレーナーという面があります。その他に厩舎を経営する経営者でもあり、自分の厩舎で働く厩務員さんたちに直接指示を出す管理職でもあり、馬主さんや牧場を回って一頭でも多くの、いい馬を集める営業職という面もある。

そのどれもが大切で、全部をバランスよくこなさなければならない。得意・不得意とか、好き嫌いは言っていられません。

そして、一番大事なのは結果を出すこと。ひとつでも多く勝ち星を増やすことです。『競馬ブック』の調教師ランキング欄で真ん中より上位の成績の調教師は左側に記載されます。最低でも、いつもそこに入っていることを目指しますね。馬主さんからも「ブックの左じゃないとアカンよ」とよく言われます(笑)。

馬体、調教、血統、気性…… 総合的に判断して適性を見極める

勝ち星を増やすために必要なのは、それぞれの馬の適性を見ぬくことです。芝向きかダート向きか、適距離はどのくらいか、どういった調教がいいのか……。馬体、調教やレースでの走りぶり、血統、気性などを総合的に判断して、適性を見極めます。厩舎スタッフにも意見を聞きますが、決めるのは自分です。

キタサンブラックは血統的に短距離向きだと思われていましたが、体の大きさや走りなどを見て、最初から距離はもつとみていた。

だから、府中の1800メートルをデビュー戦に選んだんです。さすがに3000メートルで勝つ馬になるかどうかまでは、わかりませんでしたけど。

でも、菊花賞のときは水曜日の追い切りで最高の走りをしたと思ったら、次の日はもっといい走りをして、さらに金、土と、うなぎ登りで調子が上がっていった。本番の当日朝は、これまで見たことのない状態でした。

キタサンブラックに関してはハードトレーニングも注目されましたが、私自身はほとんど心配していませんでした。調教後やレース後もケロッとしていて、この馬なら大丈夫だなと安心していましたね。

とはいえ、すべての馬の適性を正確に見ぬけるなんてことはありません。やはり生き物ですから、そう簡単には人間が把握しきれるもので

清水久詞（しみず・ひさし）
1972年生まれ。1997年に浜田光正厩舎所属の厩務員となり、その後、同厩舎で調教厩務員、調教助手を務めた。2009年にJRA調教師免許試験に合格し、同年、厩舎を開業。2015年に管理馬のキタサンブラックが菊花賞で優勝し、厩舎に初めてのＧⅠ馬が誕生した。

うなぎ登りで調子を上げた 菊花賞前のキタサンブラック

はない。引退するまでよくわからなかったという馬もたくさんいますよ（笑）。

ファレノプシスと過ごした3年半の貴重な時間

調教師になったときに役立ったのは、浜田（光正）先生の厩舎で働いた経験ですね。とくに、ファレノプシスの担当厩務員として過ごした3年半は大きな財産です。

あの馬は現役時代、一度も放牧に出されることなく、ずっと厩舎にいたんですよ。調子が落ちても厩舎で調整。だから、私も3年半つきっきりで世話をしていました。

体質的に弱いところがあって、きつい調教をすると飼い葉を食べなくなりました。先生は一言「食わしとけ」と。困りましたねえ（笑）。

飼葉桶に入れても見向きもしてくれないので、自分の手のひらに飼い葉をのせて、少しずつ少しずつ食べてもらいました。そうすると、食べてくれるんですよ。

最近は馬の調子が落ちると、すぐに短期放牧に出されて、別の調子のいい馬が厩舎に入ってくる。でも、私はファレノプシスが、いい状態のときも悪い状態のときも一緒に過ごしてきましたから、いま思うと本当に貴重な経験をさせてもらったと思っています。

ファレノプシスといえば、武豊騎手の騎乗でＧⅠを3つ勝っています。そのころは自分が調教師になって、武さんに乗ってもらってＧⅠを勝つなんて想像もできませんでした。考えてみれば、あのときから縁はあったのかもしれません。

馬も調教師も一番大事なのは自分のリズムを守ること

調教師として一番つらいのは、なんと言っても勝てないときです。半年近く、1勝もできないこともあった。そうなると、今までのやり方を変えたほうがいいのか悩みますね。

でも、そんなときは変に焦らないほうがいいと思っています。レース中の馬にとって大事なのは自分のリズムを守ること。ジョッキーが無理に行かせようとしたり、抑えたりしたら、勝てるレースも勝てなくなります。調教師の仕事も同じじゃないですかね。

これからの目標は、キタサンブラックがいたときと同じだけの勝ち星を毎年上げることですね。あの馬がいなくなって「清水厩舎、勝てなくなったね」とだけは言われたくない。そういう意味で、ここからが本当の勝負です。

それで、いつの日かキタサンブラックの仔でダービーを勝てたら、こんなに嬉しいことはない。そのとき武さんが乗っていたら、本当に競馬のロマンですね。

内国産馬【ないこくさんば】㋹

日本で生まれた馬のこと。これに対して、外国で生まれた馬は外国産馬と言います。また、外国で種付けされた繁殖牝馬が輸入され、日本で出産した場合、その仔は持込馬と言います。ただ、これらの区別が大きな意味を持ったのは、外国産馬、持込馬が出走可能なレースを制限されていた時代のことで、いまはほとんど関係なくなっています。2007年までは、父親も内国産馬の馬は、とくに父内国産馬と言われ、「マルチチ」とも呼ばれていました。

中野コール【なかのこーる】㋪

1990年のダービーでアイネスウウジンが逃げ切り勝ちを収めると、騎乗していた中野栄治騎手に場内の大観衆から万雷の「ナカノ」コールが送られました。競馬場で騎手のコールが起きるのは、これが初。馬券を外した人もコールを送っており、競馬が〝ギャンブル〟から〝スポーツ〟に変わった瞬間でした。

中山グランドジャンプ
【なかやまぐらんどじゃんぷ】㋹

4月に中山競馬場の芝4250メートルで行われる障害ＧＩ。前身は1935年に設立された中山大障害・春で、1999年から現名称になりました。

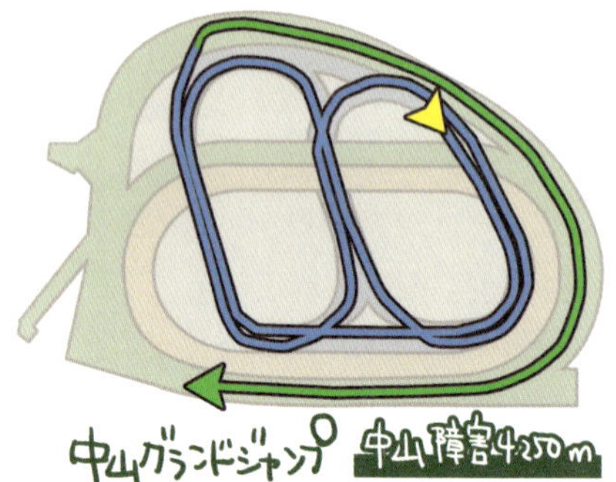

中山大障害
【なかやまだいしょうがい】㋹

12月に中山競馬場の芝4100メートルで行われる障害G1。創設は1934年で、いまも「暮れの中山の名物レース」として親しまれています。歴代の勝ち馬には、1960年代に中山大障害・春（現・中山グランドジャンプ）も含めて4連覇を達成してイギリス最大の障害レースであるグランドナショナルにも挑戦したフジノオーや、1970年代に春・秋あわせて通算5勝を挙げたバローネターフなど数々の名馬がいます。

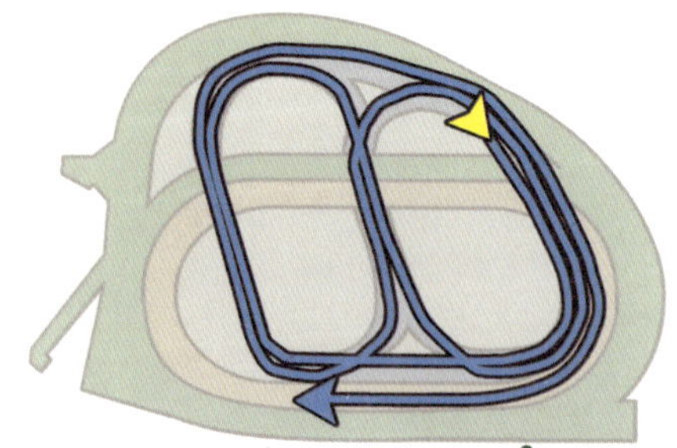

名古屋鉄道【なごやてつどう】

中京競馬場で施行されているオープン特別「名鉄杯」では、名古屋鉄道の警笛をアレンジした、このレースだけの特別なファンファーレが使用されています。

ナタの切れ味【なたのきれあじ】（馬）

1964年に戦後初となる牡馬クラシック3冠を達成したシンザンの走りを評した言葉。同馬は八大競争の天皇賞・秋と有馬記念も制しており、5冠馬とも呼ばれています。引退まで3着以下になったことがなく、19連続連対の生涯成績は、いまだ破られない日本競馬界の金字塔。2着4回のうち3回はオープン競争でのものですが、これは本番前の調教代わりにレースに出走したためとされています。現在なら絶対に許されない使われ方ですが、逆に言えば、そんな状態でも2着は確保するところが、この馬の偉大さと言えます。

ナーダム【なーだむ】（レ）

モンゴルでは毎年ナーダムという国民的祭典が行われ、そこではモンゴル相撲、弓射と並んで競馬が目玉となっています。このナーダムの競馬は、往復60キロメートルのコースを1000頭近い数の馬がいっせいに走るという壮観なもので、騎手を務めるのは、すべて6〜12歳の少年少女たちです。さすが、チンギス・ハーンを生んだ騎馬民族の国というほかありません。

「夏は牝馬」【「なつはひんば」】（言）

夏場、牡馬と牝馬が同じレースで走ると、牝馬のほうが勝つことが多いという意味の格言。牝馬のほうが暑さに強いからなどと言われていますが、科学的根拠は不明ですし、実際には牝馬のほうが勝率がいいとは言い切れません。

菜七子フィーバー【ななこふぃーばー】

2016年にデビューした藤田菜七子騎手。JRAでは16年ぶりとなる女性騎手ということで注目され、デビュー直後から彼女を特集した雑誌の臨時増刊号が出たり、CM出演を果たすなど、瞬く間に大フィーバーに。新人騎手には重すぎるプレッシャーかと思われましたが、1年目に6勝、2年目には14勝と着実に成績を伸ばしています。

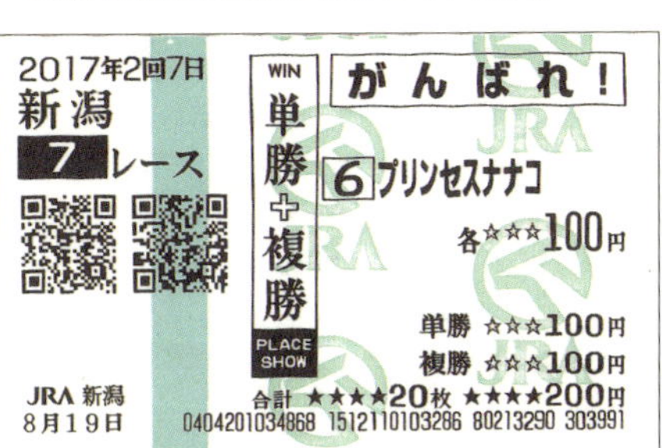
2017年2回7日
新潟
7 レース
WIN
単勝＋複勝
PLACE SHOW
がんばれ！
6 プリンセスナナコ
各☆☆☆100円
単勝 ☆☆☆100円
複勝 ☆☆☆100円
合計 ★★★★20枚 ★★★★200円
JRA 新潟
8月19日
0404201034868 1512110103286 80213290 303991

鉛板【なまりばん】

負担重量に足りない分は、重りとして鉛板が使用されています。騎手の体重と勝負服、プロテクター、鞍などの馬具をあわせた重量が負担重量になりますが、ヘルメット、鞭、番号ゼッケン、ゴーグルは含まれません。例えば負担重量57キログラムの場合、上記を合わせてもそれに満たないと、100グラムから500グラムまで5種類ある鉛板を鞍に装着して重量を調整します。また、鉛板以外に500グラム単位の負担重量調整用ゴムパッドが使用されることもあります。

南関4場【なんかんよんじょう】㊒

地方競馬場の、大井競馬場、船橋競馬場、浦和競馬場、川崎競馬場で実施される競馬の総称。この4場は開催日程の調整や馬券発売システムの共通化など、さまざまな面で連携を図り、地方競馬を盛り上げようとしています。SPAT4（電話・インターネット投票）が始まってからは、毎年売り上げが伸びています。

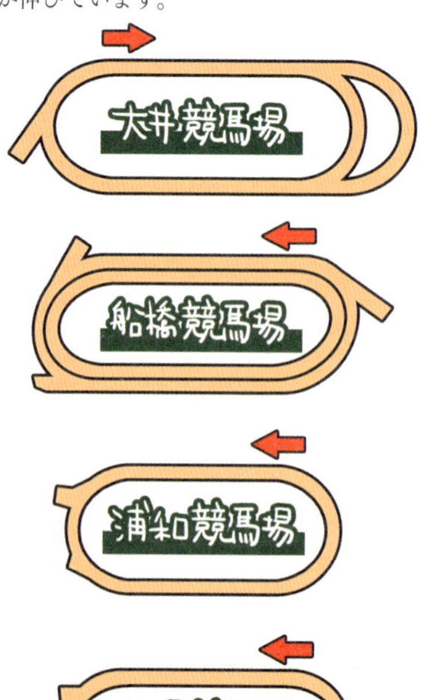

2強対決【にきょうたいけつ】

出走馬のなかで2頭の人気が抜けているレースのこと。マッチレースが期待されるものの、古くは1992年天皇賞春のメジロマックイーンvsトウカイテイオー、最近では2017年天皇賞春のキタサンブラックvsサトノダイヤモンドなど、2強対決が注目を浴びるときほど案外ワンツーフィニッシュにはならないものです。

23億8601万7000円
【にじゅうさんおくはっせんろっぴゃくいちまんななせんえん】

池江泰寿・調教師が2011年に達成した厩舎の年間最高獲得賞金の記録。この年の成績は301戦49勝、重賞11勝（GⅠ5勝）という圧倒的なものでした。また同年オルフェーヴルがダービーを制覇し、最年少ダービートレーナーの記録も残しています。

二走ボケ【にそうぼけ】

長期休養明け初戦を好走した馬が、二走目で凡走すること。肉体的反動が出てしまうのか、精神的な面の影響もあるのか、実際のところは不明です。そもそも、よほどの実力馬でない限り2戦連続で好走することのほうが珍しいとも言えます。

日米オークス制覇

【にちべいおーくすせいは】㊫

スペシャルウィーク産駒の牝馬であるシーザリオは2005年に日本のオークスとアメリカのアメリカンオークスを制覇するという偉業を達成しました。これは、日本のクラシック馬による初の海外ＧⅠ制覇、父内国産の日本調教馬の初の海外国際ＧⅠ制覇、日本調教馬の初のアメリカＧⅠ制覇という歴史的快挙でしたが、アメリカンオークスのＧⅠとしての知名度がいまひとつ低いため、そこまで大騒ぎにならなかったのが残念なところです。

日米ダービー制覇

【にちべいだーびーせいは】

所有馬のフサイチコンコルドが1996年の日本ダービーを勝ち、2000年には所有馬のフサイチペガサスがケンタッキーダービーで勝利した関口房朗は、日米ダービーを制覇した世界でただ一人の馬主です。競馬場での派手な振る舞いも含めて、稀有な人物であることは間違いありません。

ニックスと黄金配合

【にっくすとおうごんはいごう】

能力の高い競走馬が生まれやすい血統の組合せをニックスと言います。ボールドルーラー系×プリンスキロ系、サンデーサイレンス系×ノーザンダンサー系など系統の組合せを言うこともありますし、特定の父と母父の組合せを言うこともあります。後者はとくに黄金配合とも呼ばれ、リアルスティールやキズナを生み出した父ディープインパクト×母父ストームキャット、オルフェーヴルやゴールドシップを生み出した父ステイゴールド×母父メジロマックイーンなどが代表的なものです。

「2頭出しの人気薄」

【「にとうだしのにんきうす」】㊪

同厩舎から同じレースに2頭出たとき、なぜか人気薄のほうが勝つことや上位の着順になることが多いという意味の格言。人気薄の馬のほうがプレッシャーがなく、のびのび走れるからかもしれません。

2年連続最優秀3歳牝馬

【にねんれんぞくさいゆうしゅうさんさいひんば】㊫

2001年に馬齢表記が数え年から満年齢に変更されました。これにより、テイエムオーシャンが2000年、2001年と2年連続で最優秀3歳牝馬に選ばれるという珍記録を残しています。

日本騎手クラブ【にほんきしゅくらぶ】

JRAに所属している騎手の組織。騎手会とも呼ばれています。騎手の立場から競馬の発展に寄与するための団体であると同時に、騎手の労働組合の役割も果たしています。また、チャリティーオークションやボランティア、ファンとの交流イベントなどの活動も。2018年現在の会長は3期連続で武豊です。いっぽう地方競馬には、地方競馬所属騎手による全日本騎手連盟という組織があります。

日本近代競馬の結晶

【にほんきんだいけいばのけっしょう】(馬)

「走るというより、飛んでいる」と評されたレースぶりで、無敗の牡馬クラシック3冠制覇を含むＧＩ7勝を挙げたディープインパクトの異名。14戦12勝、2着1回、失格1回という、ほぼ完璧な生涯成績から、日本競馬の最高傑作とも評されています。失格は2006年の凱旋門賞挑戦のさいのことで、このときも3位には入線。惜しかったのは、ハーツクライの2着に敗れた2005年の有馬記念で、これに勝っていれば史上初の8冠馬になっていたかもしれません。

日本最長距離ステークス

【にほんさいちょうきょりすてーくす】(レ)

かつて中山競馬場で実施されていた、その名の通り日本で一番距離が長い準オープンクラスのレース。芝4000メートルという超長距離でした。潔く、わかりやすすぎるレース名には好感がもてます。1976年に廃止され、現在、平地競走での最長距離のレースは芝3600メートルのＧⅡステイヤーズステークスです。

万葉ステークス 3000m	ダイヤモンドステークス 3400m	阪神大賞典 3000m
天皇賞（春） 3200m	菊花賞 3000m	ステイヤーズステークス 3600m

日本ダービー（東京優駿）

【にほんだーびー】(レ)

5～6月に東京競馬場の芝2400メートルで行われる3歳ＧＩ。牡馬クラシックの2冠目で、「もっとも幸運な馬が勝つ」とも言われています。1932年 にイギリスのダービーを手本として創設。正式名称は「東京優駿」です。「競馬はダービーに始まり、ダービーに終わる」という言葉があるように、多くの競馬関係者にとって最大目標となっているレース。ダービーに勝った騎手はダービージョッキー、調教師はダービートレーナー、厩務員はダービー厩務員という敬称で生涯呼ばれることとなります。

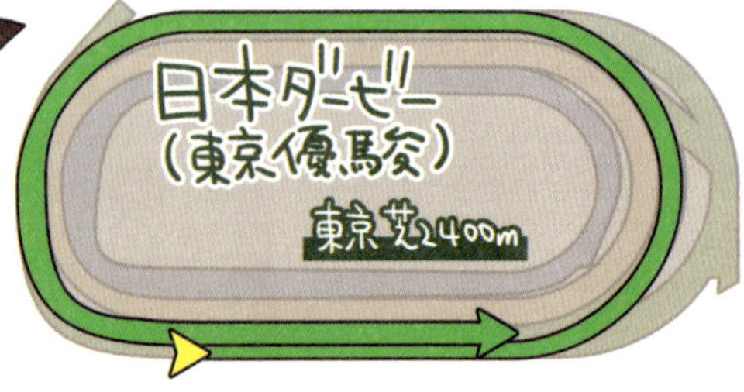

「日本ダービーに出させてほしい。枠順は大外でいい。他の馬の邪魔は一切しない。賞金もいらない。この馬の能力を確かめるだけでいい」

【「にほんだーびーにださせてほしい。わくじゅんはおおそとでいい。ほかのうまのじゃまはいっさいしない。しょうきんもいらない。このうまののうりょくをたしかめるだけでいい」】㊂

1976年のデビューから、他馬を寄せつけない圧勝を続け、「スーパーカー」とあだ名されたマルゼンスキー。ですが、持込馬だったために当時の規定ではダービーに出走できませんでした。それがどうにもならないとわかりつつ、主戦騎手の中野渡が口にした悲痛な訴え。結局、マルゼンスキーはダービーに出走できず、その年の暮れには有馬記念への出走する計画もあったものの、脚部不安もあり8戦8勝の成績で3歳時に引退。もし有馬に出ていればTTGとの夢の対決でしたが、見果てぬ夢に終わりました。

日本調教師会

【にほんちょうきょうしかい】

JRAに所属している調教師の組織。厩舎制度の改善や調教技術向上のための研修などを行っている団体です。また、厩務員などの労働組合との団体交渉も行っています。初代会長は通算1669勝という歴代1位の記録を持つ伝説的調教師の尾形藤吉で、1951年～1976年までの四半世紀も会長を務めていました。

入着馬【にゅうちゃくば】

レースで5着までに入着した馬のこと。入着馬になると本賞金がもらえます。

「人気薄の逃げ馬は狙え」

【「にんきうすのにげうまはかえ」】㊂

マークされることなく、自分のペースで走れる人気薄の逃げ馬は有利という意味の格言。実際、高配当が出るときは、人気薄の逃げ馬が絡んでいることが多いです。

ぬいぐるみ【ぬいぐるみ】

1980年代後半から90年代初頭にかけての第二次競馬ブーム期、オグリキャップを筆頭としたさまざまな競走馬のぬいぐるみがクレーンゲーム機の景品などとして爆発的な人気を呼びました。それほど馬の個性が再現されているとは言い難く、いま思うと、なんであんなに人気だったのかよくわかりません。

寝ちがい【ねちがい】

馬は立ったまま寝ることができますが、夜になると横になります。不自然な態勢で寝ていた馬が無理に起き上がろうとしたり、馬房の壁ギリギリで寝てしまい脚が伸ばせず立ち上がれなくなり、関節や筋肉を痛めること。「寝そこない」とも言います。人間と同じで、寝相の悪い馬もいるそうです。

年度代表馬【ねんどだいひょうば】

好成績を挙げ、その年の中央競馬を代表するとされた競走馬のこと。毎年1月に、新聞・放送の競馬担当記者の投票により選ばれます。過去には、シンザン、シンボリルドルフ、ディープインパクト、キタサンブラックなど2年連続で選出された馬も。また、選ばれるのは基本1頭ですが、1963年にはメイズイ、リユウフオーレルの2頭が同時に選出されました。

能力検定競走
【のうりょくけんていきょうそう】㋹

第二次世界大戦の激化により、1944年に馬券を発売しての競馬開催が禁止され、関係者のみで種牡馬や繁殖牝馬の選定のためだけに開催されたレースのこと。ダービー馬カイソウや皐月賞馬クリヤマトは、この能力検定競走で勝った馬です。

脳震盪でビリ
【のうしんとうでびり】

1975年のダービー馬カブラヤオーは、翌年出走した中山1800メートルのオープン戦で、スタート時にゲートに頭をぶつけて脳震盪を起こしたまま走り、最下位になっています。これが生涯唯一の敗戦。驚異的なハイペースで逃げ切ったダービーに限って言えば、この馬を日本最強馬に推す声もあります。

「ノーザンダンサーの血の1滴は1カラットのダイヤモンドよりも価値がある」
【「のーざんだんさーのちのいってきはいちからっとのだいやもんどよりもかちがある」】㊂

数多くのＧＩ馬を輩出したノーザンダンサーの種牡馬としての価値を評した言葉。1963年にカナダでデビューした同馬はアメリカに移籍後、ケンタッキーダービー、プリークネスステークスの2冠を達成。種牡馬になってからはアメリカとイギリスで複数回リーディングサイアーを獲得し、さらに、その産駒の多くも種牡馬として成功したことで、世界中でノーザンダンサー系の種牡馬が人気となりました。日本におけるノーザンダンサー系種牡馬の代表はノーザンテースト。ちなみに、「血の一滴」ではなく、「精液の一滴」と言われることもあります。

ノーザンテースト系【のーざんてーすとけい】

1975年に輸入されたカナダ産馬ノーザンテーストを祖とする血統。1982年から90年代前半にかけて通算10回のリーディングサイアーに輝き、日本競馬を席巻しましたが、後継種牡馬に恵まれず、現在父系はほぼ断絶状態。ですが、母系に広がったことで、その血はいまも確実に受け継がれています。

野武士【のぶし】㊋

1967年のデビュー以降、芝だろうとダートだろうと、どんな馬場状態でも、どんな距離でも、いくら負担重量を負わされても、あらゆる条件で勝ちまくったタケシバオーの異名。芝3200メートルの天皇賞・春の勝ち馬でありながら、芝1200メートルのレースをレコードタイムで勝つというのは、競馬の常識的には考えられないことです。このほかにも、ダート1700メートル、ダート2100メートル、芝1600メートルでもレコードを連発。全29戦のうち国内に限って言えば3着になったのが1度あるだけで、あとはすべて連対しているのも偉大というほかありません。

ノミ屋【のみや】

JRAに代わって勝手に馬券の買いを引き受ける個人、ないしは業者のこと。正規の控除率が25パーセント前後であるのに対し、ノミ屋は10パーセント程度に抑えている場合が多いので的中したときは得ですが、もちろん違法行為。人に頼まれた馬券を買わずに、託された資金を自分で使ってしまうことを「馬券を飲む」といい、そこから来た言葉です。また、「飲む」の連想からドリンク業という隠語でも呼ばれています。

乗り運動【のりうんどう】

厩務員などが競走馬に乗り、毎日、厩舎の周りを歩かせて行うトレーニングのこと。本格的な調教前の準備運動のようなもので、入念な乗り運動が調教の効果を高め、故障を防いでくれます。

乗り替わり【のりかわり】

それまで乗っていた騎手から、違う騎手に替わること。病気やケガによる急な乗り替わりもありますが、そうではなく成績上位の騎手に乗り替わった場合は勝負気配。この乗り替わりを得意とする騎手もおり、かつて藤田伸二・元騎手は「乗り替わりの藤田」という異名で呼ばれていました。

親方の下で15年間修行してやっと一人前と認められる

馬が心底好きで、我慢強い人でないと無理!

装蹄師になったきっかけは、父親が厩務員だったからだよ。子供のときから馬が身近にいたし、勉強も嫌いだったから（笑）、父親に話を聞いて装蹄師もいいかなって。

いまは装蹄師になるなら、日本装削蹄協会の講習会を1年間寮生活しながら受けて、試験でまず2級認定装蹄師という資格を取らないといけない。でも、昔は駒場学園高校に「装蹄コース」というのがあって、僕はそこに通って資格を取ったんだよね。

2級認定装蹄師の資格を取ったら、親方の下について5年間修業すると1級認定装蹄師の受験資格がもらえる。それに合格したら、今度はさらに10年間修行すると指導級装蹄師の受験資格がもらえて、その試験に合格して、ようやく初めてトレセンで装蹄師として独立開業できるんだよ。

装蹄師に向いているのは、当然だけど、やっぱり馬が心底好きじゃないとね。それと、我慢強い人じゃないと無理じゃないかな。

職人の世界だから、誰も手取り足取りは教えてくれなくて、師匠の背中を見ながら自分で学んでいくしかない。その修行生活が15年間も続く。20歳で装蹄師になっても、一人前になって独立できるのは35歳。15年間耐えるのが難しい。逃げ出しちゃう人も少なくないんだ。

僕も大変と言えば大変でしたよ。とくに昔だったから師匠も厳しかったし。けど、師匠がいい馬をたくさん担当していたから、そういう馬に携われたのは本当に恵まれていた。

古い馬だけど、サクラシンゲキやキョウエイプロミス、ブロケード、ヤマニンゼファー、サクラローレル、サクラバクシンオーといったＧＩ馬たちを間近で見て、直に脚や蹄に触れることができたのは、その後の自分にとって大きな財産になったね。

蹄の形状と重の得意不得意 芝向き、ダート向きは関係ない

装蹄の仕事で一番気を遣うのは、蹄を削る作業。馬に負担をかけないよう手早く終えないとならないんだけど、馬は1頭1頭肢勢や蹄の形が違うから、それに合わせて慎重に削らないといけない。そのためには……、経験を積むしかないね。

下手に削っちゃうと、脚のケガの原因にもなるからね。脚や蹄を触ることで、脚の不調に気

山田正男（やまだ・まさお）
1962年生まれ。1982年に正野豪勇装蹄所（美浦）に弟子入りし、修行。1997年に独立・開業。現在は美浦トレーニングセンターおよび近隣の牧場で1日15頭ほどの装蹄を行っている。

丁寧に装蹄していくことで脚の不調に気がつくようになる

づくこともある。軽いうちにケガを発見できれば、それだけ治りも早いよ。

大変なのは、人間と同じで性格の良い馬もいれば、悪い馬もいること。蹴られる・踏まれるなんかしょっちゅうで、足の指の骨折ぐらいじゃ休めない。指を切ったり、釘を刺したりで、ケガは慣れっこになっちゃった（笑）。

競馬ファンの人たちが蹄鉄のことを意識するのは、レース中に落鉄があったときでしょうね。あれ、蹄鉄のつけ方が甘かったと思っている人もいるかもしれないけど、そうじゃないんですよ。

馬の前脚と後脚や左右の脚、あるいは他の馬の脚とぶつかったり、踏み掛けたりして蹄鉄が外れちゃうんです。それが落鉄の原因。一度打った蹄鉄を人間が素手で外そうとしたって絶対外れないけど、馬の脚同士がぶつかると、どんなにしっかりつけていても外れるときは外れる。それだけ馬の力というのは凄いんだよね。「1馬力」を舐めちゃいけない（笑）。

あと、一般的に蹄の形が平べったい馬は重馬場が苦手で、蹄が立っていると得意と言われているけど、装蹄師としての経験から言えば、あんまり関係ないと思うんだよね。

だって、それこそブロケードなんてペッチャンコの蹄をしていたけど、泥んこ馬場の桜花賞で圧勝したもん。結局、重の得意・不得意は蹄の形じゃなくて走り方なんですよ。

芝向きかダート向きかも、蹄の形じゃなくて肢勢や走り方だと思うな。

凱旋門賞でフランスへ共に戦ったナカヤマフェスタ

自分が独立してから装蹄を手がけた馬で、思い入れが強いのはナカヤマフェスタ。凱旋門賞に２回挑戦して、その２回ともフランスまで行ってレース前にこの手で蹄鉄を打ったからね。凱旋門賞に連れて行ってくれる馬なんて、なかなか巡り会えないよ。

もちろん、馬主さんと調教師さんが理解のある人だったから、現地の装蹄師に任せるんじゃなくて、いつもやっている僕を連れて行ってくれたんだけどね。レースも間近で見て、とくに１回目はアタマ差の２着でしょ。ゴール前なんか、机を叩きながら絶叫していましたよ（笑）。

ナカヤマフェスタは、あんまり人懐っこい性格じゃなくて、凛としているというか、人間を寄せつけないようなオーラがあった。そういう精神力の強さが、最大の武器だったんでしょうね。

これからの目標ですか？　1頭でも多くレースに出走できるようにがんばっていきたいと思っています。この年齢になっても気づかされることが多いので、日々勉強です。

灰色の幽霊【はいいろのゆうれい】(馬)

1950年代前半にアメリカで活躍したネイティヴダンサーの愛称。芦毛の馬体でいつの間にか先頭に立っているレースぶりから、こう呼ばれました。生涯成績は22戦21勝で、唯一の敗戦はケンタッキーダービーの2着。アメリカ国内で圧倒的な人気を誇り、雑誌『タイム』の表紙を飾ったことも。日本を代表するアイドルホース、オグリキャップはこのネイティヴダンサーの孫になります。

爆穴娘【ばくあなむすめ】(馬)

2015年のヴィクトリアマイルで、3連単2070万5810円という超高額配当がさく裂。これは、GＩ史上最高配当額でした。このとき大穴馬券の立役者となったのが、最低人気の18番人気で3着に入ったミナレット。じつは同馬は、2012年の新馬戦で14番人気ながら1着になり、3連単2983万2950円という、これまた超絶高額配当を叩きだしています。この配当が、WIN5を別にすれば、JRAの歴代高額配当1位。お騒がせ娘というか、まさに爆穴娘というほかありません。「女心と秋の空」ということわざをこれほど体現した馬はいないでしょう。

馬家【ばか】

作家で評論家の石川喬司が、競馬番組などに出演するさい、みずから名乗っていた肩書き。熱狂的な競馬ファンであることを自認した「競馬バカ」という意味が込められています。石川は『走れホース紳士』などの競馬小説も執筆しました。

歯がわり【はがわり】

馬の歯が乳歯から永久歯に抜け替わること。これが起きると食欲が落ちるため、体調の管理が難しくなります。3歳の春先に始まることが多く、ちょうどクラシックシーズン開幕と重なっているので、関係者をやきもきさせます。

萩本欽一【はぎもときんいち】(人)

コメディアン。若手時代、「売れたら100万円持って競馬場に行く」という目標を立て、のちにそれを実行したほどの競馬ファン。馬主にもなり、1977年のダービーに出走したパリアッチや1999年の小倉記念勝ち馬アンブラスモアなどを所有していました。

パークウインズ

【ぱーくういんず】所

競馬が開催されていないときの競馬場は、場外馬券売り場（WINS）として、開催されている他場の馬券を発売しています。そのさいの愛称。一般のWINSよりも広々としているので、近場に競馬場があるならこちらのほうがいいかも。入場も無料です。パークウインズではありませんが、平日の競馬場は小学校の遠足先にもなることも。筆者も遠足で競馬場に行き、芝の上でお弁当を食べた……ような記憶があります。

『白銀号事件』【『はくぎんごうじけん』】

アーサー・コナン・ドイルが1893年に発表した短編推理小説。名探偵シャーロック・ホームズが、ウェセックス・カップの本命馬だった白銀号失踪の謎を解き明かします。ホームズ物で競馬が題材になっているのは、これのほかに『ショスコム荘』があります。

白鳥と黒鳥【はくちょうとこくちょう】

京都競馬場の馬場中央の巨大な池には、この競馬場のシンボルである白鳥が生息していますが、元からいたわけではなく1957年に導入されたものです。また、1963年からは黒鳥も導入されています。京都競馬場で実施されているGⅡスワンステークスの名称は、この白鳥にちなんだもの。

「馬券であてるのは、人の心をあてるよりむずかしいじゃありませんか」

【「ばけんをあてるのは、ひとのこころをあてるよりむずかしいじゃありませんか」】言

夏目漱石の小説『三四郎』のなかのセリフ。この小説が発表されたのは1908年ですので、100年以上前から馬券を当てるのは難しかったようです。

跛行【はこう】

馬の歩き方がおかしい状態の総称。脚の骨や腱、関節、筋肉などが異常を起こしているためで、ソエや挫跖（ざせき）が原因でなることもあります。

馬事公苑花の15期生

【ばじこうえんはなのじゅうごきせい】

馬事公苑に騎手の養成所が置かれていた時代。1964年に15期生として入苑したなかには、岡部幸雄、柴田政人、福永洋一、伊藤正徳など、その後の競馬界で名騎手して活躍する人たちが揃っていました。そのため、「花の15期生」と呼ばれています。岡部、柴田、伊藤はダービーに勝利しており、同期から3人のダービージョッキーが出ているというのは特筆されるべきことです。

『走れコウタロー』
【『はしれこうたろー』】

1970年に発売された、ソルティー・シュガーの楽曲。ミリオン近い大ヒットとなり、日本レコード大賞新人賞を受賞しました。ダービーを「本日の第4レース」と歌うなど競馬的にはメチャクチャですが、いまも運動会のBGMなどで親しまれています。

外れ馬券経費裁判
【はずればけんけいひさいばん】事

28億円以上馬券を買い、約30億円の配当を得た男性に対し、国税局が所得税5億7000万円を請求したことで話題となった事件が2015年にありました。これを不服とした男性は裁判所に訴え、最高裁で勝訴。争点となったのは、外れ馬券代を経費として認めるか否かでしたが、実利1億3900万円に対し税金が6億円近いというのはムチャな話で、勝訴も当然です。

パーソロン系【ぱーそろんけい】

引退直後の1964年に輸入されたアイルランド産馬パーソロンを祖とし、日本で独自に発展した血統。シンボリルドルフとその子トウカイテイオー、メジロアサマ、メジロティターン、メジロマックイーンと続く系譜など、日本競馬を代表する名馬がこの系統から生まれています。現在父系としてはほぼ壊滅状態ですが、オルフェーヴルやゴールドシップの母父としてメジロマックイーンが成功したことで、その血は母系に脈々と受け継がれています。

場立ち【ばたち】

地方競馬には競馬場公認の予想屋が複数いて、主催者に割り振られた場所に立って自身の予想を書いた紙を販売。これを「場立ち」と言います。予想を買わせたいと思わせるトーク力と的中率が売り上げにシビアに直結するため、どの予想屋も工夫をこらしています。ちなみに、中央競馬には公認の予想屋は存在しません。

8枠制【はちわくせい】

日本の競馬は最大8枠までと決まっていますが、これは日本独特のルール。基本的に諸外国では一頭一枠が原則となっています。

馬頭観音
【ばとうかんのん】所

観音菩薩の変化身のひとつで、馬の守護仏。競馬場にはたいてい亡くなった馬の供養と競走馬の安全を祈るため、この馬頭観音があります。たとえば中山競馬場なら、パドック脇に建立。お参りしても馬券が当たるわけではありませんが、競馬場に行くと立ち寄ってしまう人も多いのではないでしょうか。

パドック【ぱどっく】所

出走前の馬が、厩務員にひかれてファンの前で周回する場所のこと。「下見所」とも言います。レース直前の馬の状態を間近で見られるので、馬券を買う前にパドックで最終チェックをすることを非常に重視する人も少なくありません。馬が驚いて暴れることがあるので、大声やフラッシュ撮影は禁止です。

パトロールタワー
【ぱとろーるたわー】所

競馬場のコースの各コーナーの外側に設けられた監視塔のこと。ここで、走路監視員がレース中に走行妨害などがあったかを監視しています。また、裁決委員が審議をするさいに使用するパトロールビデオの撮影も行われています。

端をきる【はなをきる】

1頭だけで先頭に立って逃げること。逃げ馬にとっては端をきれるか、きれないかは非常に重要で、他馬に絡まれたとたんにヤル気を失う馬もいます。

馬場状態【ばばじょうたい】

日本競馬では芝・ダートともに、良、稍重、重、不良の4段階で馬場状態を示します。良が一番含水率が低く、不良が一番高い状態です。重～不良は馬によって巧拙がはっきり出ますので、予想のさいは非常に重要になってきます。日本以外では、イギリスは7段階、アメリカは8段階など国よって馬場状態の区分はバラバラ。ちなみに、日本でも大正時代には現在の4区分以外に湿潤や泥寧といった区分もあったそうです。

パーフェクト予想
【ぱーふぇくとよそう】

競馬評論家の大川慶次郎が、1963年9月3日の東京競馬場の全11レースで予想を的中させたこと。当時は6枠制だったものの、枠連複ではなく、すべて枠連単で的中させているのが驚き。しかも、46.9倍という中穴も含まれていました。以後、大川は「競馬の神様」と呼ばれるようになります。

ハミ(馬銜)【はみ】

馬具のひとつで、馬の口に噛ませる金属製の棒状の道具。馬は前歯と奥歯のあいだに歯が生えていない空間があり、そこにこれを収めます。ハミは手綱と接続されていて、騎手の指示が手綱を通してハミに伝わることで馬を意のままに操ることができます。この馬具は5000年以上昔から使われており、馬を操る上での最大の発明品とも言われています。

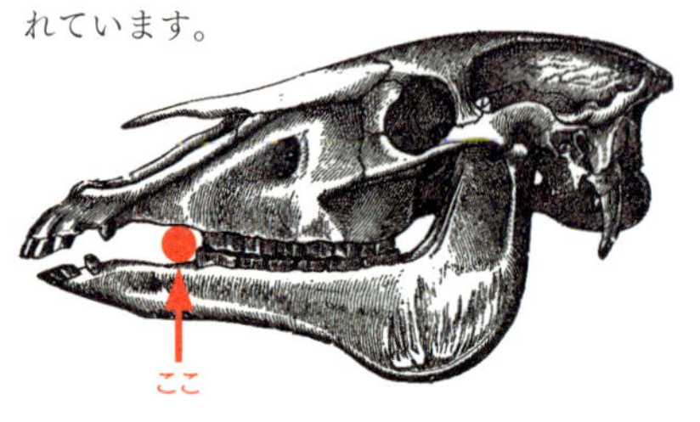

ハミを噛む【はみをかむ】

競走馬がハミをしっかりと咥えて、騎手の指示に従っている状態のこと。ただ、レース中ずっとハミを噛み続けるのは力んで走っていることになるので、最後の直線で末脚が鈍りやすくなります。道中はハミを噛まずにリラックスして走り、レース終盤、騎手が仕掛けようとしたところでグッとハミを噛んでくれるのが理想的です。

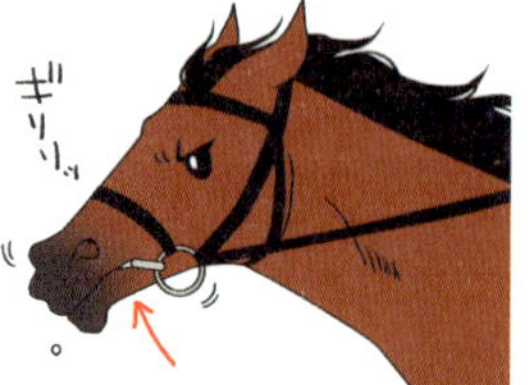

馬名ルール【ばめいるーる】

日本競馬において馬名はカタカナ9文字以内という決まりとなっています。この制限があるため、ハイセイコーの仔で1979年のダービー馬カツラノハイセイコや2008年の菊花賞馬オウケンブルースリのように、本当は「ハイセイコー」「ブルースリー」にしたかったんだろうなと思わせる馬名が時々登場するのは、ご愛嬌。

薔薇一族【ばらいちぞく】

フランス産の繁殖牝馬ローザネイから派生した一族。馬名に薔薇にちなんだ名前がつけられることが多いため、この名で呼ばれています。重賞勝ち馬を何頭も出すものの、なかなかＧⅠ馬が出ませんでしたが、2009年にローズキングダムが朝日杯FSを勝ち、一族に悲願のＧⅠ勝利をもたらしました。

腹帯【はらおび】

馬具のひとつで、鞍についている帯のこと。これを馬の胸に回して締めることで鞍を馬体に固定します。強く締めすぎると馬は苦しいので走りづらいですし、緩すぎると鞍がずれて危険なので、微妙な調整が必要。馬体上で、この腹帯が通っている部分のことを「帯径」と言います。

馬齢重量【ばれいじゅうりょう】

負担重量の決まりかたのひとつ。馬の年齢によって負担重量が定められているものを言います。現在、2歳限定と3歳限定のレースのみで行われています。

バレット【ばれっと】

レースの前後に騎乗道具の準備・管理や、斤量の調節など騎手の身の回りの世話をする職業。欧米では以前から一般的でしたが、日本で導入されたのは1997年から。競馬場内では青いビブスを身にまとうことが義務づけられていますが、なるのにとくに資格はいらず、一時期、武豊はバレットに親交のあった元芸人を起用していたことも。ただ、騎手から100パーセント信頼されている人物でないと務まらないので、身内や関係者というケースも多いです。

『ハロー！ レディリン』
【『はろー！ れでぃりん』】

イギリスを舞台に、日本人の父とイギリス人の母の間に生まれた少女が乗馬を通して成長していく姿を描いたアニメ作品。原作は英洋子の少女マンガ『レディ!!』。本書監修の細江純子さんは子供のころ、このアニメと武豊騎手の活躍を見て騎手を志したそうです。

ハロン【はろん】

ヤード・ポンド法における長さの単位。1ハロンは厳密には約201.168メートルになりますが、日本では200メートルで換算。例えばダービーは12ハロンのレースです。競馬では頻繁に使われるものの、それ以外では現在世界的にほぼ使われていない単位なので、競馬専用の単位と言っても過言ではありません。ちなみに、原語に近い発音だとファロング（furlong）となり、ハロンは和製英語。英語圏の人間にハロンと言っても、たぶん通じないでしょう。

ハロン棒【はろんぼう】

競馬場のコースに設置された、ゴールから200メートル（1ハロン）ごとに立てられた棒のこと。このハロン棒には4とか6とかの数字が記されており、これがゴールまでの残り距離を示しています。ただ、日本では4と記されていても、残り4ハロンということではなく、残り400メートルの意味。ヤード・ポンド法とメートル法が混在していて、ちょっと混乱します。

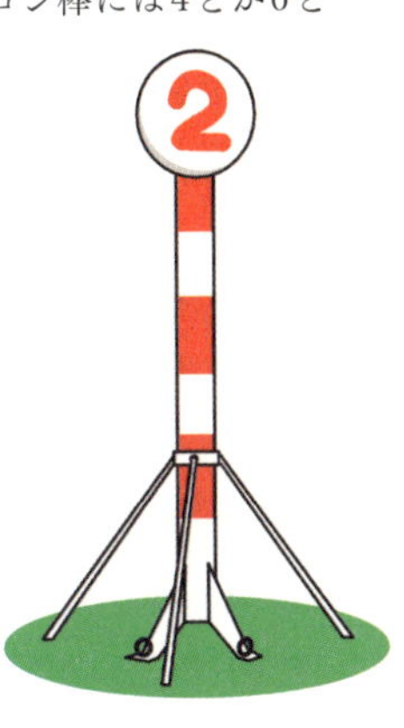

ばんえい競馬【ばんえいけいば】

体重1トン前後もある「ばんえい馬（ばん馬）」という種類の馬が、騎手と重量物を載せた鉄製のそりを曳き、2カ所の障害が設置された直線200メートルのコースを走るレース。もともと北海道で伝統的に行われていた競技で、現在は公営・帯広競馬場で実施されています。巨大な馬が、ときに1トンもの重量を曳きながら小山の障害を越えていくさまは、サラブレッドのレースとはまた違った迫力があります。

ハンガリーの奇跡
【はんがりーのきせき】(馬)

19世紀末に活躍したハンガリー産の名馬キンチェムの愛称。デビューから引退まで54戦54勝と生涯無敗で、この世界記録はいまだに破られていません。走ったのがおもにドイツとハンガリーのレースだったため、どの程度強かったのかはなんとも言えませんが、ハンガリーではいまも国民的英雄で、首都ブダペストの競馬場はキンチェム競馬場と命名されています。また、種牡馬としても成功したため、現代のサラブレッドにもその血脈は受け継がれています。

バンケット【ばんけっと】所

障害レースにおける上がり下りの坂のこと。中山、京都、福島、小倉の各競馬場の障害コースに設置されています。

犯罪皇帝【はんざいこうてい】馬

1976年のダービー馬クライムカイザーの異名。クライムは「上り詰める」という意味の英語Climbから来ており、本来は「皇帝に上り詰める」という意味の馬名でした。しかし、トウショウボーイとテンポイントの2強対決が期待されていたダービーで斜行ギリギリの不意打ちによって勝ちをかっさらっていったため、「犯罪」を意味する英語Crimeと誤解されるようになり、以後、「犯罪皇帝」と呼ばれるようになりました。

繁殖牝馬【はんしょくひんば】

仔馬を生産することを目的として牧場でけい養される牝馬のこと。肌馬ともブルードメアとも言います。一握りしかなれない種牡馬と違い、繁殖牝馬は現役時代の成績が悪くても、たとえ未勝利でも、血統がある程度良ければなれます。そういう意味では馬の世界は女性のほうが恵まれていると言えるかもしれません。

阪神ジュベナイルフィリーズ【はんしんじゅべないるふぃりーず】レ

12月に阪神競馬場の芝1600メートルで行われる2歳牝馬G1。1949年に阪神3歳ステークスとして創設され、1984年から牝馬GⅠに。1991年には名称が阪神3歳牝馬ステークスになり現名称は2001年から。翌年の牝馬クラシック戦線を占う意味で重要なレースです。

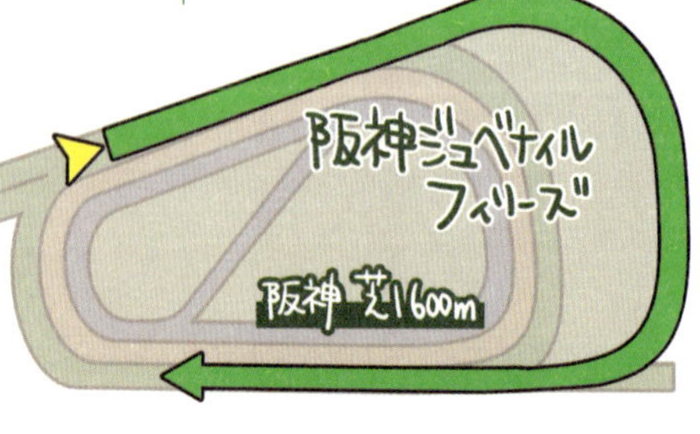

ハンデキャップ競走【はんできゃっぷきょうそう】レ

出走全馬に勝利のチャンスを与えるため、能力、実績に応じて負担重量に差をつけて行なうレースのこと。ハンデ戦とも呼ばれています。重量はJRAに所属しているハンデキャッパーと呼ばれる人たち3人の合議により決定。ハンデをつけるさいの理想は、全馬が横一線でゴールすることとされています。

ぱんぱん【ぱんぱん】

良く乾いた馬場状態のこと。「ぱんぱんの良馬場」といった使われ方をします。

坂路コース【はんろこーす】㊢

傾斜がつけられた坂道の調教コースのこと。1985年に栗東トレーニングセンターに設置されると、それまで関東馬のほうが優勢だった状況が逆転し、西高東低に。この事態に関東の厩舎から美浦トレーニングセンターにも坂路コースを望む声が上がり、1992年に設置。ただ、立地条件から美浦の坂路は栗東よりも勾配が緩やかなため、調教効果は栗東のほうが高く、西高東低の傾向はあまり変化していません。

坂路の鬼【はんろのおに】㊟

戸山為夫・元調教師の異名。栗東に坂路コースができると積極的に活用し、馬に強い負荷をかけるハードトレーニングから、こう呼ばれました。超スパルタ調教は「馬を壊しかねない」という批判も浴びましたが、それに耐えて名馬となったのがミホノブルボンです。

曳き運動【ひきうんどう】

人を乗せず、厩務員が曳いて馬を歩かせるトレーニングのこと。調教の前後などに行われ、準備運動やクールダウンの役割を果たしています。また、それ以外でも朝や午後など、休みの日以外は毎日頻繁に行われており、歩きかたを観察することで脚部不安の早期発見にもつながっています。

鼻出血【びしゅっけつ】

馬の病気のひとつ。鼻出血には外傷性のものと内因性の2種類があり、人間の鼻血と同じなのは外傷性。こちらは短期間で治ります。深刻なのは内因性のもので、鼻から血が出ているという見た目の症状は同じですが、じつは肺からの出血。こちらは習慣性になりやすく、馬は口呼吸ができないので競走能力も著しく減退します。JRAの規定では内因性の鼻出血を発症した馬は、初めて発症した場合は1カ月、2回目は2カ月、3回目以上は3カ月、平地競走に出走することができません。ウオッカは2010年に、2回目の鼻出血を発症したことで引退を決断しました。

引っかかる【ひっかかる】

騎手の指示に逆らって、馬が前へ前へと行きたがる状態。こうなってしまうと、どんどんスタミナを消耗するので勝つのが難しくなります。どう引っかからないように馬をなだめるかが騎手の技量の見せどころ。

ビッグレッド【びっぐれっど】㊫

赤味がかった雄大な栗毛の馬体から「ビッグレッド」の異名で呼ばれた名馬が2頭います。1頭は1919年にアメリカでデビューしたマンノウォー。同馬がアメリカクラシック3冠の最終戦ベルモントステークスで2着馬に20馬身差をつけて圧勝した逸話は、いまも同国では語り草となっています。もう1頭もアメリカ馬で、1973年にアメリカ3冠を達成したセクレタリアトです。こちらもベルモントステークスで2着馬に31馬身差をつけて勝つという驚異的な記録を残しています。

蹄【ひづめ】

哺乳類の有蹄類がもっている爪のこと。馬の蹄は人間でいえば中指一本にあたり、競走馬は、これで500キログラム前後の体重を支えて全力疾走しているのですから考えようによっては恐ろしい話です。蹄は馬の「第二の心臓」とも呼ばれるほど大事な器官で、蹄の病気は命にかかわります。

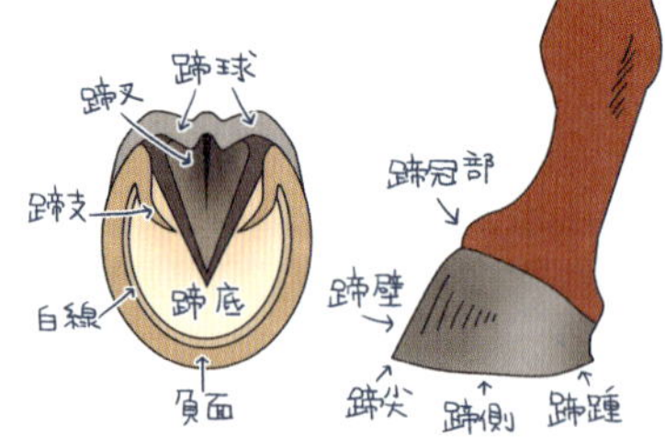

日の丸特攻隊
【ひのまるとっこうたい】㊫

日本馬が初めて海外の競走馬を迎え撃つこととなった1981年の第一回ジャパンカップ。そこで、1000メートル57秒8、1600メートル1分34秒7と驚異の超ハイペースで逃げたサクラシンゲキの異名。結果は9着に沈んだものの、玉砕覚悟のその逃げは特攻と呼ぶにふさわしいものでした。

皮膚が薄い【ひふがうすい】

能力の高い馬や調子のいい馬は、筋肉の造りが外から見てもわかるような薄い皮膚をしていると一般的には言われています。皮膚が薄いほうが、体温調節が上手で筋肉の柔軟性も高いとも。ただ、パドックなどで馬を見ても、正直シロウト目にはどの馬も立派に見えて、よくわかりません。

ヒモ【ひも】

連勝式の馬券を買うさい、本命馬の相手に選んだ馬のこと。ないしは、連対馬のこと。本命馬は1着に来たが2着の馬を買ってないことを「ヒモ抜け」、1、2着のどちらかは人気馬だが、片方が人気薄だと「ヒモ荒れ」などとも言います。

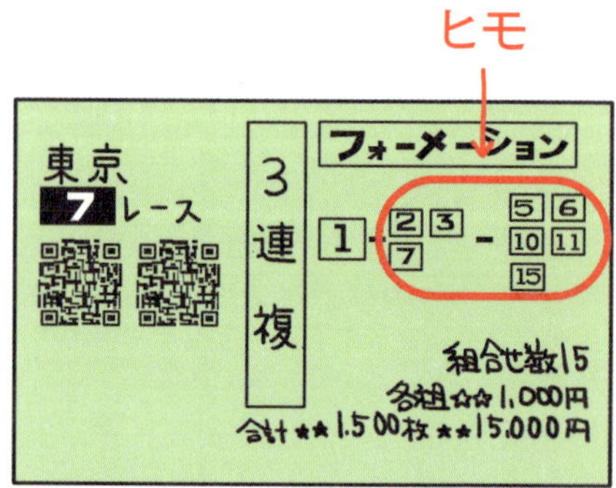

「牝馬は格より調子」
【「ひんばはかくよりちょうし」】㊂

牝馬はＧⅠ勝ちなどの過去の実績よりも、そのとき調子のいい馬を買えという意味の格言。牝馬は体調管理が牡馬より難しく、強さを維持しづらいためとされています。

ピンク色の勝負師
【ぴんくいろのしょうぶし】㊇

ピンク色の勝負服でおなじみサクラの冠号の馬で数々のＧⅠを勝った小島太・元騎手。毎年安定した勝ち星を積み重ねるタイプではありませんでしたが、ここ一番での勝負強さは、不良性感度抜群のキャラクターとあいまって多くのファンをとりこにしました。代表的なお手馬は、1978年のダービー馬サクラショウリ、1985年の天皇賞・秋に勝ったサクラユタカオーなど。調教師になってからはＧⅠ3勝のマンハッタンカフェなどを育て上げています。

牝系【ひんけい】

競走馬の母方の家系のこと。ファミリーラインやメアラインとも言います。日本競馬の発展に大きな影響を与えた牝系としては、ソシアルバターフライ系やビューチフルドリーマー系、月丘系などが有名です。

ファンファーレ【ふぁんふぁーれ】

レース発走前に流れる音楽のこと。中央競馬では競馬場ごとに一般競走用、特別競走用、ＧⅠ以外の重賞競走用、関東と関西のＧⅠ用など、計21曲存在しています。作曲は服部克久やすぎやまこういちなど豪華です。ちなみに、宝塚記念のファンファーレは一般公募されたもので、このレースだけで使用。

風車ムチ【ふうしゃむち】

馬上で風車のようにムチを回転させながら馬を追うこと。1989年のジャパンカップでホーリックスに騎乗したオサリバン騎手の風車ムチが、やはり印象深いです。また近年、短期免許で来日している女性騎手、リサ・オールプレスの風車ムチも鮮やかです。

フェブラリーステークス

【ふぇぶらりーすてーくす】㋹

2月に東京競馬場のダート1600mで行われるＧⅠ。1984年にＧⅢとして設立されましたが、芝レースに比べて注目度の低いダートを盛り上げるため、1997年に中央競馬では初となるダートＧⅠに昇格しました。現在はダートのマイル王決定戦として定着しています。

ふくれる【ふくれる】

レース中、馬がコーナーを上手く曲り切れずに大回りしてしまうこと。かなりの距離ロスになるので、挽回するのは大変です。

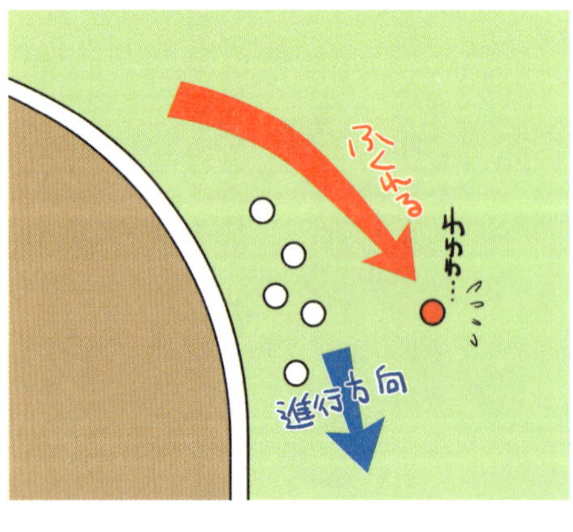

フケ【ふけ】

牝馬の発情のこと。春先に起きやすく、これになると競走能力に影響があるとされています。牡馬の発情である「馬っ気」とは違い、パドックで見てもよくわからないのが厄介。一応は、牝馬が尾を上げたり、ゆっくり振ったりしながら、ぎこちなく歩いているとフケの可能性があるようです。面白いことに、パドックなどで1頭がフケになると伝染して他の牝馬もフケになることがあります。

不死鳥【ふしちょう】㊫

グラスワンダーの異名。たび重なるケガに泣かされながらも、その都度立ち上がり、有馬記念2回と宝塚記念を制したことで、こう呼ばれるようになりました。ＧⅠではありませんが、サイレンススズカ、エルコンドルパサーと激突した1998年のＧⅡ毎日王冠杯は、いま考えても本当に豪華なメンツのレースです。

不世出の天才
【ふせいしゅつのてんさい】㊟人

福永洋一・元騎手の通称。1968年にデビューすると、3年後にいきなり全国リーディングを獲得。以後、9年連続リーディングの座を守り、これはいまなお最長タイ記録となっています。追い込み馬で逃げ切ったり、逃げ馬で差したりと、その自在の騎乗感覚は福永にしか理解できないものと言われました。距離に不安のあった追い込み馬のニホンピロムーテをレース中盤で先頭に立たせる奇策で勝たせた1971年の菊花賞は、その典型とされています。そんな福永は1979年に落馬事故にあい、一命は取りとめたもののターフを去ることに。わずか11年間の現役生活でした。ですが、息子の福永祐一が騎手となり、2017年に2000勝を達成しています。

双子の競走馬
【ふたごのきょうそうば】

馬は基本的に一回に1頭しか子供を生まず、双子を妊娠しても流産してしまったり、無事生まれても競走馬になれないことがほとんどです。そんななか、80年代初頭にコートバーナーとグレースバーナーという双子の馬が揃ってデビューにこぎつけ、話題となりました。ただ、競争成績は挙げられずに終わっています。

ブチ模様
【ぶちもよう】㊟馬

2014年にデビューしたブチコは白毛ですが、体のところどころに鹿毛の斑点があるという珍しいブチ模様で大人気に。パドックで曳く厩務員もブチ模様のファッションで揃え、おしゃれでした。

「府中の千八、展開要らず」
【「ふちゅうのせんはちてんかいいらず」】㊟言

東京競馬場の1800メートルは枠順や脚質の有利不利がないフェアなコースのため、馬の実力が発揮されやすいという意味の格言。大橋巨泉が最初に言ったとされています。

不沈艦
【ふちんかん】㊟馬

ゴールドシップの異名。ただ、同馬がこう呼ばれていたのは皐月賞、菊花賞、有馬記念を安定した成績で勝った2012年の3歳時までで、古馬になると気難しさを見せるようになり、GⅠを圧勝するかと思えば2ケタ着順に沈むこともあるなど、とても「不沈艦」とは呼べないムラ馬になりました。ですが、ゲートで突然立ち上がるといったワガママな振る舞いも含めてファンの多かった馬です。

ブックメーカー【ぶっくめーかー】

私設の馬券販売業者のこと。日本では違法ですが、イギリスなどではブックメーカーが自分で決めたオッズで馬券を売っています。つまり、客側は自分が本命にしている馬に一番高いオッズをつけている業者から買えるということです。このような方式を、ブックメーキング方式と言います。いっぽう日本のようにJRAなどが一括して馬券を販売し、レースごとの総売り上げから一定割合を差し引いてオッズを決めることをパリミュチュユル方式と言います。

船ゆすり【ふなゆすり】

馬房のなかで身体を左右にゆする馬の癖の俗称。そのさまが、船を漕いでいるように見えることから、こう呼ばれています。また、熊が檻のなかで身体を動かすさまに似ていることから「熊癖」とも言われています。人間にもこういう癖を持った人はいますが、馬はふなゆすりが原因で故障を発生することもあるので、一度やるのを見たら癖になる前にきつく叱るそうです

「踏み切ってジャンプぅ〜!」
【「ふみきってじゃんぷぅ〜!」】㊂

ラジオNIKKEIで放送されている中央競馬実況中継で、障害競走の実況をする山本直也アナウンサーの決めゼリフ。あまりに浸透したため、このフレーズがプリントされたTシャツまで販売されています。

フライングディスマウント
【ふらいんぐでぃすまうんと】

イタリア出身の騎手ランフランコ・デットーリが大レースでの勝利後に見せるパフォーマンス。馬の背中で立ち上がり、両手を上げて飛び降ります。デットーリは前人未到の凱旋門賞5勝を遂げている世界トップクラスの騎手で、日本でもジャパンカップ3勝など抜群の実績を残しています。

ブラジルに消えた!?
【ぶらじるにきえた!?】㊕

1967年、騎手の中神輝一郎とハマテッソがサンパウロ大賞に出走するためにブラジル遠征し、レース後に消息不明となった事件。長らく中神の行方はわかりませんでしたが、じつは現地でジョッキーになっており、1995年に無事帰国しています。

フリー騎手【ふりーきしゅ】

厩舎に所属していない騎手のこと。騎手はデビューするさい必ずどこかの厩舎に所属しなければならず、以前はそのままずっと所属し続けるほうが普通でした。ですが、1984年に岡部幸雄がフリーになると、それに影響されてフリーになる騎手が続出。どの厩舎の馬にも自由に乗れるメリットがありますが、自分で騎乗馬を探さないといけないデメリットも。ちなみに、日本初のフリー騎手は1958年から3年連続で皐月賞を制した渡辺正人です。

ブリーダーズカップ
【ぶりーだーずかっぷ】㋹

10～11月にアメリカで行われる競馬の祭典。1984年の創設で、現在の正式名称はブリーダーズカップ・ワールド・サラブレッド・チャンピオンシップ。全米の競馬場の持ち回りで実施されており、ダート2000メートルのブリーダーズカップ・クラシックをはじめ、年齢、性別、距離など各カテゴリーのＧＩレースが2日間の開催で計14も行われます。

ブリンカー【ぶりんかー】

馬具のひとつ。革やプラスチック製のカップ状のもので、馬の両目の外側部分に装着することにより横や後方の視界を制限し、レースに意識が集中する効果があるとされています。「遮眼革」とも呼ばれています。

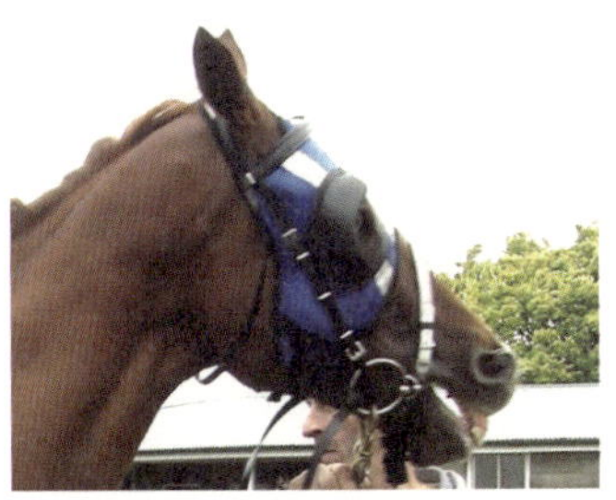

ブルードメアサイアー
【ぶるーどめあさいあー】

母馬の父親のこと。母父とも言います。競馬では、父と母父の血統が、その馬の能力にもっとも影響を与えるとして重視されています。ブルードメアは「繁殖牝馬」、サイアーは「種牡馬」という意味です。

フレグモーネ【ふれぐもーね】

馬の病気のひとつ。小さなケガで患部が腫れることを「キズバレ」といい、そこにばい菌が入ると、大きく腫れてフレグモーネになります。脚に発症することが多く、激しい痛みを伴うので、出走取消の原因になることがよくあります。

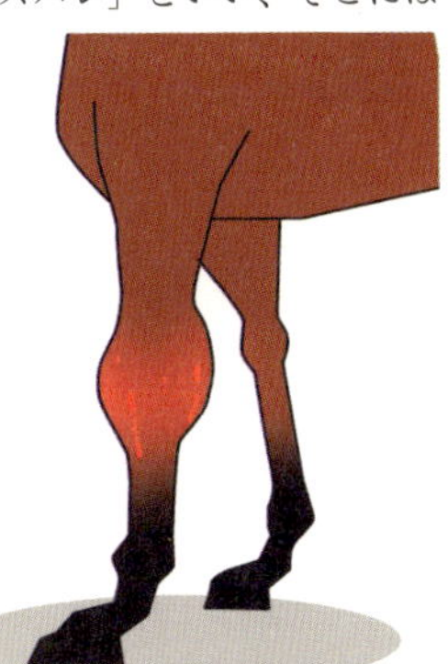

ブローバンド【ぶろーばんど】

馬具のひとつで、正式名称はシープスキン・ブローバンド。馬の額部分にボア状のものを装着し、上方の視界を制限することで集中力が増すとされています。いわば額につけるシャドーロールのようなものですが、タオルを額に乗せて温泉につかっているようにも見えます。

タオルを
のっけているんじゃないよ!!
ブローバンドだよ!!!

ブロンズコレクター

【ぶろんずこれくたー】㊫

1991年から93年にかけて有馬記念で3年連続3着という珍記録を残して、ファンから愛されたナイスネイチャの異名。1600メートルのマイルCSでも3000メートルの阪神大賞典でも3着を記録しており、距離を問わず3着というのは、ある意味地力の高さの証明ともいえます。3連複や3連単のあるいまなら、非常に頼りになる馬だったでしょう。

平成3強【へいせいさんきょう】㊫

平成初期に活躍したオグリキャップ、スーパークリーク、イナリワンの3頭のこと。古馬戦線でたびたび激突し、第2次競馬ブームを盛り上げました。TTG以降の「3強」のなかでは、もっともファンのあいだで定着したものと言えるでしょう。次点で、ビワハヤヒデ、ナリタタイシン、ウイニングチケットの3強がいまも人気があります。

ペガサスワールドカップ

【ぺがさすわーるどかっぷ】㋹

1月にアメリカのガルフストリームパーク競馬場で行われるダート1800メートルのＧⅠ。2017年に賞金総額1200万ドル（12億円以上）という、ドバイワールドカップを超える世界最高賞金額のレースとして創設されました。このレースの出走資格を得るには1頭につき100万ドルを支払わなければならず、それが賞金に充てられます。つまり、1億円以上払って、勝てば大金が手に入りますが、丸々損する可能性もあるということです。競馬の原点のようなレースと言えます。

ペースメーカー【ぺーすめーかー】

ヨーロッパ競馬では、同じレースに同一馬主が複数出走させるさい、有力馬のほうの得意なペースにするために、もう一頭を勝負度外視で逃げさせることがよくあります。これをペースメーカーといい、またラビットともいいます。ヨーロッパの場合は同一馬主の馬は馬券上すべて1頭として扱われるので許される作戦ですが、日本では全出走馬が勝利を目指すことが競馬法で定められているので表だってはできません。

別定重量【べっていじゅうりょう】

負担重量の決まりかたのひとつ。基礎重量に加え、収得賞金額や勝利度数などによって加重されるものを言います。たとえば、GⅢ福島牝馬ステークスなら、日本馬の場合54キログラムが基礎重量となり、収得賞金3000万円を超える馬は超過額2000万円ごとに1キログラムずつ増えていきます。あるいはGⅡ京王杯スプリングカップなら、1年以内にGⅠを勝っているかなどで重量が加算されていきます。この微妙な負担重量の違いが予想を難解にすることも。また別定重量のうち、馬の年齢や性別によって出走馬全頭に一定の重量を定めるレースを、とくに「定量」と言います。

ペーパーオーナーゲーム（POG）【ぺーぱーおーなーげーむ】

参加者が馬を選び、実際の競走成績などをポイントに置き換えて競い合うゲーム。手軽に馬主気分になれるので人気も高いですが、実施期間が長期におよぶため、幹事役の人は大変です。

ヘルメット【へるめっと】

騎手は馬に乗るさい、必ずヘルメットを着用します。競馬のヘルメットは落馬時の外傷を防ぐことよりも、路面に叩きつけられて起こる脳挫傷を防ぐことに重点が置かれており、衝撃を吸収する発泡スチロールやウレタン、皮革といった軽くて柔軟な素材が使われています。JRAで使用されているヘルメットは、JRAと東大医学部脳神経外科の医師、バイクのヘルメットで有名なアライヘルメットの三者による共同開発です。

返還金【へんかんきん】

馬券を買ったあと、レースの発走前に出走取消、ないは競走除外があると、その馬絡みの馬券にかんしてはお金が戻ってきます。これを「返還金」といい、また「買戻し」とも言います。ただ、枠連の場合は同枠に別馬がいると返還されません。2016年には、白毛で人気だったブチコが発走前にゲートをくぐって負傷し、競走除外に。これによる返還金は約9億円にも及んだので、JRAとしてはさぞ歯噛みしたことでしょう。

IPAT　IPAT 最新投票内容照会結果
投票メニュー　照会メニュー

受付番号：0001　受付時刻：00:11　受付ベット数：2

受付内容						
件数	場名	レース	式別	馬組	金額	的中
(1)	中山(火)	11R	ワイド	09―10	1,000円	返還
(2)	中山(火)	11R	馬　単	09―10	500円	返還
購入金額 1,500円　払戻金額 1,500円						

帽色【ぼうしょく】

騎手がレースのさいにかぶるヘルメットの色のこと。枠番ごとに色が決められており、1枠＝白、2枠＝黒、3枠＝赤、4枠＝青、5枠＝黄、6枠＝緑、7枠＝橙、8枠＝桃となっています。ただ、同じ枠に同じ馬主の馬が入った場合は、帽子の色も勝負服も同じになるので見分けがつかなくなるため、どちらかの馬の騎手は染め分け帽という二色のヘルメットをかぶります。

通常の帽子
四つ割染め分け帽
八つ割染め分け帽

法人馬主【ほうじんばぬし】

会社組織の馬主のこと。「クラブ法人」とも言います。基本的には、その法人が所有する競走馬の権利を数十分～数百分の1の小口に分割して馬主資格のない人に販売し、レースで得た賞金を出資者に配分します。また、分割された馬の権利に出資した人を「一口馬主」と呼びます。クラブ法人としては、社台系のサンデーレーシングや、マイネル、マイネの冠号で知られるサラブレッドクラブ・ラフィアンなどが有名です。

法則性【ほうそくせい】

「あるＧⅢの連対枠とあるＧⅠの連対枠が、10年連続連動している」といったオカルト的なものから、「前走0.4秒以上離されて負けた馬は、このＧⅠには絶対に来ない」といった多少論理的なものまで、競馬ファンの多くは、ふとした瞬間に〝法則性〟に気づいてしまうことがあります。が、気づいた途端になぜか必ず、その〝法則性〟が崩れてしまう……という法則性。

放馬【ほうば】

馬が騎手を振り落して、勝手に走って行ってしまうこと。返し馬のさいに起こりやすいです。放馬した馬は捕獲後に馬体検査を行い、疲労が著しかったり、故障を発生している場合は競走除外となります。ＧⅠでもときどき起きていて、1990年の有馬記念では皐月賞、天皇賞・秋の勝ち馬であるヤエノムテキが本馬場入場直後に岡部幸雄・騎手を振り落して放馬。レースには出走しましたが、7着に敗れています。

放牧【ほうぼく】

疲労が溜まっていたり、故障した馬を、牧場に戻して長期間にわたり休養、治療させること。一線級の馬の多くは春のＧⅠシーズンが終わると、夏場はリフレッシュのため涼しい北海道の牧場に放牧されます。

牧場見学のマナー【ぼくじょうけんがくのまなー】

引退した馬に会いに行くのは、楽しいものです。ですが牧場見学のさいは、「厩舎や放牧地に無断で立ち入らない」、「ペットを連れていかない」、「食べ物を与えない」、「カメラのフラッシュを焚かない」などマナーを守りましょう。より詳しいルールや見学の可否などは、競走馬のふるさと案内所にお問い合わせください。

ポケット【ぽけっと】㊒

競馬場のコースから外れた場所に一部飛び出す形で設けられる走路のこと。レース前に輪乗りをしながら待つ待機所が奥にある競馬場もあります。レース距離によってはいきなりコーナーから発走すると内枠と外枠の有利不利が激しいことや接触事故が起こりやすいため、これが設けられています。その形状から、「引き込み線」と呼ばれることも。競馬中継などでは、ポケットにあるスタート地点を「ポケット地点」と言います。

ほしのあき【ほしのあき】㊟

クラビア・アイドルで三浦皇成騎手の奥様。徹底した職業意識から「プロ巨乳」とも称賛されていました。三浦は当時所属していた厩舎の調教師から、ほしのとの交際を反対されたものの、それを押し切って結婚。男の鑑です。

細江純子【ほそえじゅんこ】㊟

元騎手で本書監修。1996年にJRA初の女性騎手として田村真来、牧原由貴子と共にデビュー。引退後はホースコラボレーターに転じると、パドックで穴馬をスバズバ的中させる凄腕を披露。『アサヒ芸能』の連載コラムでは、淑女のような見かけからは想像もつかないほどの下ネタを連発し、意外な横顔を見せています。

北海道静内農業高等学校
【ほっかいどうしずないのうぎょうこうとうがっこう】

日本で唯一、授業の一環としてサラブレッドの生産を行っている高校。この学校で生産されたユメロマンは2005年に中央競馬でデビューし、3勝を挙げました。

ホープフルステークス
【ほーぷふるすてーくす】㋹

12月に中山競馬場の芝2000メートルで行われる2歳ＧⅠ。前身は阪神で実施されていたＧⅢラジオNIKKEI杯2歳ステークスで、2014年に中山に移って名称が現行のものに変更され、2017年にＧⅠとなりました。朝日杯が阪神に移ったために中山に新設されたと思われる2歳ＧⅠですが、当レースがどういう性格のものになるかはこれからでしょう。

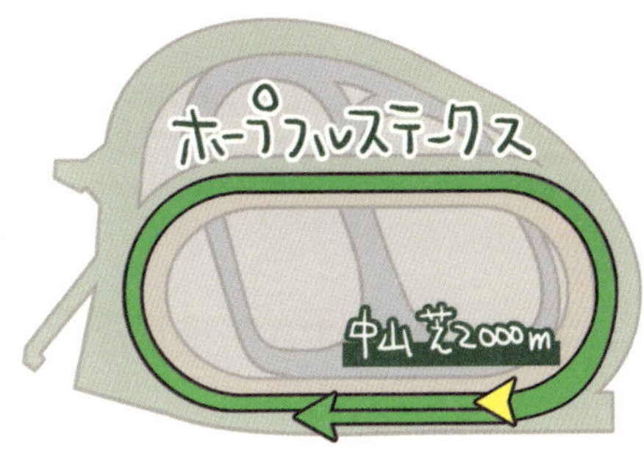

歩様【ほよう】

馬の歩きかたのこと。体のどこかに病気や故障を抱えていると歩様が乱れることが多いため、馬の体調を見抜く上で歩様の観察は非常に大切とされています。

ホライゾネット【ほらいぞねっと】

馬具のひとつ。メンコの目の穴の部分をネットで覆ったもので、網目状のブリンカーとも言えます。別名「パシファイヤー」。本来の目的はレース中に他馬が蹴った砂が目に入るのを防ぐためのものですが、視野が制限されるので集中力が増す効果を期待して装着されることもあります。

ボロ【ぼろ】

馬糞のこと。牧場で牧草だけを食べている馬の糞はあまり臭いませんが、競走馬のエサにはサプリメントなど色々入っているので、けっこうキツイことも。パドックで馬がボロを落とす光景はよく見られますが、「ウン（運）を落とす」と言って馬券対象外にする人もいるようです。

香港国際競走
【ほんこんこくさいきょうそう】㋹

12月に香港の沙田競馬場で行われる4つのＧＩの総称。芝2400メートルの香港ヴァーズ、芝2000メートルの香港カップ、芝1600メートルの香港マイル、芝1200メートルの香港スプリントが1日のあいだに実施されます。日本から距離的に近いこともあり、毎年多数の日本馬が各レースに参戦。また、1995年には当時ＧⅡだった香港国際カップ（現・香港カップ）でフジヤマケンザンが勝利し、36年ぶりの日本馬海外重賞制覇を果たしました。

香港での日本馬名
【ほんこんでのにほんばめい】

香港の競馬では馬名がすべて漢字表記になります。そのため、遠征した日本馬の名前もすべて漢字に。ステイゴールドは「黄金旅程」、サトノクラウンは「里見皇冠」など、これはこれでなかなかかっこいいです。

本賞金【ほんしょうきん】

レースで5着までに入着した馬がもらえる賞金のこと。2着以下の本賞金は、1着馬を100としたとき、40、25、15、10の割合で配分されます。なお、6着から10着までには、タイム着の基準をクリアすると出走奨励金が交付されます。

●1着馬の本賞金（単位：万円）

平　地		
競走	一般競走	特別競走
新馬	700	—
未勝利	500	—
500万円以下	720	1,000
オープン	1,150	1,600

平　地　3歳		
競走	一般競走	特別競走
新馬	600	—
未勝利	500	—
500万円以下	720	1,000
1,000万円以下	1,030	1,410
オープン（ダート）	1,350	1,800
オープン（芝）	1,350	1,900

平　地　3（4）歳以上		
競走	一般競走	特別競走
500万円以下	750	1,050
1,000万円以下	1,050	1,500
1,600万円以下	1,780	1,820
オープン（ダート）	2,000	2,200
オープン（芝1,800m未満）	2,000	2,300
オープン（芝1,800m以上）	2,000	2,400

障　害		
競走	一般競走	特別競走
未勝利	780	—
オープン	1,350	1,650

※この他にも細かい規定があります。

本馬場【ほんばば】所

競馬場で観客席にもっとも近い最外側に設けられているレース・コースのこと。JRAの競馬場の本馬場はすべて平地競走用の芝コースです。

本馬場入場【ほんばばにゅうじょう】

競走馬がパドックから地下馬道を抜けて、本馬場に入ってくること。このとき、本馬場入場曲という入場テーマが流れるので、レースへの期待感が一気に高まります。

酒井ジョッキーが
のっていると
とくによくまわる
ハクサンムーン
13
ハクサンムーン

本番に弱い馬
【ほんばんによわいうま】馬

1981年の牡馬クラシック戦線で有力馬だったサンエイソロン。前哨戦のスプリングステークス、NHK杯、京都新聞杯をすべて勝ち、トライアル3冠を達成しましたが、本番のGⅠは結局ひとつも勝てませんでした。これはこれで珍記録。

関係者に訊く!!
中村剛士
エージェント

情報収集力とコミュニケーション能力、何より、馬が大好きであること

数カ月先まで見越して情報収集を欠かさない

エージェント（騎乗依頼仲介者）というのは、調教師からの騎乗依頼を騎手に代わって受ける仕事です。

1人のエージェントが担当できる騎手の数は決まっていて、3名＋若手騎手1名。僕は戸崎圭太騎手、内田博幸騎手、藤田菜七子騎手と契約しています。また、ライアン・ムーアが来日したときはムーアも担当しています。

騎乗依頼の仲介は、調教師の先生から「○○騎手を乗せたいんだけど、空いてる?」という形で来るときもあれば、こちらから「あの馬に、うちの○○を乗せてくれませんか」と営業をかけることもあります。依頼がひとつのレースで重なったときは、騎手と相談しながら、どの馬に乗るかを決めるのもエージェントの大事な仕事です。

1週間のスケジュールは、日曜の午後3時過ぎに翌週の特別競走の出走予定馬が出るので、基本、そこから動き出す感じですね。それで、月、火、水と調教師の先生と交渉しながら決めていきます。木曜には出馬投票がありますから、そのときにはもう仲介の仕事自体は、ほぼ終わっています。

金曜日は、決まった騎乗馬に関して騎手とのミーティングがあります。その馬の特徴や他の出走馬との力関係などを話し合うんです。

どれくらいミーティングするかは騎手によって違いますが、ムーアなんかはかなりしっかりやりますね。通訳を交えながら、普通の喫茶店で資料を広げてやっていますよ（笑）。

土、日の競馬開催日は競馬場にいます。中山や東京はエージェントの控室みたいのがあるので、だいたいそこにいますね。でも、レースを間近で見たいときは、一般の客席に行くこともあります。

ちなみに現在の規約では、エージェントは検量室やパドックには入れないんですよ。だから、レース直前で騎手に何か伝えたいときは、バレットに伝言を頼むこともあります。こうしたチームとしての連携が、非常に重要だと思いますね。

あと、先ほど日曜午後から動き出すと言いましたが、それなりの馬は先々のローテーションが早目に決まります。毎週、調教師の先生に相談を入れながら、情報収集は日常的にやっています。

ほとんどのエージェントは、1、2カ月先まで見越しながら動いていると思いますね。

中村剛士(なかむら・つよし)
1976年生まれ。1997年に笠松競馬場で騎手デビューし、2000年に金沢競馬場に移籍。現役引退後、大井競馬場で内田博幸騎手のエージェントを務め、内田の中央移籍に伴いJRAでもエージェント活動を開始。現在は、内田のほか、戸崎圭太、藤田菜七子、ライアン・ムーアを担当している。

レースで負けて謝罪するのもエージェントの仕事です

有力馬の奪い合いは日常茶飯事

エージェント同士のつばぜり合いは激しいですよ。馬を取った、取られたは日常茶飯事。だから、絶対に騎手を乗せたい有力馬がいるときは、その厩舎で勝ち目の低い馬の騎乗依頼をあえて受けることもあります。そのへんは調教師の先生との駆け引きというか、阿吽の呼吸みたいなのは、けっこうありますね。

重要な仕事は、ほかにもあります。レースに負けたとき、騎手と一緒に調教師の先生に謝罪します。そのあと、もう1回チャンスをもらえるようお願いします。

騎手も人間ですから、どうしても調子の波というのはある。そうなったら僕も、より一生懸命、強い馬を集めようと動きますが、有力馬に乗ったのに負けると余計にスランプになっていくんですよね。そういうときのメンタル面のケアもエージェントの仕事です。

つらいときの心理は僕も元騎手でしたのでわかりますから、騎手経験のない人よりは上手くできるほうかもしれないですね。

この仕事をしていて一番うれしいのは、やっぱり交渉して乗れることになった馬が勝ったとき。反対に一番悔しいのは、同じレースでAとBという2頭の騎乗依頼があって、Bを選んだのにAのほうが先着してしまったときです。自分に馬を見る目がなかったと思って、深く反省します。

時間があれば馬の動画を観る

僕は馬が好きすぎて、馬の絵をよく描いたりします。普通の生活をしていても、馬のことばかり考えて頭から離れません。馬を何時間も見続けられるくらい大好きであることは、エージェントにとってとても大切だと思います。実際、馬を見る目を養うために、時間があればいつも馬の動画を観ていますね。

それ以外でエージェントに必要なのは、この先、どの馬がどのレースに出るのか、誰が乗るのかをいち早くつかむ情報収集力と、調教師の先生や騎手との信頼関係を築くためのコミュニケーション能力でしょうね。それを磨いて、騎手がひとつでも多くの勝ち星を取れるようにしたいと思っています。

僕の思う最強馬ですか?　それはやっぱりディープインパクトでしょう。あと最強馬ではないですが、公営・笠松競馬場で騎手をしていたとき間近で見ていたので、笠松から中央に挑戦したライデンリーダーには、今でも強い思い入れがありますね。

マイネル軍団【まいねるぐんだん】

クラブ法人のサラブレッドクラブ・ラフィアンの競走馬は、牡馬にマイネル、牝馬にマイネの冠号がつくため、このように呼ばれています。創設者の岡田繁幸の愛称は「総帥」。日本最大の馬産組織である社台グループへの対抗心を隠さないため、「軍団」や「総帥」といった勇ましい呼称はピッタリです。

マイラー【まいらー】

1600メートル（1マイル）前後の距離を得意とする馬のこと。近年、世界的にマイル実績が種牡馬価値に大きな影響を与えるようになっているため、中央競馬のＧⅠも1マイルの距離のものが一番多くなっています。

マイルチャンピオンシップ【まいるちゃんぴおんしっぷ】㋹

11月に京都競馬場の芝1600メートルで行われるＧⅠ。1984年に新設された、下半期のマイル王決定戦です。比較的固い決着のＧⅠとして知られていますが、1995年には馬連10万円超えという超万馬券も出ています。

マイルの皇帝【まいるのこうてい】㊉

1984年と翌年のマイルCSを連覇し、さらに安田記念にも勝ったニホンピロウイナーの異名。マイルで圧倒的な強さを見せた同馬の活躍により、それまで一段低く見られていたマイル路線が注目を集めるようになりました。また、たんなるマイラーではなく、2000メートルのＧⅢ朝日チャレンジカップで60キログラムの酷量を背負いながら逃げ切り勝ちを収めています。

マークミス【まーくみす】

馬券を買うさい、マークカードに記入ミスをしてしまうこと。競馬場、レース番号、馬券種類、馬番、金額など、ミスの落とし穴は多岐にわたっています。ですが、ミスしたおかげで思わぬ万馬券を取れることもないわけでもありません。

まくる【まくる】

3コーナーの途中からじわじわ速度を上げ、最終の4コーナーで一気に加速して、大外を回って他馬を抜き去り、早めに先頭に立つ戦法。元々は競輪用語。これで勝つと非常に鮮やかに見えますが、欧米では調教師が嫌がるそうです。近年ではゴールドシップの2015年天皇賞（春）のまくり（このときは向こう正面から）が有名ですが、個人的に印象深いまくりの勝利は1997年のGⅡ弥生賞のランニングゲイル。

「まさか猫にやられるとは思わなかった」

【「まさかねこにやられるとはおもわなかった」】㊂

2012年の日経賞で2番人気のウインバリアシオンに騎乗していた武豊。最後方から追い上げ、本命のルーラーシップはかわしたものの、逃げていた伏兵のネコパンチを捉えきれずに2着に。そのレース後、武が発したウィットにとんだ一言。

マジックマン【まじっくまん】㊇

ブラジル出身の騎手ジョアン・モレイラの異名。2013年に拠点としていたシンガポールで騎乗機会8連勝を記録し、こう呼ばれるようになりました。日本でも2016年に札幌競馬場で日本記録タイとなる騎乗機会7連勝を達成しています。

マスクドホース【ますくどほーす】㊇

2017年12月17日の新日本プロレス後楽園ホール大会に突如現れた、馬の覆面を被った謎のマスクマン。JRAとのコラボ企画です。その正体は、競馬好きで知られるファンキー・ウェポンなあのレスラー。翌日の試合で、最終的にマスクを剥がされてしまいました。

舛添要一【ますぞえよういち】㊇

国際政治学者、元東京都知事。競馬には一家言あり、1995年に『舛添要一の競馬改国論』を刊行。馬主としても、公営南関東の東京ダービーを1997年にサプライズパワーで、翌年アトミックサンダーで連覇するという偉業を達成しています。2018年に馬主資格を停止。その後の顛末を思えば、政治の世界など行かずに馬主ライフを満喫していたほうが良かったような……。

幻の馬【まぼろしのうま】馬

トキノミノルの異名。1951年の皐月賞とダービーを無敗のまま勝ちながら、ダービー制覇の17日後に破傷風で急死したことで、この名で呼ばれました。生涯成績10戦10勝のうち、レコード勝ちが7回。死の翌年、トキノミノルを題材とした『幻の馬』という映画も作られましたが、これは同馬の馬主が映画会社大映の社長・永田雅一だったため。また1966年にはトキノミノル像が作られ、東京競馬場のパドック脇に設置されました。この像は、いまも待ち合わせ場所として親しまれています。

幻の3冠馬【まぼろしのさんかんば】馬

フジキセキの異名。1994年の朝日杯3歳Sに勝ち、3歳初戦のGⅡ弥生賞も勝利したことで、誰もがその年のクラシック本命馬と考えました。しかし、レース後に屈腱炎を発症していることが判明し、無敗のまま無念の引退。無事なら3冠を取っていたかもしれないという「幻の3冠馬」と呼ばれる馬は複数いますが、90年代で言えば、この馬の名が筆頭に挙がります。

マルチ【まるち】

馬券の買いかたのひとつ。馬単、および3連単で「ながし馬券」を買う場合、投票カードのマルチ欄をマークすれば、到達順位に関係なく馬券が当たりとなります。いわば、連単馬券（到達順通りに当てる馬券）を、連複馬券（到達順は関係なく当たる馬券）のように買うものと言えるでしょう。当然、馬券の買い目は増え、通常の買いかたと比べると、馬単ながしでは2倍、3連単軸1頭ながしでは3倍、3連単軸2頭ながしでは6倍の点数になります。

○○の鬼【まるまるのおに】

特定の競馬場や条件などを得意とする馬のこと。小倉3冠をふくむ重賞5勝のうち4勝を小倉競馬場で挙げたメイショウカイドウは「小倉の鬼」、函館記念3連覇を成し遂げたエリモハリアーは「函館の鬼」と呼ばれました。そのほかに、重馬場が滅法得意な「重の鬼」などもいます。

見栄晴【みえはる】人

タレント。武豊騎手との親しい関係で有名ですが、若いころ競馬をはじめとするギャンブルで作った借金700万円を全額母親に肩代わりしてもらったという強烈なクズ・エピソードの持ち主でもあります。

ミオソチス【みおそちす】㊋

寺山修司が、こよなく愛した牝馬。馬名の意味は「忘れな草」。1962年にデビュー。オークスで3着に入り、オールカマー勝ちなどもありましたが、のちに地方競馬に移籍しました。寺山が競馬エッセイを書くきっかけになった馬とも言われています。

未勝利【みしょうり】

レースで一度も勝ったことがなく、重賞で2着になったこともない馬のこと。レースに一回も出走したことのない馬は未出走と言います。

ミスター競馬【みすたーけいば】㊇

野平祐二・元騎手の通称。まだ戦時中だった1944年に騎手デビューしていますが、早くから欧米の競馬に強い関心を持ち、戦後の日本競馬を先導。「プロはただ勝つのではなく、美しく勝たなければいけない」や「ホースマンは紳士でなければいけない」といった信条は、後進に多大な影響を与えました。1969年には、スピードシンボリでヨーロッパへの長期遠征も敢行。調教師になってからは、7冠馬シンボリルドルフを育て上げました。

見せ鞭【みせむち】

実際には叩かず、馬の視界に入るようにで鞭を振ることで叩いたのと同じ効果を狙うこと。叩くとやる気を失うような馬や、よれやすい馬に使われます。

道悪【みちわる】

重〜不良となった馬場状態の総称。道悪が得意とされる馬がいますが、厳密に言えば得意というより、他馬よりも苦手としていない、あるいは精神的に苦にしないということのようです。

身っ食い【みっくい】

前脚や胸部など、馬が自分の体を噛んでしまう癖のこと。ストレスや退屈が原因で起きるとされています。1970年の2冠馬タニノムーティエの父ムーティエは、この癖が酷く、自分の胸前を食いちぎってしまうほどだったと言います。また、担当教務員も生傷が絶えなかったそうです。

緑のエンピツ【みどりのえんぴつ】

競馬場やWINSでは、マークカードに記入するための、柄の部分が緑色のプラスチックでできたエンピツを無料で配布しています。競馬ファンの家にはたいてい、これの1、2本は転がっているものです。

ミドルディスタンスホース
【みどるでぃすたんすほーす】

2000メートル前後の中距離を得意とする馬のこと。距離の融通性は比較的高く、マイルや長距離でもレース展開や条件によっては好成績を挙げることもあります。

南関東最強
【みなみかんとうさいきょう】(馬)

1988年に公営・川崎競馬場でデビューしたロジータは、牝馬ながら羽田盃、東京ダービー、東京王冠賞の南関東牡馬クラシック路線を歩み、見事、3冠を達成。さらに、3歳暮れには東京大賞典で古馬を相手に圧勝を収めたことで「南関東最強」と呼ばれるようになりました。引退レースとなった翌年の川崎記念では圧倒的な人気を集め、2番人気以下はすべて単勝万馬券という事態に。このレースにも圧勝して有終の美を飾ると、その功績を称え、引退したその年にロジータ記念という重賞が川崎競馬場に新設されました。

宮川一朗太【みやかわいちろうた】(人)

俳優、声優。1991年から2006年まで関西の競馬番組『ドリーム競馬』の司会を務め、自身も2003年の2冠馬ネオユニヴァースをはじめとする数々の名馬の一口馬主になるほどの競馬ファン。ただ、後に離婚へと至ったのは競馬にはまりすぎたことが一因とも言われています。

三好徹【みよしとおる】(人)

小説家。1967年に「聖少女」で直木賞受賞。長年の競馬ファンとしても知られており、『男が賭けるとき』や『円形の賭け』などの競馬小説も書いています。

ミラクルおじさん
【みらくるおじさん】(人)

2003年の宝塚記念で、ヒシミラクルの単勝をWINS新橋で1222万円も購入した男性の通称。同馬は見事、宝塚記念を優勝し、そのオッズは16.3倍。男性は1億9918万6000円もの高額配当を手にしたことになり、当時ワイドショーでも話題になりました。男性の正体も、その後換金したかも不明。ヒシミラクルはＧＩ3勝の名馬ですが、ＧＩを勝ったときは10番人気、7番人気、6番人気と、いつも人気薄。まるで、平成のカブトシローのような馬でした。

ミントジュレップ【みんとじゅれっぷ】

ケンタッキーダービー開催期間中に競馬場で売られる名物カクテル。バーボン、ミントの若芽、砂糖、ミネラル・ウォーターないしは炭酸水と、砕いた氷で作ります。モノさえ用意できれば、簡単に作れてしまいますが、やはり家の中で飲むよりも、チャーチルダウン競馬場でレースを観戦しながら飲むのが一番でしょう。期間中は8万杯も飲まれるそうです。

みんなのKEIBA【みんなのけいば】

フジテレビ系列で毎週日曜の15時～16時に放送されている競馬番組。フジテレビは開局直後の1959年に始まった『競馬中継』以来、『チャレンジ・ザ・競馬』、『スーパー競馬』、『みんなのケイバ』とタイトルを変えながら、半世紀以上も競馬中継を続けています。

虫明亜呂無【むしあけあろむ】(人)

小説家。競馬エッセイも多数手がけ、寺山修司との競馬対談本『対談 競馬論―この絶妙な勝負の美学』では、馬券の買い方から文化としての競馬についてまで語り合っています。また、架空の有馬記念を舞台にした小説『シャーガルの馬』は、1979年の直木賞候補にも選ばれました。

無印【むじるし】

新聞の予想欄で、ほとんど印のついてない馬のこと。大穴が出るのは、こういう馬が連に絡んだときです。ただ、実績、血統、調子などを普通に予想していたら当然無印の馬は買えないので、よほど独自の根拠があるか、でなければレース自体が荒れると見越して「無印だからこそ買う」という姿勢でなければ、なかなか手は出せません。

10R 15:25 有馬記念G1 3歳以上オープン

12	11	10	9	8
アーネストリー	ジャガーメイル	トーセンジョーダン	オルフェーヴル	ローズキングダム
57	57	57	55	57
佐藤哲	四位	ウィリ	池添	後藤
牡6	牡7	牡5	牡3	牡4
△	—	▲	○	—
▲	—	○	☆	—
—	☆	▲	○	—
—	—	○	○	—

鞭【むち】

現在、日本の競馬では長さ77センチメートル未満で、衝撃吸収素材を用いたパッドを装着したものでなければ使用できません。また、日本ではレース中に鞭を入れる回数は10回までと制限されています。イギリスはもっと厳しくて7回まで。これは、世界的に動物愛護の意識が強くなっているためです。もっとも、馬は鞭で叩かれても、それほど痛みは感じていないとも言われています。

ムーティエ張り【むーてぃえばり】

ギャンブル小説の第一人者である阿佐田哲也はエッセイのなかで、いつも追い込んで勝つ俳優・宝田明の麻雀を指してこう評しました。タニノムーティエは1970年の皐月、ダービー、2冠馬です。

メイクデビュー【めいくでびゅー】㋹

新馬戦のこと。2008年以降、すべての新馬戦に「メイクデビュー中山」のように、「メイクデビュー＋競馬場名」の愛称がつけられるようになりました。ちなみに、かつては開催内であれば最大4回まで新馬戦に出ることが出来ましたが、2003年以降は初出走馬のみとなり、1回でも負けると未勝利戦に回らなければならなくなりました。

名伯楽【めいはくらく】㊅

「名伯楽」とは、古代中国・周の時代に馬の目利きの名人である伯楽という人物がいたことから生まれた故事成語です。意味は、馬や人の資質を見ぬく人というもの。この呼称をつけられた調教師は過去何人もいましたが、現在の競馬界では藤沢和雄・調教師がこう呼ばれています。1987年の厩舎開業以降、シンコウラブリイやタイキシャトル、シンボリクリエスなど数多くのＧⅠ馬を管理。馬の成長にあわせてレースを使う方針のため、あまり3歳クラシックには縁がありませんでしたが、2017年にソウルスターリングでオークスを勝ち、翌週にはレイデオロがダービーを制覇。ついにダービートレーナーとなりました。

名優【めいゆう】(馬)

祖父メジロアサマ、父メジロティターンに続く父子3代天皇賞制覇を成し遂げたメジロマックイーンの異名。馬名がアメリカの名優スティーブ・マックイーンから取られているため、こう呼ばれました。無尽蔵のスタミナを誇り、「史上最強のステイヤー」とも評されますが、1993年に2000メートルのＧⅡ産経大阪杯をレコードタイムで勝っているように、スピードも豊富。全21戦中で1番人気が18回と、その安定した実力はファンから絶大な支持を得ていました。

メグロの馬【めぐろのうま】(馬)

90年代ぐらいまでは、メグロプリメーラやメグロビーナスなど、「メグロ」の冠号をつけた馬がけっこう走っていました。競馬新聞の馬柱を見たとき、一瞬、メジロの馬と勘違いしやすかったものです。

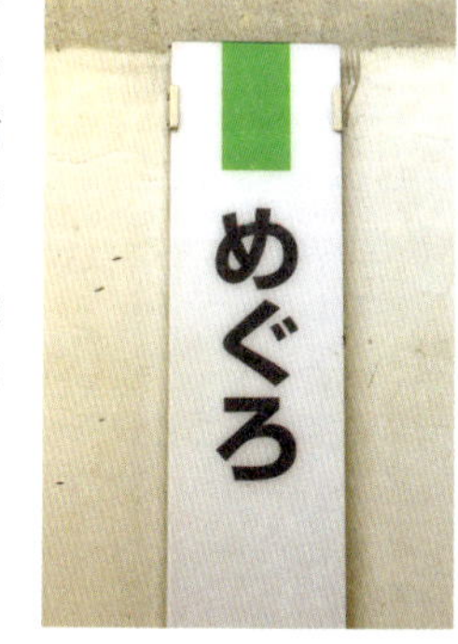

メジロ牧場【めじろぼくじょう】

かつて存在した日本のオーナーブリーダー。史上初の3冠牝馬メジロラモーヌを輩出。また、天皇賞に強いこだわりを持ち、メジロアサマ、メジロティターン、メジロマックイーンと続く「父子三代天皇賞制覇」の偉業を達成するなど日本競馬史に燦然と輝く足跡を残しました。2011年に惜しまれつつ解散。

目に見えない疲れ
【めにみえないつかれ】

人気馬が不可解な負けをしたとき、関係者がよく挙げる原因。「目に見えない疲れがあったのかもしれない」などと使われます。実際にそういうことはあるのだと思いますが、馬券を買う側からすると、あとからそう言われても非常に困るという……。

メルボルンカップ
【めるぼるんかっぷ】㋹

11月の第1火曜日にオーストラリアのフレミントン競馬場の芝3200メートルで行われるＧⅠ。1861年に創設されたこのレースは同国で国民的人気があり、開催地のメルボルンでは祝日になっているほど。2006年には、日本から遠征したデルタブルースが優勝、ポップロックが2着となっています。

免許【めんきょ】

調教師や騎手は免許制で、中央ならばJRA、地方ならば地方競馬全国協会（NAR）が交付する免許がなければ、馬を調教したりレースで騎乗したりすることはできません。中央の騎手免許には平地競走と障害競走の2種、地方の騎手免許には平地競走とばんえい競走の2種があります。これらの免許は国家資格です。また、来日した外国人騎手に対しては有効期限の短い短期騎手免許が交付されます。

メンコ【めんこ】

馬の顔を覆う覆面状の馬具。音に敏感だったり、砂をかぶるのを嫌がる馬に使用されます。ただ最近は、ピカチョウやタイガーマスクそっくりのメンコをした馬もおり、ファッションとしての意味合いも強いようです。

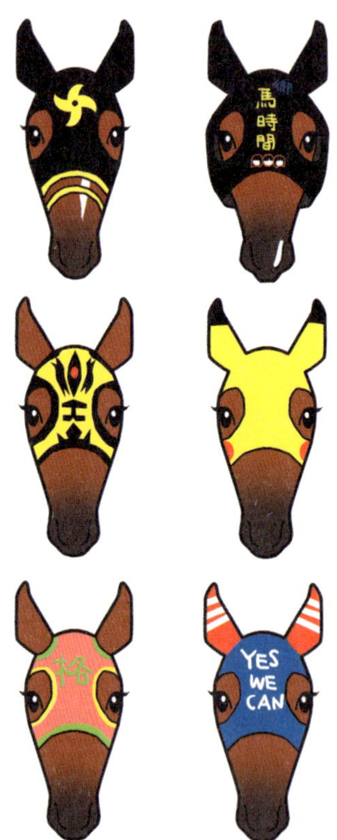

持ちタイム【もちたいむ】

ある馬が、その距離と条件（芝・ダート）で持っている自己最高タイムのこと。「芝2400メートルの持ちタイムは2分24秒3」などと使われます。予想のさい多少は参考になりますが、レースのタイムはペースや展開、相手関係などで大きく変わるため、あくまで参考程度です。

もちつき競馬【もちつきけいば】

12月の競馬のこと。正月のもち代を稼ぐため、駆け込みで馬を出走させる厩舎が増え、多頭数のレースが多くなることから、こう呼ばれることがあります。

物を見る【ものをみる】

馬が何かを見て驚き、騒いだり、止まったり、横に飛んだりすること。「物見をする」などとも言われます。馬は繊細で臆病な生き物なので、ちょっとした影や芝の切れ目などに驚いて、突然、パニックになることはよくあります。

もやし馬【もやしうま】

見た目は仕上がっているように見えるが、十分な育成がされておらず、まだ競馬で走らせる状態になっていない馬のこと。人間と同じで大切に育てようとするあまり、つい過保護になってしまって「もやし」のようにヤワな馬になってしまうケースがまれにあります。また、すでに競走馬として走っている馬でも、調教が足りずに急仕上げで出てくるような場合、このように言われることがあります。

最寄り駅までの混雑状況
【もよりえきまでのこんざつじょうきょう】

有馬記念などの大レースの開催日は何万人という観衆が競馬場に押しかけるため、最終レース前後の帰り道は酷い混雑になります。普通の日なら最寄り駅まで10分程度のところ、ターフビジョンに「地下通路　船橋法典駅　徒歩70分」などと表示されると、馬券が外れた日はとくに、どっと疲労感が押し寄せます。

モーリス・ド・ゲスト賞
【もーりす・ど・げすとしょう】㋹

8月にフランスのドーヴィル競馬場の芝直線1300メートルで行われるＧⅠ。1922年に創設されました。1998年には日本から武豊騎乗のシーキングザパールが初めて出走し、いきなり優勝しています。しかも、これが日本調教馬として初めての海外ＧⅠ制覇でした。

モーリス・ド・ゲスト賞
ドーヴィル競馬場（仏）芝1300m

モンキー乗り【もんきーのり】

アブミを短くして膝を前に出し、尻を鞍から離し、前傾姿勢で追う騎乗スタイルのこと。現代の競馬では、ほとんどの騎手がこの乗りかたです。この乗り方をすると、見た目のとおり風の抵抗が少なくなり、また馬と騎手の体の重心が近くなることで、馬がより速く走れるようになります。18世紀にアメリカで誕生し、日本に普及させたのは1958年にハクチカラのアメリカ遠征に同行した保田隆芳騎手です。

関係者に訊く!!

虎石 晃
競馬新聞記者

気がつけば全レースに手を出す 馬券の収支は聞かないで……

競馬記者の休みは 月曜日と火曜日

競馬記者の1週間は通常、水曜日が始まりの日となります。水、木、金で騎手や厩舎関係者(調教師&調教助手&厩務員)に取材をして、さらには調教を見たり。土曜のレースなら木曜日が予想の締め切りで、日曜のレースなら金曜日が締め切りです。つまり、レースの2日前に決断を下さなければならず、当然、枠順が発表されていない頃合い。さらにはレース当日の天気も不透明。もはや予想力よりも魔術的な? 予言力が必要かもしれませんね(笑)。

土、日は競馬場が仕事場。だから基本的には休みは月、火です。

僕の場合は新聞記者としての仕事も重要ですが、それと同じく、いやそれ以上に重要なのが土曜日の『ウイニング競馬』(テレビ東京)の仕事。なんといっても見てくださる人の数は新聞のウン十倍ですから。

それでも競馬場ではテレビ出演だけでなく、新聞記者としての仕事も少なからずあります。

月曜の紙面に載せる新馬戦の総評や重賞レースの回顧記事。でもまあ、空き時間は結構あるもので(笑)、一般の競馬ファンの皆さんと同じく一日中、馬券をガンガンと買っています。

しばしば聞かれることですが、競馬記者の全員が馬券を買っているわけではなく、僕のような馬券大好き人間はまれ。競馬場へいざ踏み入れば、毎レースのようにパドックに行って間近に馬をつぶさに観察しますし、馬券も買って、そしてレースを見て、また次のレースのパドックに……競馬場内をぐるぐる回っています。ジッとしている瞬間はほとんどありません。

でも、もともと競馬に取りつかれて、この世界に入った身。「忙しい」だとか、「大変」だとか思ったことは一度もないです。妻からは「ギャンブル依存症」と言われますけど、とんでもない。たんに「競馬依存症」なだけです(笑)。

馬券の収支ですか? それは聞かないでください。自信のあるレースだけ買っていれば散財する日はそうはないはずですが、どうしてもジッとしていられないんですよね(笑)。気がつけば、全レースの馬券に手を出しています。それではプラス収支なんて夢のまた夢ですよね。

ナリタハリケーンの大万馬券は 翌日の反響が凄かった

正直言えば、競馬記者にも予想をしたくないレースは多々あります。たとえば、出走馬の多

虎石晃(とらいし・あきら)
1974年生まれ。学生時代からの競馬ファンで、競馬専門紙『デイリー馬三郎』の記者から「東京スポーツ」競馬記者に。2012年には10週中9週馬単収支プラスという驚異の成績を達成。現在、記者活動と並行してテレビ東京「ウイニング競馬」に隔週で出演中。

「ギャンブル依存症」じゃなくて「競馬依存症」なだけです

くが初めての距離だったり、前走着順も似たようなものだったり、大雨の予報が出ていたり……。そんなときはどの馬が勝っても不思議はありません。サイコロを振って予想をしたほうが当たるかも(笑)。

とは言っても、「自信がない」とか「買わないほうがいい」とかは紙面に書けるわけはありません。上司やJRAから怒られてしまいますよね(笑)。でも、僕の記事を日頃から読んでくれている人ならば、僕の手ごたえはちゃんとわかっているよう。

ウイニング競馬では購入金額が少なくなるのでそれこそわかりやすい。逆に、自信のあるレースもわかる人にはわかるようで、最近では2017年の札幌記念がそうでした。12番人気のナリタハリケーンに本命を打って僅差2着で。もちろん、大万馬券。

僕としてはいつもと同じ気持ちで書いたつもりですが、翌日の反響が凄くて。僕の予想通りに馬券を買った人が多く、僕以上に皆さんのほうが儲けたようです(笑)。

「勝つ流れ」を取材で見極める

予想をする上で最近、僕が一番重視しているのは人馬に「勝つ流れ」が来ているかどうか。根本的な馬の能力や騎手の技術力は大事ですが、彼らの運気を把握することも重要かと。競馬にアクシデントは付き物で、いわば競馬は偶然の産物。神様に好かれた人馬が勝者となるのかも……。そんなわけで見えるものよりも見えないものにも目を向けようと心がけています。

競馬初心者のかたに馬券を買う際のアドバイスをひとつ挙げるとすれば、「顔のいい馬」を選ぶこと。重賞を勝つような馬は往々にして顔付きがシャープ。牡馬なら凛々しく、牝馬ならば美しいものです。

記者はピエロ笑って読んで

僕は、これからの競馬記者はピエロでいいと思っています。予想が当たったり外れたりするのを笑って読んでもらえればいいし、「おもしろそうなことを書いているから、このレース買ってみようかな」と思ってくれたら万々歳です。少なくとも僕は、数あるレジャーのなかからみなさんに競馬を楽しんでもらいたいし、ちょっとでもきっかけづくりができればいいな、と思いながら記事を書いています。やっぱり競馬ファンですから。

長年ファンとして、また記者として競馬を見てきて、僕が日本競馬最強と思うのはサイレンススズカです。自分でレースをつくることができるので、強い逃げ馬が最強だと考えていますし、あの馬ほど完璧に美しく逃げる馬はいませんでしたよ。

焼く【やく】

伝統的な馬の治療方法のひとつ。ソエ、屈腱炎、骨関節炎などの患部を熱したコテで焼くことで、症状の緩和を図ります。人間のお灸と同じものという言われかたをよくされ、自己治癒能力を高めるともされていますが、医学的根拠はいまいちハッキリしていません。

安田記念【やすだきねん】㋹

6月に東京競馬場の芝1600メートルで行われるＧⅠ。1951年の創設当初はハンデ戦でしたが、1984年にＧⅠになり、上半期のマイル王決定戦という位置づけとなりました。「安田」の名称は、JRAの初代理事長の安田伊左衛門にちなんだものです。

屋根【やね】

騎手のこと。確かに馬にとっては、いつも上にいる騎手は屋根のようなものかもしれません。騎手の別称には、「鞍上」や「乗り役」など、他にさまざまなものがあります。

ヤマキズ【やまきず】

牧場での育成時代に負ったケガの痕跡が、競走馬としてデビューしたあとも残っていること。古傷。

山口瞳【やまぐちひとみ】㊅

作家、エッセイスト。将棋や野球と並んで競馬にも造詣が深く、競馬エッセイも数多く執筆。1984年に発表された、全国の地方競馬場を巡る『草競馬流浪記』は旅打ち本の元祖のような一冊で、現在は廃止されてしまった競馬場も訪れているため貴重な記録となっています。

山野浩一【やまのこういち】㊅

小説家、脚本家、競馬評論家。血統評論の先駆者で、1977年に『サラブレッド血統事典』を出版。また、「競馬必敗法」など、独自の馬券哲学を提唱しました。

山本昌【やまもとまさ】㊅

元中日ドラゴンズの投手。野球界の後輩である佐々木主浩の所有馬ヴィブロスが2017年3月に海外ＧⅠのドバイターフを勝ったときは悔しそうにしていましたが、その1カ月後に自身が出資しているアルアインが皐月賞を勝ち、大喜びしていました。

闇に舞う閃光【やみにまうせんこう】㊫

ダンスインザダークの異名。オークス馬ダンスパートナーの全弟で、誕生したときからクラシック候補と期待されていた同馬。迎えた1996年のダービーでは1番人気に支持されましたが、ゴール前でフサイチコンコルドの強襲に飲み込まれ無念の2着に。しかし、菊花賞ではラスト3ハロン33秒8という長距離レースとしては驚異的な末脚を繰り出し、雪辱を果たしました。種牡馬になってからは、デルタブルース、ザッツザプレンティ、スリーロールスと3頭の菊花賞馬を輩出し、無類の長距離血統であることを示しましたが、ツルマルボーイのようにマイルＧＩの安田記念勝ち馬も出しているところが、血統の面白くも難しいところです。

ヤングジョッキーズシリーズ【やんぐじょっきーずしりーず】㋹

JRAと地方競馬の若手騎手たちの育成を目的としたシリーズ競争。年間を通して全国の地方競馬場で行われる「トライアルラウンド」でポイントを競い、その成績上位者が年末に大井競馬場と中山競馬場で実施される「ファイナルラウンド」に進みます。2017年から開始。なかなか騎乗機会に恵まれない若手騎手にとっては貴重で大きなチャンスです。

『優駿』【『ゆうしゅん』】

JRAが発行している機関広報誌で、月刊の競馬雑誌。創刊は戦前の1941年ですから、まさに老舗中の老舗です。

YouTuber【ゆーちゅーばー】

最近はYouTubeなどの動画サイトに、自分の予想をアップしているファンも増えています。なかには、1000万円分の馬券を買って外したツワモノも。かなりの閲覧者数を稼ぐ人もいますが、勝手にグリーンチャンネルなどのレース映像を流用して、即刻削除されてしまう人も少なくありません。気をつけましょう。

誘導馬【ゆうどうば】㊌

パドックから本馬場まで競走馬を先導する馬。引退した競走馬から、性格がおとなしく、見栄えのいい馬が選ばれます。個人的に印象深い誘導馬は、90年代後半の東京競馬場のトウショウファルコ。ベタですが、やはり金髪がきれいでした。

ユリシーズ【ゆりしーず】㊌

寺山修司が生涯で唯一所有した競走馬。1960年代末に船橋競馬の森誉厩舎に所属していました。馬名はギリシア神話からではなく、ジェイムス・ジョイスの同名小説タイトルから。ちなみに、2017年のイギリスのＧⅠエクリプスＳとインターナショナルＳを同名別馬が勝っています。

ゆるむ【ゆるむ】

放牧や体調不良などで調教を休んだため、馬の調子が下がっていること。心身の疲労を取るために、あえて「ゆるめる」こともあります。また、成長途上で体ができあがっていない馬を「ゆるい」と表現することも。この場合、まだまだ伸びしろがあるという意味です。

ゆるんでます

洋芝【ようしば】

寒冷な北海道にある札幌競馬場と函館競馬場では、普通の芝だと枯れてしまうため、洋芝と呼ばれる芝を植えています。洋芝は一般的な芝よりもパワーとスタミナを必要とするので、得意な馬とそうでない馬がはっきり分かれるとされています。

横尾忠則【よこおただのり】㊇

美術家。競馬界との関係も深く、1988年にはダービーとジャパンカップのポスターを手がけました。また、公営・園田競馬場のシンボルマークは横尾の手によるものです。

予後不良【よごふりょう】

治療が不可能と判断された馬を、安楽死処分すること。レース中の故障発生では、競馬場ですぐに行われることもあります。正直、競馬をやっていて一番見たくない場面ですが、避けることも、目を逸らすこともできません。

横溝正史ミステリ大賞【よこみぞせいしみすてりたいしょう】

推理小説の文学賞。2010年の第30回は、女性騎手が競馬界で起きた事件の謎に迫る蓮見恭子の『女騎手』が受賞しました。その後、蓮見は続編とも言うべき『無名騎手』も発表しています。

葭島渡場島町

【よしじまわたしばじまちょう】所

京都競馬場の正式な所在地。地元の人でもなければ、「よしじまわたしばじまちょう」という正しい読み方を知っている人は少ないかもしれません。ちなみに、京都競馬場のコース部分の住所は、「向島又兵衛」という町名。完全に人名です。

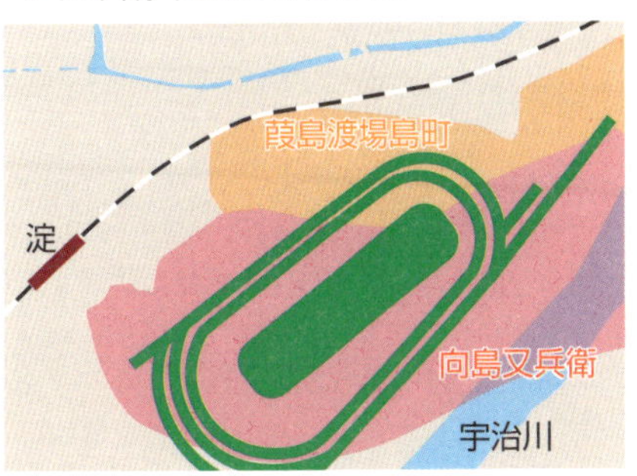

淀の刺客

【よどのしかく】馬

ライスシャワーの異名。菊花賞、2度の天皇賞・春とＧＩ3勝がすべて京都競馬場のレースだったこと、そのうち2つのレースで、ミホノブルボンのクラシック3冠、メジロマックイーンの天皇賞・春3連覇という快挙を阻止する結果になったことから、こう呼ばれました。このような経歴のため長らく悪役的なポジションでしたが、1995年の宝塚記念ではファン投票1位に選ばれて出走。しかし、レース中に故障を発生し、ターフに命を落としました。

よれる

【よれる】

レース中、直線で急激に内または外に斜行すること。気性の問題というより、レースで消耗して余力が残っていないために起こることが多いとされています。つまり、スタミナ切れでふらふらしている状態です。

4着病

【よんちゃくびょう】

狙った馬が、いつも4着という恐ろしい病気。3着までに入れば馬券の買い方によっては当たりとなりますが、4着ではどうやっても一銭にもならず。ですが、上位に来ていることは確かなので予想スタンスも変えづらく、病状はますます悪化していきます。この不治の病に悩んでいる競馬ファンは全国に多いようで、「いつも4着」とプリントされたＴシャツも発売されています。

四白【よんぱく】

脚の先が4本とも白い馬のこと。「4勝する」「脚にケガをしない」とも言われますが、イギリスでは「四白の馬が生まれたら見知らぬ人にくれてやれ」と言われるほど嫌われていたりもします。

「ライアン! ライアン!」
【らいあんらいあん】㊌

1990年の有馬記念にメジロライアンが出走したさい、最後の直線で、解説を務めていた大川慶次郎が実況を遮って思わず叫んでしまった言葉。大川のライアン愛が伝わる、いいエピソードです。

ライトカード【らいとかーど】

初心者向けに記載内容を最小限にした、馬券を買うときのマークカード。わかりやすくシンプルになっていることは確かですが、競馬歴の長い人間が間違えて手に取ると、けっこう戸惑います。マークカードの種類には他に、「基本カード」「ながし用カード」「ボックス、フォーメーション用カード」があります。

落鉄【らくてつ】

レース前やレース中に蹄鉄が外れること。人間で言えば、靴が片一方脱げた状態で走っているようなものですから当然競走能力は低下します。1991年のオークスに出走したイソノルーブルは、スタート直前に右前脚を落鉄。ですが、蹄鉄をつけ直すのを拒絶し、そのまま走ったことから「裸足のシンデレラ」と呼ばれるようになりました。

落馬【らくば】

騎手がレース中に馬から落ちること。馬がつまずいたり、転倒することで発生し、騎手が骨折などの重傷を負うことも少なくありません。2002年の菊花賞で1番人気に推されたノーリーズンはスタート直後につまずき、騎乗していた武豊が落馬。一瞬で約110億円分の馬券が紙屑になりました。

ラチ（埒）【らち】

競馬場のコースの内側と外側に設置された柵のこと。内側のものを「内ラチ」、外側のものを「外ラチ」と言います。素材は比較的柔らかく、馬がぶつかると大きくたわみます。馬のなかには、真っ直ぐ走るのが苦手でラチに頼って走る馬もいれば、ラチの側を走るのを嫌がる馬もいます。

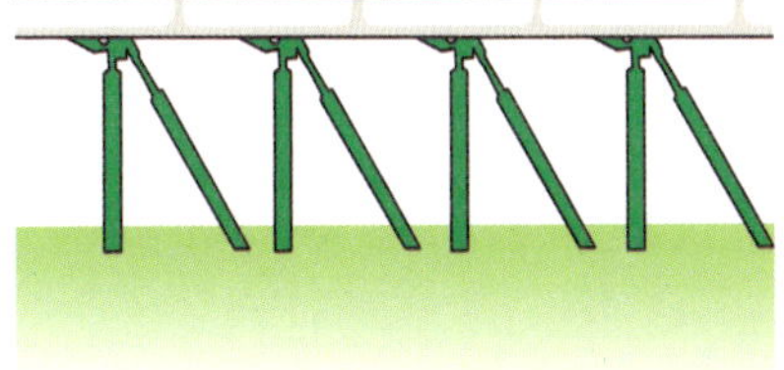

ラップタイム【らっぷたいむ】

ハロンタイムとも言い、スタートから200メートル（1ハロン）ごとに計測されるレースのタイムのこと。ただし、1500メートルや1700メートルといった奇数距離のレースは、最初の100メートル地点から計測。タイムの基準となるのは先頭の馬です。レース全体のラップタイムを見れば、そのレースがよどみのない流れで進んだのか、スローで流れて最後の瞬発力勝負になったのかなど、レースのペースもわかります。

リーゼント【りーぜんと】

「ハマの番長」こと元横浜DeNAベイスターズ投手の三浦大輔の所有馬につけられている冠号。もちろん、自身のトレードマークの髪型から取られています。三浦は2011年に現役野球選手としては初となる馬主資格を取得し、引退後も馬主を続けています。

リーディングサイアー【りーでぃんぐさいあー】

その年に産駒が稼いだ獲得賞金合計額による、種牡馬のランキングのこと。また、そのランキングで1位になった種牡馬のことを指すこともあります。

流星【りゅうせい】

馬の額にある白斑を星といい、この星が鼻筋まで流れているものを流星と言います。流星は大流星、小流星、曲流星、乱流星に分けられており、星の形とあわせて、馬の個体識別をするときの重要なポイントのひとつになっています。かつて馬産地では「鼻までかかる大流星がある馬は大成できない」といいう迷信がありましたが、1986年のダービー馬ダイナガリバーのように成功した馬もたくさんいます。

流星の貴公子
【りゅうせいのきこうし】馬

額の流星と美しい栗毛の馬体からつけられたテンポイントの異名。トウショウボーイ、グリーングラスと数度にわたり繰り広げられたTTGの三つ巴の戦いは、多くのファンを熱狂させました。とくに、1着テンポイント、2着トウショウボーイ、3着グリーングラスで決着した1977年の有馬記念は、日本競馬史に残る名勝負として語り継がれています。その翌年1月、海外遠征前の壮行レースとして日本経済新春杯に出走したテンポイントは、66.5キログラムの酷量を背負わされたこともあり、レース中に故障を発生。2カ月におよぶ闘病生活のすえ、亡くなりました。

僚馬【りょうば】

同じ厩舎に所属する馬のこと。馬同士にも相性があり、ともに須貝尚介厩舎に所属し、2014年に一緒に凱旋門賞に挑戦したゴールドシップとジャスタウェイは、とても仲が良かったと言われています。

ルパン三世【るぱんさんせい】

2006年に放送されたTVスペシャル『ルパン三世 セブンデイズ・ラプソディ』は、ルパン一味がニューヨークの競馬場の売上金を強奪しようとするというストーリー。また、2015年暮れには有馬記念とルパン三世のコラボCMも制作され、ルパンが「有馬記念のお宝は俺がいただくぜ」と犯行予告をしていました。このときの有馬で優勝したのは、8番人気の伏兵ゴールドアクター。「お宝＝ゴールド」というサイン馬券で当てた人もいるかもしれません。

レコード【れこーど】

直接的な意味は「記録」ですが、競馬でレコードと言えば、一般的には走破タイムの新記録を意味するレコードタイムのことを指します。レコードタイムには競馬場ごとの距離別、中央競馬全体の距離別、世界全体の距離別などがあります。ちなみに、競馬場入場者数のレコードというのもあり、アイネスフウジンが逃げ切った1990年のダービーで記録された東京競馬場の19万6517人が、現時点での日本競馬における最多入場者レコードです。

「レコード勝ちのあとは危険」
【「れこーどがちのあとはきけん」】言

レコードタイムで勝った次のレースは、激走の反動が出て惨敗しやすいという意味の格言。

レーシングプログラム
【れーしんぐぷろぐらむ】

競馬場やWINSでJRAが無料で配っている冊子。通称「レープロ」。当日の全レースおよび、土曜日は前日発売レースも含めた出馬一覧表のほか、コラムなども載っており、レースの合間に読むには最適です。毎週通って、これをコレクションしている人もいます。

レース展開【れーすてんかい】

レースの流れのこと。レース前に、どの馬が逃げ、どの馬がどこで仕掛けるかといったレース展開を予想することは日本の競馬では非常に重視されています。

裂蹄【れってい】

馬の病気のひとつで、蹄が割れて亀裂が入ること。原因は乾燥が多いですが、硬いものを踏んだりして起きることも。防止のため、冬場など乾燥する時期は蹄に油を塗って保護します。

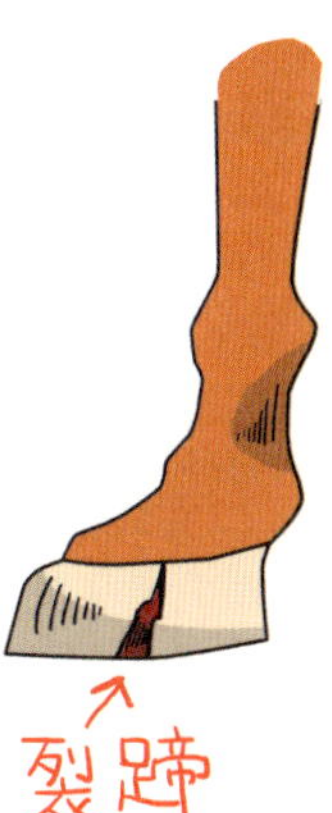

レーティング【れこーでぃんぐ】

競走馬の能力を数値化した国際統一基準のこと。スプリント（S）、マイル（M）、インターミディエイト（I：中距離）、ロング（L：長距離）、エクステンディッド（E：超長距離）の5つのカテゴリーで、重賞競走とオープン競走に出走したすべての馬に数値が付与されます。海外では1970年代から実施されていましたが、日本で注目されるようになったのは2000年代以降です。日本馬では2014年にジャスタウェイがレーティングで世界一になりました。

連続テレビ小説『マッサン』
【れんぞくてれびしょうせつ『まっさん』】

2015年にJRAの騎手免許試験に合格したフランス人騎手のクリストフ・ルメールは、これを観て日本語を勉強したそうです。JRA騎手となったルメールは、2017年に3週連続GⅠ勝利するなど驚異的な好成績を収め続けていますが、それも『マッサン』のおかげ!?

連闘【れんとう】

2週続けてレースに出走すること。一般的にはレースに出走してから2週間以上の間隔を空けて次のレースに出ますが、調子が良かったり、疲労が見られないと連闘することもあります。ちなみに、レース間隔で「中1週」といった言った場合、1週間後のレースに出る連闘の意味ではなく、2週間の間隔を空けたという意味。日本では中4日ないと次のレースに出られない規則ですが、海外にはそのような決まりはなく、アイルランドのスタネーラは1983年に中2日でプリンスオブウェールズSとハードウィックSの2つの重賞を連勝しました。また、オーストラリアでは中2日、中3日の連闘も頻繁にあります。

老雄【ろうゆう】馬

3歳から引退した7歳まで毎年重賞で勝利するという息の長い活躍を見せたスピードシンボリの異名。しかも、そのあいだにヨーロッパへの長期遠征も敢行し、キングジョージ6世&クイーンエリザベスSと凱旋門賞に日本馬として初めて出走しています。引退レースとなった1970年の有馬記念でも勝利しましたが、これは当時史上初となる有馬記念連覇であり、7歳馬による八大競走の勝利も初めてのことでした。

64年ぶりのダービー牝馬
【ろくじゅうよねんぶりのだーびーひんば】馬

牝馬でありながら、2007年のダービーに出走して勝利を収めたウオッカ。牝馬のダービー制覇は1943年のクリフジ以来、64年ぶりのことでした。その後も、安田記念、天皇賞・秋、ジャパンカップと、次々と牡馬を破ってＧＩ制覇。ヴィクトリアマイルにも勝ち、通算ＧＩ7勝は中央競馬GI最多勝タイ記録です。史上最強牝馬に推す声も多く、同世代のライバルであったダイワスカーレットとともに「強い牝馬の時代」を牽引しました。

6500グラムの心臓
【ろくせんごひゃくぐらむのしんぞう】

一般的なサラブレッドの心臓の重さは4000～5000グラム。ところが、18世紀イギリスの伝説的名馬エクリプスを死後解剖したところ、その心臓の重さは6500グラムもあったとされています。強い馬はたいてい強い心肺機能を持っているので、これだけでエクリプスがいかに強かったかが想像できます。

Y先生【わいせんせい】人

かつてPR誌で担当編集者だった坪松博之が作家の山口瞳につけた呼称。作家と編集者という関係を超えた2人の交流は『Y先生と競馬』という本にまとめられています。

若手騎手【わかてきしゅ】

騎手免許取得後7年未満で、勝利数が100以下の騎手のこと。つまり、1年目で100勝すれば規定上はもう若手騎手ではなくなるということですが、デビュー年の最多勝記録は三浦皇成騎手の97勝。ただ、三浦は翌年2月に史上最速で若手騎手でなくなりました。

我が馬券哲学【わがばけんてつがく】

作家の菊池寛が戦前の1936年に発表した、28カ条からなる馬券術の格言集。現代でも通じるものも多いです。

次ぎに載せるのは、自分の馬券哲学である。数年前に書いたものだが、あまり読まれていないと思うので再録することにした。

一、馬券は尚禅機の如し、容易に悟りがたし、ただ大損をせざるを以て、念とすべし。

一、なるべく大なる配当を獲んとする穴買主義と、配当はともかく勝馬を当んとする本命主義と。

一、堅き本命を取り、不確かなる本命を避け、たしかなる穴を取る、これ名人の域なれども、容易に達しがたし。

一、穴場に三、四枚も札がかかると、もう買うのが嫌になる穴買主義者あり、これも亦馬券買いの邪道。

一、穴場の入口の開くや否や、傍目もふらず本命へ殺到する群集あり、本命主義の邪道である。他の馬が売れないのに配当金いずれにありやと訊いて見たくなる。甲馬乙馬に幾何の投票あるゆえ丙馬を買って、これを獲得せんとするこそ、馬券買の本意ならずや。

一、二十四、五円以下の配当の馬を買うほどならば、見ているに如かず、何となれば、世に絶対の本命なるものなければ也。

一、然れども、実力なき馬の穴となりしこと曾てなし。

一、甲馬乙馬実力比敵し、しかも甲馬は人気九十点乙馬は人気六十点ならば、絶対に乙を買うべし。

一、実力に人気相当する場合、実力よりも人気の上走しる場合、実力よりも人気の下走しる場合。最後の場合は絶対に買うべきである。

一、その場の人気の沸騰に囚われず、頭を冷徹に保ち、ひそかに馬の実力を考うべし。その場の人気ほど浮薄なるものなし。

一、「何々がよい」と、一人これを云えば十人これを口にする。ほんとうは、一人の人気である。しかも、それが十となり百となっている。これ競馬場の人気である。

一、「何々は脚がわるい」と云われし馬の、断然勝ちしことあり、またなるほど脚がわるかったなとうなずかせる場合あり。情報信ずべし、しかも亦信ずべからず。

一、甲馬乙馬人気比敵し、しかも実力比敵し、いずれが勝つか分らず、かかる場合は却って第三人気の大穴を狙うにしかず。

一、大穴は、おあつらえ通りには、開かないものである。天の一方に、突如として開き、ファンをあっけに取らせるものである。何々が、穴になるだろうと、多くのファンが考えている間は、絶対にならないようなものである。それは、もう穴人気と云って、人気の一種である。

一、剣を取りて立ちしが如く、常に頭を自由に保ち固定観念に囚わるること勿れ、偏愛の馬を作ること勿れ。レコードに囚わるること勿れ、融通無碍しかも確固たる信念

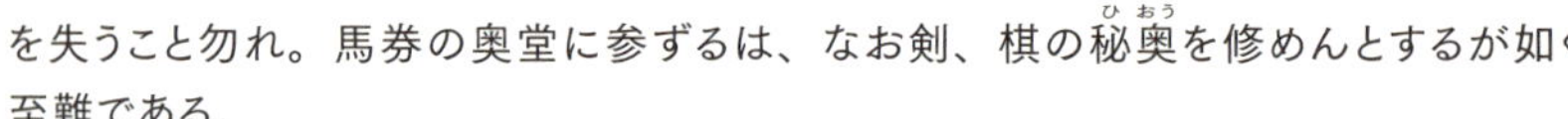

を失うこと勿れ。馬券の奥堂に参ずるは、なお剣、棋の秘奥を修めんとするが如く至難である。

一、一日に、一鞍か二鞍堅い所を取り、他は悉く休む人あり、小乗なれども亦一つの悟道たるを失わず。大損をせざる唯一の方法である。

一、損を怖れ、本命々々と買う人あり、しかし損がそれ程恐しいなら、馬券などやらざるに如かず。

一、一日に四、五十円の損になりても、よき鑑定をなし、百四、五十円の中穴を一つ当てたる快味あれば、償うべし。

一、百二、三十円の穴にても、手柄の上では二百円に当るものあり、二百円の配当にても、手柄の上ではくだらぬものあり、新馬の二百円をまぐれ当りに取りたるなど、ただ金を拾ったのと、あまり違わない。

一、よき鑑定の結果たる配当は、額の多少に拘わらず、その得意は大なり。まぐれ当りの配当は、たとい二百円なりとも、投機的にして、正道なる馬券ファンの手柄にすべきものにあらず。

一、人にきいて取りたる二百円は、自分の鑑定に取りたる五十円にも劣るべし（と云うように考えて貰いたいものである。）

一、サラブレッドとは、如何なるものかも知らずに馬券をやる人あり、悲しむべし。馬の血統、記録などを、ちっとも研究せずに、馬券をやるのはばくち打である。

一、同期開催済の各競馬の成績を丹念に調べよ。そのお蔭で大穴を一つ二つは取れるものである。

一、必ず着に来るべき剛強馬二、三頭あるとき、決してプラッセの穴を狙うなかれ。たとい適中するとも配当甚だ少し。

一、プラッセの配当の多寡は、多くは他の人気馬の入線如何による。その点に於て、より偶然的である。むしろ単勝の大穴を狙うに如かず。

一、厩舎よりの情報は、船頭の天気予報の如し。関係せる馬についての予報は精しけれども、全体の予報について甚だ到らざるものあり。厩舎に依りて、強がりあり弱気あり、身びいきあり、謙遜あり、取捨選択に、自己の鑑定を働かすに非ざれば、厩舎の情報など聞かざるに如かず。

一、自己の研究を基礎とし人の言を聴かず、独力を以て勝馬を鑑定し、迷わずこれを買い自信を以てレースを見る。追込線に入りて断然他馬を圧倒し、鼻頭を以て、一着す。人生の快味何物かこれに如かんや。而もまた逆に鼻頭を以て破るるとも馬券買いとして「業在り」なり、満足その裡にあり。ただ人気に追随し、漫然本命を買うが如き、勝負に拘わらず、競馬の妙味を知るものに非ず。

一、馬券買に於て勝つこと甚だかたし。ただ自己の無理をせざる犠牲に於て馬券を娯しむこと、これ競馬ファンの正道ならん。競馬ファンの建てたる蔵のなきばかりか（二、三年つづけて競馬場に出入りする人は、よっぽど資力のある人なり）と云わる、勝たん勝たんとして、無理なる金を賭するが如き、慎しみてもなお慎しむべし。馬券買いは道楽也。散財也、真に金を儲けんとせば正道の家業を励むに如かず。

枠順【わくじゅん】

馬がレースでどの枠に入るかは、出馬投票締め切り後に抽選で決められます。インコースから番号の若い順に並び、馬によっては内枠得意や外枠得意などもいるので、厩舎関係者は抽選の結果に一喜一憂します。お気づきの方も多いと思いますが、本書の「あ行」～「や・ら・わ行」までの色の順番は、競馬の枠順の色の順番と同じです。

ワシントンDC インターナショナル
【わしんとんでぃーしーいんたーなしょなる】㋹

かつてアメリカのローレル競馬場で11月に行われていた芝ＧＩ。1952年の創設で、距離は何度か変更されましたが基本は2000メートル。1962年のタカマガハラに始まり、スピードシンボリ、タケシバオーなどが挑戦し、60～70年代を通して日本馬がもっとも目標にしていた海外レースのひとつでしたが、1985年に廃止されました。

和製ラムタラ【わせいらむたら】(馬)

1996年1月にデビューすると、わずか3戦目にダービーを制覇したフサイチコンコルドの異名。前年に似たようなローテーションでイギリスダービーを制覇したイギリスの名馬ラムタラにちなんで、こう呼ばれました。別名「音速の末脚」。

輪乗り【わのり】

レース前、スターティングゲートの後方に集合した馬たちが、枠入りの合図がかかるまで輪を描くように歩くこと。この間に騎手は馬を落ち着かせようとします。

ワールドオールスター ジョッキーズ
【わーるどおーるすたーじょっきーず】㋹

選抜されたJRA所属騎手、地方競馬代表騎手、外国招待騎手たちが4つのレースでポイントの合計を競うシリーズ競争。8月の札幌競馬場で開催されています。1987年に始まった前身のワールドスーパージョッキーズシリーズから数えると、30年近く続くイベントです。

ヲ【を】

JRA所属の競走馬で初めて馬名に「ヲ」の字が入ったのは、1997年にデビューしたエガオヲミセテ。命名したのはもちろん、珍馬名をつけることで名高い馬主の小田切有一です。

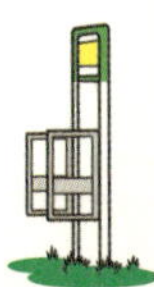

おわりに さまざまな視点からの競馬がつまった1冊です！

私の肩書きは、ホースコラボレーター。馬とファンの方々、関係者とファンの方々のコラボレーション、つなぎの役割になりたいと思ってつけました。

競馬は、ギャンブル、スポーツ、はたまた血統からマニアックなものと見られがちです。そもそも競走馬たちは、産まれたときは仔馬であり、そこに人間の手が加わることで1頭のサラブレッドとして成長をし、そしてゲート試験合格後に競走馬として認められ、デビューを果たします。だからこそ、1頭の馬には生産者、牧場、オーナー、調教師、騎手、調教助手、厩務員などなど、多くの人の手がそそがれています。

そのチームが一丸となってレースに挑む姿、その人間模様も競馬の魅力のひとつで、競馬から教えてもらうことは本当にたくさんあります。

この本では、競馬ファン歴の長いみなさんにあの頃を思い出していただくのと同時に、競馬歴の浅いみなさんには、競馬の歴史に触れてさらに奥深さや面白さに気づいてもらえたらと思います。

競馬にはたくさんの専門用語があり、馬にたずさわっている人々が使っている用語だけでなく、馬券を買うファンのみなさんが予想の際に使う言葉もあります。今回、著者の奈落さんがリストアップし、執筆された用語には、私もはじめて耳にする言葉もあり、私自身も発見がありました。

ぜひともこの本をきっかけとして、みなさんが競馬をさらに身近なものに感じていただけたら幸いです。

細江純子

監修　細江純子（ほそえ・じゅんこ）

愛知県蒲郡市出身。競馬学校12期生。JRA初の女性騎手として96年にデビュー、2000年にはシンガポールにて日本人女性初の海外勝利。2001年6月引退。通算成績493戦14勝（海外2勝）。現在は「ホース・コラボレーター」として活動中。フジテレビ『みんなのKEIBA』出演中。

絵　キクコ（きくこ）

競馬好き絵師。カッコいい"ウオッカ"のダービーCMが気になってテレビで初観戦。2013年宝塚記念で競馬にはまる。好きな牡馬は気まぐれゴールドシップ。牝馬は負けん気の強いジェンティルドンナ。

ツイッター@sterilesoil　ブログhttp://sterilesoil.tuna.be/

著者　奈落一騎（ならく・いっき）

アプレ文筆業&グループSKIT世話人。主な共著に『昭和プロレス名勝負読本』（宝島社）、『架空世界の悪党図鑑』（講談社）、『「右翼」と「左翼」の謎がよくわかる本』（PHP研究所）など。雑誌『ナショナルジオグラフィック日本版』（日経ナショナルジオグラフィック社）、『野鳥』（日本野鳥の会）などにも寄稿。リアルタイムで見たマイ最強馬はメジロマックイーン、非リアルタイムならタケシバオーです。競馬と活字と煙草と珈琲は紳士の嗜み。

企画・編集・構成　株式会社造事務所
装丁　井上祥邦
図版・DTP　星島正明
写真　Pixabay、写真AC

競馬にまつわる言葉を
イラストと豆知識でヒヒーンと読み解く

競馬語辞典

NDC788

2018年4月13日　発　行

著　者　奈落一騎

発行者　小川雄一
発行所　株式会社誠文堂新光社
〒113-0033　東京都文京区本郷3-3-11
［編集］03-5800-3614　［販売］03-5800-5780
http://www.seibundo-shinkosha.net/

印刷・製本　図書印刷株式会社

ISBN978-4-416-51835-9

TOKYO
TOKYO